脆弱的韧性

经济与文明史散论

王三义
著

上海人民出版社

目　录

第二辑

第三辑

第四辑

自　序

《经济观察报》上有一篇文章题为《破解远大目标对思维的禁锢》，其中有一段话："没有设定目标的人，反而有可能嗅到路旁的玫瑰花香，广泛地涉猎不同领域的知识，从而发现自己的兴趣所在；而向着特定目标前进的人，很可能没有时间邂逅'最美的意外'。"作者的见解有道理。我们这些史学研究者，就是"向着特定目标前进的人"，似乎总是时间不够用，没有闲情欣赏沿途的美景。问题在于，即便勤勤恳恳，不停地读书写作，也未必能实现高远的学术目标。

像世界史、世界文明史这样宏大而宽泛的学科和领域，单个研究者无论如何努力，都很难窥知其底有多深、边有多远。可行的方式是，把研究对象限定在某一个时段、某一个区域，或某几个专题。当然，多年的研究工作，有时会让研究者画地为牢。比如我博士论文的课题是中东近代经济，后来的课题为晚期奥斯曼帝国研究，现在又回到中东地区的经济演变，都是在中东近代史范围之内。

正因为近几年的课题集中于经济史，我用心于经济学名著的反复阅读和思考，有时把文明放在经济视角看，忍不住产生一些想法。我的感悟有两方面。其一，文明的要素包括财富和秩序。没有秩序，就没有财富积累；没有财富，即使社会稳定，文明发展也长期落后。也就是说，文明论题落实到经济和政治层面，就容易讲透。其二，世界五千年文明的延续是人类引以为傲的，但这种韧性是脆弱的。物质文明的创造不易，却有可能被消耗和浪费。制度文明的传承和积累也难。有时制度的条文留下来，而制度失效了；或者，后面的朝代搬用前朝制度，刻舟求剑，酿成恶果。精神文明的命运则常常是，文化产品保存下来了，例如汗牛充栋的浩繁史籍，但精神层面的东西可能丧失了。

经济学家说研究经济要有“热切的心情，冷静的头脑”，历史学的研究也一样。对社会上各种事情的根源和来龙去脉的好奇心，激发了探究历史的兴趣。而真正身在历史学研究中，见识和实践是要区分开的。见识要尽可能高远，但科研实践要低近，这是前辈的经验之谈。不过，太低太近，就很难开阔，甚而可能窒息。为了避免这一趋势，我尝试着打开一些窗口，给自己透气。

当教师三十多年，兼做专业的研究，思考的多，课堂能讲的少，发表的也有限，因此总有积累的“剩文”。这些长短不一的文章，大致是反映文明社会的常态与变态，仍可以放在世界经济史范围内，又可以出一本文集了。但如何取名，拿不定主意。

为什么对文集取名犹豫，自己说不上。但清楚地记得，前三本文集出版之前也左思右想，书名变了几次。相反，每次出版学术著作从没有犯难，因为要出版的著作不是博士论文、博士后报告，就是课题项目的成果，早就确定了选题，不但前期不用斟酌，过后也不思量。而写随笔、杂感、书评、访谈稿都是副业，是私活，没有冠冕堂皇的理由，也没有提前确定主题，为此，出版文集前要反复思虑和取舍，也请编辑帮忙。

这本文集中，有的文章是在课堂讨论中受启发而写的，有的是读了好书的感想，有的是讲座的文稿。还有一些是“大题小做”的文字，题目本来可以写成论文，但搜集材料费事，即使完成，未必能顺利发表，就干脆简单地写下构想或感悟。我期望的状态是，闷头闷脑地积累，不声不响地思索，有模有样地写作，一篇一篇堆积起来，呈一己之见，不和人打嘴仗。因此，这些文章的总特点是，在经济史视角下审视熟悉的文明论题，了解文明延续过程中的偶然因素和种种变故。

在大城市工作的人，不知疲倦地争抢着，勤奋而执着地内耗着，在各自的圈子里因害怕掉队而拼命前行。至于事业在哪里，成就大不大，似乎就顾不上细究。网上说的“我‘卷’故我在”，也许是有道理的。通过多年的观察，我发现，无论做学术还是搞艺术，都像是画沙画，画完了，一风吹了；再有人来接着画，画完被吹去，所留的痕迹有限。这本小小文集，也不指望留痕。我只是想把自己思考过的问题、事件、人物和作品，做一个集中记录，变成印刷品，便于阅读，也希望和人分享。

第一辑

集市和礼拜寺

征服之后如何安民，这是征服者首先要考虑的问题。阅读史料时给人的印象是，奥斯曼军队攻克君士坦丁堡之后，新首都建设中意义深远的不是皇宫和城墙，而是改建和新建的大大小小的清真寺，以及为穆斯林修建的“大巴扎”（Grand Bazaar，集市）。

拜占庭帝国首都已有皇宫建筑群，只是新主人想弃旧换新。“大巴扎”和清真寺是该城从来没有的。“大巴扎”成为这个国家最大的商业中心，清真寺发挥了政治、宗教、文化功能，为国家的宗教和民族事务管理奠定了基石。商业、宗教成为这个伊斯兰国家的两大特征。不仅新都伊斯坦布尔，后来其他大中城市也修建“大巴扎”和清真寺。有了商业中心和宗教场所，市民的生活安定下来，军事征服之后形成的庞大国家也较快地进入了有秩序的治理。

穆罕默尔二世征服君士坦丁堡之后，城市毁坏和经济萧条的程度，是统治者要面对的第一个问题。穆罕默德二世时期做了哪些城市建设，苏莱曼一世时期又做了哪些？在伊斯坦布尔的重建中，哪些工作具有深远意义？这都是国外学者早就花功夫研究过的。

穆罕默德二世占领君士坦丁堡后，很快返回埃迪尔内（又名亚得里亚堡）。这里本来也是奥斯曼国家的“新首都”（更早期的首都是布尔萨）。在埃迪尔内，穆罕默德二世有自己的新宫殿。1457 年 6 月，穆罕默德二世从埃迪尔内迁都君士坦丁堡，改名为伊斯坦布尔（意为伊斯兰的城市）。

一般的说法是，攻占君士坦丁堡后，土耳其人大肆抢劫，壮丽宫殿付之一炬，艺术珍品被抢劫一空，直到穆罕默德二世第三天进城后，才制止了抢掠。土耳其史中则强调，穆罕默德二世的军队纪律严明，没有抢劫和大规模破坏，只是严厉对待顽强抵抗者。客观地说，“宫殿和建筑物付之一炬”的说法不符合实际，因为原来的教堂、宫殿和建筑还是保留下来的，只是进行了改建。至于人口稀少、城市萧条，是这座古都陷落前几十年里就已经存在的现象。一些著作中说，穆罕默德二世征服后，携带着大量金银财宝凯旋埃迪尔内。实际上，这座城已经没有多少金银财宝可以搜刮了。

在穆斯林军队征服之前，伊斯坦布尔的繁荣就已经消失，人口大大缩减，剩下一个只有 6 万到 7 万人的贫困的城市。征服过程中，许多居民因为恐惧而外逃，穆罕默德二世看到的是人口不超过 3 万的萧条城市。穆罕默德二世征服君士坦丁堡后，要把这个古城变成新首都，首先需要增加人口，扩大商业场所，稳定民众的生活。穆罕默德二世发布文告：民众只要认可素丹政权并纳税，无论信仰为何，他们的生命财产都会得到素丹的保护。当在这样的鼓励政策下居民人数还不足以满足首都人口需求时，素丹就采取强有力的移民措施，吸纳安纳托利亚和巴尔干地区的人口进入伊斯坦布尔，给他们更优惠的税收政策，使他们重操旧业，以此恢复城市经济。战犯如果参加修路，则被允许获得自由。来自巴尔干的农民被安置在市内和郊区，他们经营果园，养殖家禽，为首都市民提供食品。不久以后，伊斯坦布尔的人口就增加了。

穆罕默德二世的移民安置政策起到显著作用，许多资料和文献证实了这一点。他也欢迎犹太人从帝国各地来到伊斯坦布尔（后来有不少来自西班牙和葡萄牙等国的犹太人）。意大利人和西方商人大多在金角湾沿岸建立商站、仓库、办公室和私宅。1478年，伊斯坦布尔的居民大约是：穆斯林 8951 户，希腊人 3151 户，犹太人 1647 户，克里米亚人 267 户，亚美尼亚人 372 户，卡拉曼利人 384 户，吉普赛人 31 户。加拉太（又名加拉塔）的居民大约是：穆斯林 535 户，希腊人 592 户，法兰克人 332 户，亚美尼亚人 62 户。伊斯坦布尔和加拉太的人口总数大约在 7 万到 8 万之间。到苏莱曼大帝时期，伊斯坦布尔人口至少达到 50 万。①

土耳其人进入伊斯坦布尔后，这座城市亟须修复重建。除了必须的维修被破坏的城墙和防御工事外，更重要的是稳定居民生活，1455 年开始修建“大巴扎”就是重要举措之一。在拜占庭帝国晚期，这座城市已经衰败，成千上万的房屋、桥梁、街道、商场、城墙被毁坏，城内基础设施基本无存，例如水管断裂、街

① Bernard Lewis, *Istanbul and the Civilization of the Ottoman Empire*, Norman: University of Oklahoma Press, 1963, p. 101.

道失修、排水系统缺失。穆罕默德二世立即着手解决这些问题，采取有效的补救办法。参加过征服战争的官兵被派去维修和建造房屋、市场、引水渠和道路。

“大巴扎”是西方人对伊斯坦布尔的大市场的称谓，“巴扎”源于波斯语“Pazar”（集市），土耳其语“卡帕勒·恰尔舍”（Kapalı Çarşı），意为“室内市场”“有棚的市场”或“有顶的集市”。当时只建了两座带圆顶的石造建筑，称“柏登斯滕”（Bedensten），意为集市或交易区，可能围有栏杆，是小型的商品交易区。这两个古老集市仍保留到现在，一个是“里面的市场”（İç Bedensten），以销售珠宝首饰为主；另一个是“锦缎市场”（Sandal Bedensten），以布料纺织品为主。后来，“大巴扎”的规模越来越大，比以前扩大了几倍，店铺多得数不清（有专家估计，约5000—6000家店铺），占据了20多条街。“大巴扎”里卖的东西，大多数是土耳其民俗艺术品，包括土耳其式金银器皿、古色古香的铜器、各式各样的地毯、琳琅满目的手工制品、纪念品、挂饰、头巾等。

如今看到的“大巴扎”，位于伊斯坦布尔闹市区一座有五六百年历史的古建筑之内。“大巴扎”占地4.2万平方米，4000多个店铺分布在82条大小商业街道上，其中有2000家金货店，300家皮货店，250家旅游商品店，20家地毯店，70家服装店，50家古玩和银器店……除商店外，还有茶馆、快餐铺、餐馆、银行、营业所、邮电局、客栈、饮水处以及多座清真寺，加上4万多个从业人员，形成一个小社会。

穆罕默德二世对不同教徒实行不同政策。他任命希腊教会的主教为整个基督教徒群体的宗教领袖，由他负责招回战争期间逃亡的希腊人和其他东正教徒。这些希腊教徒在金角湾沿岸的教堂附近住下来。而对于巴尔干半岛的其他斯拉夫民族，穆罕默德二世也让他们来新首都定居。不久，亚洲的穆斯林也来到新首都。

当时，刻不容缓的工作是给穆斯林提供诵经和做礼拜的场所。穆罕默德二世把教堂改建为清真寺，也修建了一些规模不大的清真寺，供穆斯林做礼拜。征服君士坦丁堡后，穆罕默德二世宣布公共建筑物归国家所有。由于人口减少，城内许多基督教堂和礼拜堂是空的。除了圣索菲亚教堂之外，长期无人管理、没有教徒光临的基督教堂也被改建。这些废弃的教堂被改为清真寺，并未对基督教徒造成太大影响。

从改建圣索菲亚教堂来看，穆罕默德二世当时还没有足够的财力修建更大规模的、富丽堂皇的大清真寺，且他的心思还没有放在城市建设上，而是急于出征打仗。1456 年穆罕默德二世亲自率军队攻打贝尔格莱德，1458 年征服塞尔维亚，然后调兵东进，小亚细亚的战事结束后，于 1461 年进军土库曼。

圣索菲亚教堂是东罗马帝国时期重要的建筑，穆罕默德二世让建筑师稍加修改，就变成穆斯林礼拜场所。比如，教堂内部凡是有人物图像和彩绘的地方，都涂上一层石灰；在教堂东面的半圆形后殿中间和南面窗子之间，修建朝麦加方向礼拜的壁龛；在教堂中间东南方向的大圆柱上，修建星期五做礼拜用的讲坛。[①] 教堂外部改建成清真寺特征的圆顶，竖起高高的宣礼塔

① ［德］卡尔·布罗克尔曼：《伊斯兰教各民族与国家史》，孙硕等译，商务印书馆 1985 年版，第 325 页。

(Minaret)。穆罕默德二世只建造了一座宣礼塔。后来，塞利姆二世和穆拉德三世增建了三座宣礼塔，从那时起，这四座高而尖的宣礼塔一直耸立在宏大建筑物的四角。教堂大拱顶上的青铜制的新月，是塞利姆二世时期才增加的。

穆罕默德二世于 1463—1469 年（一说 1462—1470 年）修建了素丹穆罕默德大清真寺，也称“征服者清真寺”(Fatih Camii/ the Conqueror’s Mosque)。据说是综合了使徒教堂和圣索菲亚教堂的特征而建的。也修建了艾尤布 · 安萨里（ Ayyub al-Ansari ）陵墓，并在附近修建了清真寺。这座清真寺不仅仅发挥礼拜场所的功能，还是一个高等教育中心。附近设立 8 所宗教学校，连同 8 座独立的宿舍建筑，构成大学城，开设神学、法律、医学、传统伊斯兰经典等课程。大清真寺建筑后来被毁。其他素丹和大维齐尔也都修建过清真寺，如巴耶济德二世建造的一座大清真寺就在“大巴扎”附近。

在苏莱曼一世时期，帝国达到鼎盛，从 1550 年开始修建一座比圣索菲亚教堂更辉煌的清真寺。这座清真寺选址在旧皇宫北面，专门划出一块地，由建筑师锡南（ Sinan ）负责修建，为期七年建成，命名为苏莱曼清真寺（ Süleymaniye Camii)。这座清真寺的前庭华丽，四角耸立着四个尖塔。清真寺一侧有波斯式宫门。清真寺内壁和圆柱上镶嵌着多色彩的大理石，有的地方是波斯花纹的镶嵌砖，窗户是华丽无比的彩色玻璃。据说，仅建筑师锡南担任建筑总监期间，就建造了 75 座大清真寺，49 座小清真寺，49 所学校，7 所经学院，17 个公共施食站，3 所医院，7 座高架桥，7 座普通桥梁，27 所宫殿，还有商客栈、金库、澡堂、殡仪馆等。[①]

伊斯坦布尔的城市供水在穆罕默德二世时期情况不详，而苏莱曼一世时期建造了完整的供水管道，把清水经由黑海和金角湾之间的山区引进市区，在城市周边也修了储水池，以供城内居民饮用。

奥斯曼帝国控制伊斯坦布尔后，这座城市被划成不同的生活区域，各区域具有相对独立性，没有形成市政组织。负责传达中央政府命令和政策的是一位卡迪，即穆斯林执法官。当时除了旧城，还有加拉太、贝伊奥卢、于斯屈达尔，这些地区类似独立的城镇，拥有自己的卡迪。

在伊斯坦布尔，城市中心的基本单位是社区（Mahalle），通常以宗教建筑或集市为中心，周围有居民生活区。每个社区是独立的、容易与别的社区相区别的单元，有自己的宗教信仰、经济活动和生活方式。不同的米勒特（Millet）、行会或苦修士团体有不同的社区，其中一般都建有学校、医院、清真寺或教堂。倘若该社区是一个商业中心，则还会有旅馆、饭店、作坊等。在社区内，居民可以自行组织巡逻、维护治安，也雇佣自己的街道清洁工、点街灯的人、消防队等。每个社区的负责人，要么是伊斯兰教阿訇，要么是基督教神父，要么是犹太教的拉比，都是官方认可或指定的，是社区的政府代表。相同信仰或经济联系紧密的邻近社区结成“区”，政府鼓励这样做，因为有利于管理。

---

① ［德］卡尔·布罗克尔曼：《伊斯兰教各民族与国家史》，孙硕等译，商务印书馆 1985 年版，第 341 页。

城市毁灭的特例

庞贝古城被火山灰覆盖，埋在地下将近1700年才被发现，又经过200多年的考古挖掘，当代人才可以看到这座罗马帝国时期的古城的面貌。像庞贝这样几乎完整保存下来的古城，只有附近的赫库兰尼姆，但赫库兰尼姆被埋得更深，并未全部挖掘出来。中国古代名城晋阳也经历了被毁灭的命运，20世纪70年代古城遗址得到初步发掘，有专家称其为“中国的庞贝古城”。不过，从晋阳城已发掘的城基、城壕遗址和文物中，所能获取的考古信息不多，不足以揭示晋阳城的历史全貌。

庞贝古城是遭受自然灾害而毁灭（公元79年被火山灰覆盖），而晋阳古城是被人为地破坏（979年被焚烧，后水淹），所以流传着“水淹晋阳城”的故事。巧合的是，庞贝毁于公元1世纪的第79年，而晋阳城毁于公元10世纪的第79年，相差整900年。

庞贝的考古发掘资料非常丰富，考古报告、图册、相关著作在大型图书馆里都可以找到，庞贝出土文物在世界各地巡回展出。2007年春天，北京的中华世纪坛世界艺术馆举办庞贝出土文物展览；2008年6月6日在杭州的西湖美术馆举办“意大利大型文物考古展品展览”。庞贝古城的挖掘让世人大开眼界，已被联合国教科文组织确定为“世界文化和自然遗产”，每天吸引着数以万计的来自世界各地的游人，被称为“天然的历史博物馆”。晋阳城始建于春秋时期，历经千余年发展和唐代的繁荣之后，却被突然毁灭。大部分的晋阳城遗址仍被掩埋在深厚的淤泥之中，和庞贝古城相比，晋阳城的考古发掘有限。关于晋阳城，还有许多未知信息等待揭示。

我在原单位时，学生参加科研训练项目，我曾让他们以庞贝古城为题进行研究。不久我调离。项目负责人安培同学独立搜集资料和数据，并进行比较，完成了科研训练。不过，我给安培提供过一些庞贝的资料，比如奥古斯特·毛乌（August Mau）的《庞贝的生活与艺术》一书，此书是我到新单位认识这本书的译者杨军后，他赠送给我的。安培写了1万多字的文章，我帮他改写了摘要和开头的导言。安培的分析和结论都是恰当的，语言表达也不错。正是这样的机缘让我对庞贝城考古有更多的了解。至于晋阳古城发掘的情况，我是在太原工作时听过考古专家的报告，故而有所了解。大致的进展是：2008年6月晋阳古城发现和开启石函，晋阳古城再次引起世人关注；2010年晋阳古城遗址获得国家考古遗址公园立项；几年后晋阳古城保护性规划方案出台，明确提出要建成晋阳古城遗址公园，但目前古城遗址就在现代建筑的地底下，发掘工作难度很大。

庞贝古城和晋阳古城只有“被毁灭”这一点是相似的，其余均有很大不同，连毁灭原因也不一样。至于两座古城的建城原因，城市建置和规模、经济和政治情况，更是各不相同。

庞贝古城的发展得益于优越的自然环境。庞贝位于意大利半岛那不勒斯海湾，临近地中海，气候温和，水资源充沛，适宜农业发展，也靠近优良港湾，交通便利，最早是希腊人殖民时建立的小镇。公元前 80 年，罗马独裁者苏拉（Lucius Cornelius Sulla）的侄子普布利乌斯·苏拉（Publius Sulla）在庞贝建立了一个老兵殖民地，庞贝被纳入罗马统治。据记载，庞贝城毁灭之前已是罗马帝国境内第二大城市，交通、经济和气候吸引众多罗马的显贵和富商在庞贝定居，修建了不少别墅。古罗马演说家西塞罗（Marcus Tullius Cicero）就在庞贝拥有私人别墅。庞贝处于罗马国家的核心地区，不需要花费精力搞城防建设，庞贝城墙基本失去防卫功能，有的地方甚至被拆除。

从考古发掘后的城址来看，庞贝大致是个不规则的椭圆，四周有石砌城墙，依山的边缘而建，设有 7 个城门，14 座塔楼。庞贝的街道有明确的规划，不是从无到有自然发展的。城内有纵横各两条笔直的大街，全城呈井字形。大街由 10 米宽的石板铺成，两旁是人行道，小街巷的路面也是用石块铺的。街的两边是酒馆、商店和住宅。庞贝有一个大广场，呈长方形，四周矗立着许多宏伟的建筑，有 2 座神庙，1 座会堂，里面是法院和市政厅。广场上装点着名人塑像。城内发掘出 2 个剧场，2 个公共浴室，1 个竞技场。庞贝城内富豪的住宅较多，豪宅的大门上有大理石圆柱和雕花的门楼。房间的墙上绘有栩栩如生的壁画，地板上装饰镶嵌画。至于精美的剑和头盔、墙上刻着的文字，早已是考古学家津津乐道的“第一手资料”。

晋阳城最初被用作军事堡垒。专家推断，晋阳城的建成早于公元前497年，大致在春秋末期，建立这座城是为了应对战争。从初建到隋末，晋阳城的规模和发展情况不详，但在唐初获得了发展机遇。晋阳因为被当作李唐皇室的龙兴之地，受到了统治者的格外重视，进行了大规模的修建。从政治地位看，晋阳城在唐代被升格为“北都”，皇帝也来临时居住，其他时期一般都是州（并州）、府（太原府）的治所。因此，城内有宫殿、署衙、苑囿、庙宇等，建筑宏大。唐代的晋阳城，分为西城、中城、东城三部分（修筑有迟有早），规模大，城墙坚固。晋阳宫城有前殿、后殿，也有太液池、九曲池。城内有并州寺、大安寺、无量寿寺、兴国崇福寺等。不过，目前只能凭借史料将晋阳与同时期的洛阳、长安进行比较，推测晋阳城内的街道布局和坊市相隔的制度，暂时无法通过考古的方式完全确定其城内布局。

虽然晋阳是出于军事目的而修筑的，但这座城位于太原盆地上，依山傍水，土地肥沃，水源充足，气候温和，曾是重要的农业区，远处是辽阔的天然牧场。《元和郡县志》记载，隋朝开皇年间晋祠南渠灌稻田“周回四十一里”。在唐代，葡萄酒是晋阳名产，酿造、铸铜、炼钢等手工业也较发达，因而晋阳经济条件不差。

相对于庞贝古城来说，晋阳古城更加严整，布局呈现为边界互相重合的矩形或正方形的拼接形状。庞贝的市政厅、大会堂和法院等位于城中央的广场东南，方便公民的集会，参与公共事务；而晋阳城的政府机关大多数位于宫城之内，普通民众没有权利参与政治。庞贝作为罗马共和国和帝国初期的一个自治市，和中国古代的军事堡垒或帝国行宫是完全不同的。庞贝城内街道纵横，店铺林立，商业繁荣，娱乐场所分布各处，而在晋阳城内，经济活动是受到政府管制的，也不可能有竞技场、剧院、公共澡堂之类。两座古城中都有宗教性质的建筑，但市民崇拜的对象完全不同。

庞贝城的优势是经济。农业劳动、果树栽培、园林维护是受推崇的工作，住宅的绘画中对此有所反映。庞贝的手工业部门很多，包括面包生产、漂洗工业、葡萄酒生产、金属制造、鱼露生产和香水制作等，大多数使用专业设备进行生产。当然，庞贝的商业贸易同样发达，产品交换活跃。在庞贝一处私人住宅中，发现了凯奇利乌斯·尤昆杜斯蜡板，其中记载的银行家商务往来的"收据"有153份，涉及拍卖事务的有137份，蜡板是封住的，表明不能随意拆看或更改。庞贝城商业活动的发达和多样性可见一斑。

遗憾的是，庞贝城遭遇自然灾害，不远处的维苏威活火山突然爆发，这座富裕的城市被迅速掩埋。关于庞贝毁灭过程，有许多文学性的描写。公元79年8月初，维苏威火山周围多次震颤。8月20日，牲畜、鸟雀表现出异常，有人开始收拾起财物，撤离。8月23日夜晚（或24日清晨），火山灰开始溢出。24日下午，随着巨大的爆裂声，熔岩高速、剧烈地向大气层喷射。冲上天空的熔岩被粉碎成小颗粒，扩散成云团，附近的庞贝和斯塔比遭受岩屑和碎石暴雨般的袭击，裹挟着的岩浆冲向庞贝和斯塔比。毁灭不是瞬间的，从喷发到埋葬整个城市持续了18个小时之久。大约1/4的人侥幸逃脱。后来拍的电影《庞贝》用现代艺术手法再现了那一恐怖的场景。

晋阳城的毁灭是人为的破坏。在宋朝太平兴国四年（979年）正月，宋太宗赵光义决定再次征讨北汉。宋攻打北汉以及焚毁晋阳的经过在《宋史》中有记载：二月发兵，集合了几路大军，四月与北汉军交战，北汉军队败退。宋太宗亲自督战，到达太原，诏谕北汉主刘继元，迫其投降。守军顽抗，宋军从五月开始从西南、西北攻城。最终刘继元投降，平定北汉的战争结束。按照宋王诏谕，以汾河东岸的榆次县为新并州，筑新城。晋阳城的剩余居民安置于新城，旧城被下令焚毁。第二年（980年）四月，宋太宗下令，引汾河水淹没整个旧城。

庞贝毁于火山喷发，晋阳城毁于赵光义的火焚水灌，一是天灾，一是人祸，两座城的灭亡令人惋惜。庞贝附近肥沃的土层就是火山土，这是城市经济繁荣的条件，且靠近那不勒斯湾，拥有便利的交通，但维苏威火山就在西北10公里处，危险似乎早就注定了。晋阳城的修筑得益于其作为军事要地的优势，这座城市位于中原和北方少数民族冲突的前哨，频繁的战争导致城市的毁灭，也不是意料之外的变故。晋阳城毁于战火后的1000年中，旧城址上再没有大的建设，古城遗址以唐朝至五代十国时期的城市建制格局深埋于黄土之下，古城历史定格在当地人的记忆中。晋阳旧城西部埋藏得较浅，距地面2.8米，东部深达10—15米。① 在1000多年的自然力作用下，晋阳城遗迹原貌不可能再看到了。

---

① 晋阳古城考古队：《晋阳古城“十”字探区东段考古勘探报告》，《文物世界》2014年第5期。

古代遗产究竟是谁的“财富”

读历史书，容易被考古发掘的神秘故事所吸引。在古埃及、古希腊、两河流域考古发掘的故事中，多次提到“被土耳其人禁止”，或者要“征得奥斯曼政府的许可”。起初也没细究为什么，直到自己了解奥斯曼帝国史后才恍然大悟。不仅安纳托利亚，埃及、美索不达米亚、希腊诸岛都曾是奥斯曼帝国统治下的领土。18 世纪之前的盗宝、19 世纪的考古发掘，都是在奥斯曼土耳其人的脚底下“动土”。

那些声名远播的发掘和发现，例如，特洛伊古城遗址、赫梯王国首都哈图沙遗址、以弗所古城以及阿尔忒密斯神殿（Temple of Artemis）遗址、米利都遗址、吕底亚首都萨迪斯遗址等，都在安纳托利亚高原。此外，还有南临地中海的安塔利亚的罗马城遗址，西临爱琴海的博得鲁姆的莫索洛斯陵墓（Mausoleum at Halicarnassus）遗址，以及稍远的帕加马古城遗址等。伯罗奔尼撒半岛和爱琴海诸岛在 1830 年之前是奥斯曼帝国领土，克里特岛上的米诺斯宫、迈锡尼城的一部分考古发掘始于希腊独立之后，但另一部分发生在奥斯曼帝国统治时期。埃及罗塞达碑（Rosette Stone）、法老陵墓、阿蒙神庙（Amun Temple of Karnak）等的发掘，凡是1914年之前的都在奥斯曼帝国的统治范围内。在两河流域，无论是巴比伦古城的探测，还是亚述首都尼尼微遗址、泰罗遗址等的发掘，使载有楔形文字的泥版文书重见光明，都在这个已经湮灭的奥斯曼帝国的管辖范围内。

特洛伊古城遗址的发现

特洛伊古城的发现者施里曼（Heinrich Schliemann）的故事很传奇。1871年他拿到了奥斯曼政府的挖掘许可证，当年就开始在恰纳卡莱南部的希沙利克挖掘。

1873年，施里曼挖掘出一些大型建筑的遗址，还挖出一批珍贵的器物，包括2顶黄金王冠，数量较多的心形金片、项链、神像，还有8700件黄金制成的大小物件。施里曼坚信他找到了荷马史诗中的普里阿摩斯国王的黄金宝藏。

本来按照挖掘许可证的规定，挖掘者要把一半的发现物上交给奥斯曼政府，但施里曼有自己的打算。为了防止雇来挖掘的民工向地方政府报告，施里曼遣散民工，只留自己和妻子偷挖黄金和古物。施里曼把挖掘到的东西偷偷运出奥斯曼帝国，起初藏在希腊。1874年，施里曼向外公布了他在特洛伊发现珍贵古物的事。奥斯曼政府得知施里曼违约偷走宝藏的行为很愤慨，下达了对施里曼的驱逐令。施里曼赔偿了2000英镑。希腊政府迫于奥斯曼政府的压力，不敢接收这些文物。这些珍贵古物被送往德国的一家国立博物馆。

继施里曼之后，德国考古学家威廉·德普菲尔德（Wilhelm

Dörpfeld）继续发掘特洛伊。他完善和补充了地层分析，按照科学的方式进行挖掘。威廉·德普菲尔德的著作《特洛伊与伊里昂》于 1902 年问世。德普菲尔德提出，特洛伊城的遗址有九个重叠地层。1918 年奥斯曼帝国解体。数十年后，美国的考古队来到这里，征得土耳其共和国政府的同意，使用先进的手段进行挖掘，确定了九层遗址的详细年代。

寻找亚述都城尼尼微遗址的过程

保罗·埃米尔·博塔（Paul Emile Botta）是一位生于意大利的外交官，他不是考古学家。博塔担任法国驻摩苏尔领事期间（1840—1845 年），在摩苏尔附近发现两个山丘，一个叫库容吉克（Kuyunjik），一个叫约拿之墓（Tomb of Jonah）。他认定这里是尼尼微的遗址，所以进行了挖掘。约拿之墓山丘上有村庄和清真寺，他的挖掘被当地人阻止了。据说摩苏尔地方管理部门也进行了干预。一种说法是，博塔挖掘库容吉克毫无收获；另一种说法是，博塔找到一些文物，悄悄带走了，最后把文物交给了卢浮宫博物馆。1842 年前后，博塔在距离库容吉克 15 公里外的豪尔萨巴德挖掘，结果发现了王宫建筑群、城墙、塔庙等。博塔在科尔萨巴德的挖掘持续了 3 年，直到被派往耶路撒冷担任法国领事（1846 年）。欧洲考古学家和历史学家对这里的遗址进行了研究，结论是，这个宫殿不是尼尼微的遗址，而是萨尔贡二世的行宫。博塔在挖掘时没有采用科学的方法，对遗址造成了损害，保护手段也跟不上，一些文物刚出土就被风化，也有一些在运输途中损坏。据说博塔用木筏运输装文物的箱子时，木筏倾翻，致使一些文物沉入底格里斯河的河底。

1845年，英国考古学家莱亚德（Austen Henry Layard）也找到了库容吉克，进行了6年的挖掘。一种说法是，莱亚德先在摩苏尔的另一个山丘挖掘了5年，找到了一座宫殿。莱亚德挖掘时也受到当地阿拉伯人的阻挠，费了一些周折。1849年莱亚德正式发掘库容吉克，挖出了一座宫殿，后来被断定是亚述国王萨尔贡二世的宫殿。其实，莱亚德在库容吉克发现的遗址才是尼尼微的主体。宫殿遗址里最珍贵的是2万件泥版图书。挖掘工作结束后，莱亚德回英国做外交官去了。

1852—1854年，英国考古家霍尔木兹·拉萨姆（Hormuzd Rassam）继续挖掘库容吉克，发现了另一处王宫藏书室，也找到了更多楔形文字泥版，其中包括《吉尔伽美什史诗》。拉萨姆把《吉尔伽美什史诗》泥版寄到伦敦不列颠博物馆，供那里的专家破译。只有30岁的乔治·史密斯（George Smith）接手了破译工作。1873年，乔治·史密斯亲自去尼尼微遗址，找到所需的泥版带回英国。后来英国的考古家相继来到库容吉克，不断挖掘，找到了2.4万块以上的泥版文书。总体来说，19世纪这些毫无章法的挖掘，几乎毁掉了珍贵的尼尼微遗址。

另一部分数量较多的泥版文书是在泰罗遗址发掘出来的。发掘者是法国一位驻巴士拉的副领事，名为欧内斯特·德·萨尔泽克（Ernest de Sarzec），时间是1877年前后。在泰罗遗址还挖出大量其他文物。后来陆续有考古学家继续在这个遗址挖掘。

赫梯帝国都城哈图沙遗址的发现

1834年，法国人夏尔·特谢尔（Charles Texier）到达安纳托利亚，希望找到古代凯尔特人的定居点，在博阿兹柯伊意外地发现了古城遗址，后来被证明是赫梯帝国首都哈图沙。特谢尔的发现引来许多考古学家在此挖掘，1893 年出土了首批楔形文字泥版文书。法国人类学家埃内斯特·尚特（Ernest Chartre）在博阿兹柯伊发现两块陶碑。早在 1887 年已有人在埃及发现了陶碑。把两地发现的陶碑对比，碑上的楔形文字相同。1906 年，在博阿兹柯伊发现了“赫梯和约陶碑”，是记录古埃及法老拉美西斯二世与赫梯国王签署的和平协议的副本。考古学家在哈图沙废墟找到了 31 座神庙遗址。1993 年，德国考古学家安德烈亚斯·穆勒（Andreas Müller）在哈图沙废墟以东 200 公里处挖掘出巨大的古建筑群。

希腊罗马古城遗址的发现

希腊罗马遗址考古中最重要的古城之一是以弗所。这是一座希腊殖民城市，位于伊兹密尔南部 60 公里处，邻近塞尔丘克镇。希腊化时代、罗马帝国和拜占庭统治时期的文化遗存都在这里发现。以弗所早期城市被毁后，吕底亚的克洛伊索斯重建城市。公元前 287 年前后，港口淤塞，城市萧条，莱西马库斯（Lysimachos）国王把城市南移，并筑起城墙。罗马帝国统治时期以弗所成为亚细亚行省的首府，城市繁荣，2 世纪达到鼎盛。公元 350 年以弗所变成一座基督教城市。以弗所留存的遗址有：哈德良神殿（Temple of Hadrian）、瓦里乌斯浴场（Varius Bath）、玛丽教堂（Church of Mary）、圣约翰教堂（Church of St. John）、塞尔苏斯图书馆（Library of Celsus）等。

14 世纪奥斯曼土耳其人控制了以弗所。作为港口，这座城市发挥的作用不大。大约在 15 世纪末，以弗所被废弃。17 世纪末，荷兰旅行家科内里斯·德·布鲁恩（Cornelis de Bruyn）来到以弗所，记述了以弗所古城遗址的大致情况和基本风貌，也绘制了简图。19 世纪开始，以弗所的遗迹吸引了为数不少的欧洲旅行者和考古学家。1869 年，英国工程师约翰·伍德（John Wood）受大英博物馆资助在以弗所进行考察，发现了阿尔忒弥斯神殿（Temple of Artemis）遗迹。1893 年，奥地利考古学家在以弗所进行考古挖掘，并于 1898 年成立了奥地利考古研究所。奥地利考古学家对这个区域的大部分遗址进行了考察。

19 世纪，希腊罗马古城遗址在安纳托利亚被发现，还包括米利都遗址、安塔利亚的罗马雕像和哈德良之门（Hadrianś Arch）、博得鲁姆的莫索洛斯陵墓、希拉波利斯遗址、帕加马古城遗址等。此外，希腊殖民城市遗址，罗马的剧院、陵墓和浴场等遗址也得以发掘。

巴比伦城遗址的初步发掘

1879 年，考古学家在巴比伦的玛杜克神寺（Temple of Marduk）遗址发现了赞颂居鲁士的泥版铭文。1899 年，德国考古学家罗伯特·科尔德维（Robert Koldewey）在巴比伦城遗址发掘出了南宫，还发现了一些建筑遗址。这一年，科尔德维在巴比伦遗址的一块凹地挖出了巨大的塔基。科尔德维推测，这座塔的总高度有 87.78 米，7 层，塔顶的神殿供奉巴比伦主神玛杜克。科尔德维宣称这就是《圣经》中的巴别塔，但不断有人提出质疑。

埃及的重大考古发现

首先是罗塞达碑。1798 年法国拿破仑军队远征埃及，法兰西科学院 200 余名科学家随之到达埃及。科学家中有东方学家、矿物学家、天文学家、数学家、文学家、画家、技术人员等。当时作为奥斯曼帝国行省的埃及，遍地都是神庙、陵墓、雕像、方尖碑，但只剩残垣断壁，看不出头绪。科学家们忙碌地调查、清点和测量。军官布夏尔（Pierre-François Bouchard）带着士兵修筑防御工事时，意外地在罗塞达发现黑色玄武石断碑。1801 年，拿破仑留在埃及的法国军队被英国军队和奥斯曼政府军赶出埃及。第二年，英国人把罗塞达碑运往伦敦，陈列于大英博物馆。1822 年法国语言学家商博良（Jean François Champollion）成功释读了碑上的象形文字。

其次是发现了帝王谷。法国考古学家马里埃特（Auguste Mariette）于 1851 年发现孟菲斯的地下神牛庙（Serapis Temple）。马里埃特协助埃及政府组织了“发掘与古物管理部”，不久又成立埃及博物馆，马里埃特任馆长。凡是埃及发现的文物，都要首先交给埃及博物馆。后来，他的学生加斯顿·马斯伯乐（Gasto Maspero）继承了导师开创的事业。1880 年，马斯伯乐前往埃及，于 1881—1886 年担任埃及博物馆馆长。马斯伯乐除了考古发掘，还努力保护古物，制止文物非法贩卖，也开展研究工作。马斯伯乐在埃及地方政府协助下逮捕了盗墓团伙，并在帝王谷找到了四十多口装有木乃伊的石棺。这些木乃伊被成功地转运到埃及博物馆保存。

希腊地区阶段性的考古发掘尝试

1830 年希腊独立前，有人在迈锡尼、克里特岛进行发掘宝藏的探测活动，都是在奥斯曼帝国领土上进行的，而专业考古的成效不大。迈锡尼遗址的专业挖掘始于 19 世纪 70 年代，施里曼在迈锡尼的挖掘得到了希腊政府的许可。此次发掘有很大收获，是施里曼继特洛伊之后的又一重大发现。

希腊重要的考古发现在克里特岛。克里特岛是1899年才划归希腊的，此前一直属于奥斯曼帝国领土。早在1877年就有一位驻克里特的西班牙领事请人在岛上进行挖掘，找到了一部分城墙遗址。当地人也挖掘出壕沟、城墙，发现石坛、石罐等遗物，但进展不大。当时施里曼也曾打算去克里特挖掘，但没有得到奥斯曼政府的同意。一种说法是，由于施里曼未能就购买遗址地产达成协议，不得不放弃挖掘计划。

1893年，英国考古学家阿瑟·伊文思（Sir Arthur John Evans）第一次来到克里特岛考察。克里特岛上有一个民间组织“教育之友协会”，主席是约瑟夫·哈兹达基斯（Joseph Hazzdakis）。这个组织主要负责克里特岛的文物收集和保护。因为担心岛上的文物被掠走，所以这个组织不支持外国人从事考古发掘。法国考古学家安德列·茹班（Andre Joubin）不关心克里特岛当地人的利益，一心为伊斯坦布尔的帝国博物馆效力，得不到约瑟夫·哈兹达基斯的支持，发掘工作没法开展。阿瑟·伊文思决心挖掘米诺斯王宫（The Palace of Minos）遗址，为购得遗址地产，他也费了不少周折。1896年阿瑟·伊文思购买到遗址地产，与土耳其业主以高价签订了带有印章的协议。但随后，希腊和奥斯曼政府的战争爆发，阿瑟·伊文思的计划受阻。

1899年克里特岛回归希腊后，阿瑟·伊文思的挖掘工作得到希腊政府支持，不仅从希腊政府申请到发掘特洛伊的许可权，还得到一笔丰厚的资金。1900年，克里特岛上的考古发掘正式开始。在这里不仅发现了线形文字、各种珍贵文物，还发现了庞大的米诺斯王宫遗址。克里特岛的发掘引起考古界的震动。

奥斯曼帝国统治下的西亚北非地区是古代文明发源地，苏美尔文明、阿卡德文明、古埃及文明、亚述文明、赫梯文明、古希腊文明、古罗马文明留下的遗址和遗物，都成了这个帝国的宝贵财富。今天走进伊斯坦布尔大大小小的博物馆，能看到除了在大英博物馆和巴黎卢浮宫之外很少在其他国家见到的珍贵文物。但又忍不住会想到，除了和伊斯兰教相关的文物、苏莱曼大帝时期的珍宝，只要是 14 世纪之前的文化遗产，没有多少是奥斯曼土耳其人创造的。土耳其拥有这些文物，只因为奥斯曼土耳其人是征服者，连三洲跨五海的广阔领土都曾是奥斯曼帝国的领土。西方考古学家来这里进行考古发掘或古物搜寻，都涉及“合法性”问题，而奥斯曼帝国是否有效保护了境内的文物，似乎不涉及“合法性”问题。就算不考虑这些，古典文明遗产对奥斯曼帝国的文化产生了哪些影响，似乎也是值得研究的。

从阿卡德、巴比伦、亚述、埃及新王国以来，经历波斯帝国、亚历山大帝国、罗马帝国、拜占庭、阿拉伯帝国、奥斯曼帝国的更迭，西亚北非是霸国的舞台，见证了多少王朝的兴衰。刀光剑影，鼓角争鸣，尸横遍野，会换得短暂的和平与安宁，文明得以创造和延续，但更多的是破坏和毁灭。一座座城池被攻陷，一箱箱书籍被焚毁，一幢幢建筑倒塌，一个个生活家园被迫放弃，辉煌的文明最终被黄沙掩埋，留给后世的考古学家慢慢寻找和发现。古城遗址、宫殿立柱、残砖碎瓦、墙基墓穴，既是历史的证物，也是文明的伤疤。

文明成果的侥幸留存

人类的创造力是值得夸耀的。古典时代至中世纪创造的文明成果，我们今天在博物馆、图书馆里还能看到，但其实这些财富往往是侥幸或偶然保存下来的。

对于中国人而言，一提到敦煌藏经洞，马上会想起前辈学者说的“敦煌者，吾国学术之伤心史也”。伤心的是珍贵文物被外国人低价买走，流落海外；痛心的是当时腐朽的政府不能有效地保护文化。但其实也应该庆幸，11 世纪封存的经卷和各类珍稀文献在洞窟里安然沉睡 800 多年，没有毁于战火，没有散失。再看世界历史中，那么多珍贵文献和艺术作品被毁于战火，毁于权力斗争，毁于教派冲突和人为破坏，也毁于自然灾害。君士坦丁堡、巴格达的伤心史更为惨痛。单是蒙古人的洗劫中，巴格达收藏的经典被抛到河里的场景，一想起来就让人沮丧。思及此，让人忍不住要感激欧洲中世纪的那些修道院和中国古代的书院，在高山之巅或幽深的山谷，构筑起若干“文化避难所”，默默地守护着文化珍品。

从罗马帝国到拜占庭帝国，那座千年古都君士坦丁堡曾经学者云集，图书丰富，艺术品熠熠生辉，是世界罕见的文化、艺术、学术中心。在西罗马被蛮族洗劫的岁月里，君士坦丁堡挽救了古代文化艺术珍品。古典时代希腊的文学和哲学名著，以及罗马的法律、文学、宗教艺术作品，都在这里得到保存。然而，君士坦丁堡此后遭到十字军多次劫掠，1204 年甚至完全失去帝都地位，这些珍贵财富遭受极大破坏。十字军在城内屠杀居民，掠夺艺术品，烧毁图书馆和教堂，砸碎搬不动的雕塑，千年古城遭受浩劫。1453 年君士坦丁堡被土耳其军队攻陷，残存的文化遗产再受重创。

巴格达这座伊斯兰世界的历史文化名城，8—9 世纪是多么辉煌。哈里发哈伦・拉希德和麦蒙执政时广建清真寺、宗教学校、图书馆、天文台、客栈、驿馆、市场、浴室及市政交通设施，把这座城市打造成政治、经济、贸易、文化和宗教中心，学者荟萃，文化昌盛。哈里发麦蒙在巴格达创建学术研究机构“智慧馆”，聚集不同民族及宗教信仰的著名学者，将希腊、波斯、印度等国的古典著作加以收藏、整理并翻译成阿拉伯文。巴格达学术活动活跃，各派学者在经学、圣训学、教法学、文学艺术方面取得了成就。遗憾的是，巴格达城的文化遗产多次遭受劫难。1258 年巴格达被旭烈兀率领的蒙古军队占领，大量建筑古迹文物遭到摧毁，藏书和艺术珍品被抛入河中。1401 年，巴格达遭受帖木儿的蒙古军队洗劫，城市破坏严重，许多文物被毁。1534 年和 1558 年，巴格达先后被奥斯曼土耳其人和波斯人占领，1638 年后又被奥斯曼土耳其人统治，直到 1918 年。

中国宋朝至明清，书院是教学场所，又是学术研究机构，一个书院往往就是某一学派教学和研究的中心或基地。书院允许不同学派共同讲学，重视学术的交流和论辩。岳麓书院、白鹿洞书院、嵩阳书院等久负盛名，然而这些书院多次被毁，尤其是岳麓书院和白鹿洞书院。例如坐落于湘江西岸岳麓山脚下的岳麓书院，两宋之交就遭到战火洗劫。1275 年元军攻破长沙，岳麓书院被付之一炬。元朝统一全国后书院得以修复。元末战乱再起，岳麓书院于 1368 年毁于战火。明朝于 1432 年、1469 年、1494 年修复。1643 年，张献忠部队进攻长沙，书院在混战中被毁。1674 年，吴三桂发动三藩叛乱，攻克长沙，修复才 4 年的岳麓书院再次被毁。位于江西庐山的白鹿洞书院，收藏有珍贵的文化典籍。元朝末年，白鹿洞书院毁于战火，明朝和清朝多次维修。辛亥革命以后书院遗址曾遭火灾，藏书大部分损失。抗战时期，又遭到日本侵略军的破坏。位于河南登封嵩山南麓的嵩阳书院一直是讲授经典的教育场所，被称为研究中国古代书院建筑、教育制度以及儒家文化的“标本”。书院的藏书达 2000 多册。明末，嵩阳书院毁于兵火，元、明、清各代重修增建，但一些珍贵图书已经彻底散失或被焚毁了。至于私人藏书楼，如著名的天一阁藏书楼，其兴衰也是让人痛心的历史。1841 年，宁波府城在第一次鸦片战争爆发后陷落，天一阁的《大明一统志》等舆地书数十种被英军掠夺。1861 年，太平军攻陷宁波，天一阁藏书被盗出售。1914 年，天一阁书籍被盗运往上海，后被商务印书馆的张元济赎回一部分，藏于东方图书馆涵芬楼，但在抗日战争中由于东方图书馆被炸而焚毁，天一阁藏书损失严重。

欧洲的修道院也是文化的避难所。除了像科索沃的格拉查尼察修道院（Monastery Gracanica）那样不幸的东正教修道院，其余大多数还是能较为完整地把图书和艺术珍品保存下来。即使是格拉查尼察修道院，经历过奥斯曼帝国入侵等中世纪和近代的多次战争，也经历了第二次世界大战，甚至 20 年前的科索沃战争，修道院的部分建筑和壁画还能保存下来，2006 年被列入《濒危世界遗产名录》。

大量中世纪图书、手稿、艺术珍品的避难所，就包括西班牙的埃斯科里亚尔修道院（Monasterio de San Lorenzo de El Escorial）、奥地利的梅尔克修道院（Stift Melk）、瑞士的圣加尔修道院（Convent of St. Gall）等。

埃斯科里亚尔修道院位于西班牙马德里西北 45 公里处。这个修道院由西班牙国王菲利普二世兴建于 1563 年到 1584 年。修道院是一个综合建筑群，包括了修道院、学校、教堂、王宫、博物馆和图书馆。这里是巨大的艺术宝库，里面藏有不少大师级的艺术作品，如意大利威尼斯画家提香（Titian）、丁托列托（Tintoretto）、保罗·委罗内塞（Paolo Veronese）的画作，还有希腊籍画家埃尔·格雷考（El Greco），荷兰画家罗希尔·范德魏登（Rogier van der Weyden），西班牙画家委拉斯开兹（Diego Rodríguez de Silva y Velázquez）、阿隆索·卡诺（Alonzo Cano）、胡塞佩·德·里维拉（Jusepe de Ribera）、克劳迪奥·科埃略（Claudio Coello）的杰出作品。教堂前殿的圆拱廊上有意大利巴洛克画家卢卡·焦尔达诺（Luca Giordano）的湿壁画。在神父房间和圣器收藏房内也有不少画作，如提香绘制的《最后的晚餐》、委拉斯开兹的《约瑟夫的武士服》等。教堂西边通道的精美图书馆，存放着菲利普二世私人收藏的各种书籍。图书馆的 4 万册藏书，包括许多珍贵手稿和 11 世纪的福音书。天花板上用湿壁画描绘了图书馆存储书籍的种类。教堂内外和附近的回廊里都有湿壁画和雕像，非常珍贵。这些都得以完整保存。

梅尔克修道院位于下奥地利州梅尔克镇的山岩上，修道院成立于 1089 年。修道院建筑是巴洛克风格的杰作，内部有精美的湿壁画，还藏有无数中世纪手稿。在众多欧洲修道院中，梅尔克修道院的地位很突出，是名副其实的世界级文化遗产。图书馆内藏书大约 10 万卷，被誉为“全球最美十大图书馆”之一。从 1780 年到 1790 年，皇帝约瑟夫二世解散了不少奥地利修道院，但梅尔克修道院得以幸免，估计是由于梅尔克修道院的名望和学术价值。幸运的是，梅尔克修道院在拿破仑战争中也没有受到破坏。

圣加尔修道院位于瑞士的圣加尔市。这座修道院是加洛林王朝时期修道院建筑风格的代表，修道院中有教堂、图书馆和其他建筑物。修道院内收藏有许多珍贵的文物，包括绘于羊皮纸上的最早的建筑规划图。圣加尔修道院收藏有 2000 多卷珍贵手稿和 1650 卷古本书和中世纪早期的 500 卷羊皮纸法典，还有修道院和教区档案文件、7—8 世纪的爱尔兰手稿、9—11 世纪的插图手稿、卡洛林时期的修道院平面图等。1983 年，圣加尔修道院被列入《世界遗产名录》。

和这些欧洲的修道院类比，中国的敦煌莫高窟藏经洞也是一个奇迹。藏经洞是莫高窟编号第 17 窟的俗称。此窟是唐宣宗大中五年（851年）时开凿的。约在11世纪西夏统治敦煌时期，莫高窟的僧徒们把寺院历代保存下来的经卷、文书、档案、外典、过时文书、旧幡画，以及佛像画等封存在此洞里，然后外筑补壁，并绘壁画掩人耳目。后来洞窟颓废，年久日深，洞窟甬道被风沙淤塞。随着当事人和知情者逐渐离开人世，藏经洞不再为世人所知。直到清末光绪二十六年（1900年），莫高窟道士王圆箓无意中发现了藏经洞。洞窟内保存佛教经卷、社会文书、刺绣、绢画、法器等文物5万余件。这些敦煌遗书以佛教典籍最多，还有天文、历法、历史、地理、方志、图经、医书、民俗、名籍、账册、诗文、辞曲、方言、游记、杂写、习书，其主要部分是传统文献中不可得见的资料，尤为珍贵。

在河西走廊，其实还有更早的藏书中心和文化场所。如五凉时期的姑臧（今甘肃武威）。在西晋永嘉之乱以后，中原板荡，京洛公学沦废，玄学之风兴起，而河西士人则能在偏远的凉州"专心经籍"，致力儒学。河西士人办私学，收门徒，从事教育活动，著书论史，研究经学，整理典籍。姑臧一度是儒学文化中心，这里保存的儒学典籍，填补了传统文化在动荡的岁月和历史流变中遗失、湮没的部分。北魏灭后凉，河西士人进入北魏统治机构，大量文化典籍、学术著作由姑臧转移到平城（今山西大同）及洛阳。

从某种意义上说，世界文化就是在侥幸中保留和传承的。修道院、藏经洞，都有偶然因素。除了前文提到的君士坦丁堡、巴格达，还有中国的长安、洛阳、开封、建康等繁荣一时的政治和文化中心，都经历了多次战乱，文化典籍和艺术珍品大量被毁。

以城市形式完整保存文脉、保护文化遗产的，只有维也纳、佛罗伦萨等少数城市。例如多瑙河畔的维也纳，从历史上的神圣罗马帝国到近代奥地利帝国，一直是欧洲的文化重镇。维也纳的幸运就在于多次抵抗了外族入侵，尤其是能征善战的奥斯曼土耳其人两次强攻和围困维也纳（1529 年、1683 年），守军和居民已经处于绝望境地，却奇迹般地熬到了奥斯曼统帅撤军。保住了维也纳，才有维也纳的辉煌建设时代。当时的维也纳以巴洛克艺术风格、花园、宫殿、音乐会为标志，但当维也纳居民沉浸在天堂般的生活中的时候，拿破仑的军队来了。法国军队于 1805 年、1809 年两次占领维也纳。但随后不久，拿破仑的帝国崩溃了，维也纳重新抬起头来。1867 年之后的维也纳是奥匈帝国的首都，迎来了 50 年的短暂辉煌。

与世界上众多的文化大都市相比，佛罗伦萨这座中等城市更值得一提。佛罗伦萨不大，却常常被称为“世界艺术之都”。这里是欧洲文艺复兴运动的发祥地，也是 15—16 世纪欧洲最著名的艺术中心。佛罗伦萨市共有 40 所博物馆和美术馆，60 多所宫殿及许许多多的大小教堂，收藏着大量的优秀艺术品和珍贵文物。佛罗伦萨学院美术馆（Galleria dell’Accademia）位于佛罗伦萨美术学院，藏有米开朗基罗（Michelangelo Buonarroti）的《大卫像》、4 座未完成的《奴隶像》、第二座《圣母哀子像》和其他佛罗伦萨艺术家的作品。圣母百花大教堂（Florence Cathedral）穹顶上的巨型壁画《最后的审判》是 16 世纪艺术巨匠瓦萨里（Giorgio Vasari）的心血之作。乌菲兹美术馆（Uffizi Gallery，Galleria degli Uffizi）是意大利文艺复兴的艺术殿堂，珍藏达·芬奇（Leonardo da Vinci）、乔托（Giotto di Bondone）、拉斐尔（Raffaello Santi）、提香、鲁本斯（Peter Paul Rubens）、卡拉瓦乔（Michelangelo Merisi da Caravaggio）、米开朗基罗、和波提切利（Sandro Botticelli）等人的杰作。重要作品有波提切利的《维纳斯的诞生》《春》；达·芬奇的《三博士朝圣》；拉斐尔的《金翅雀的圣母》和米开朗基罗的《圣家族》等名作。国立巴吉洛美术馆（Museo Nazionale Bargello）是佛罗伦萨最伟大的雕像美术馆，收藏14—17世纪托斯卡纳地区雕刻作品而闻名，包括多纳太罗的《大卫像》、米开朗基罗年轻时的作品《未完成的达彼得像》《酒神像》等。

前文所述表明一个现象，文化遗产被毁大多数和战争有关。然而，佛罗伦萨成功保持“世界艺术之都”的地位，还和经济条件、城市治理方式、文化环境有直接关系。写作、绘画、音乐、歌舞、戏剧等艺术形式，通俗地说，都需要有闲人，有闲钱，有闲情。创造力的激发和文学艺术品的欣赏，既需要有赞助者、支持者，也需要欣赏者、消费者。赞助者有赞助的自由，创作者有创作的自由，欣赏者有喝彩的自由，也有挑刺和批评的自由。艺术钟爱佛罗伦萨，因为佛罗伦萨具备了养闲人、撒闲钱、容闲情的条件。世界历史上这样的城市很少，这样的时代很短，所以文化总在逃难。凡是能侥幸保存了人类文明火种的地方，都是文化避难所。

生命与事业的有限性

人的能力有极限吗？功业有极限吗？这是我以前的疑问，后来不再思考这类问题。但作为世界史教师，还是会时不时想起那些“雄才大略”的历史人物。他们被写进历史书中，例如亚历山大、恺撒、拿破仑等。不由让人感慨：天高海阔亦有涯，何况人生和事业。

亚历山大的父亲是国王腓力二世，他的老师是亚里士多德。他 16 岁开始就领兵和打理政务，20 岁就当了马其顿王国的国王，然后做了气吞山河的征服者。他平定马其顿国内的叛乱，南下统一希腊全境，接着率军东征。史书记载，他大破波斯帝国的军队，横扫小亚细亚，南下占领埃及，进军美索不达米亚，深入伊朗高原，于公元前 330 年吞并波斯帝国，前 329 年转战中亚，前 327 年继续南征印度。到公元前 324 年，亚历山大征服了约 500 万平方公里的领土，建立起亚历山大帝国。他也由马其顿国王变成了“亚历山大大帝”。可惜，公元前 323 年他就病逝于巴比伦，年仅 33 岁。

后世对亚历山大评价很高。例如，“世界古代史上杰出的军事家和政治家”“世界史上公认的军事天才”“人类历史上最有影响力的人物之一”等。亚历山大是军事家，这一点毫无疑问。否则，他不可能所向披靡，从希腊半岛一路打到印度河流域。作为军事统帅，他善于分析形势，能够当机立断；他善于鼓舞士气，在战场上身先士卒；他爱护士兵，赏罚分明。在短暂的军事和政治生涯中，他充分地展示了卓越的军事指挥才能，也具有化解复杂矛盾的政治手腕。军事史学界甚至认为他不仅是一个世界征服者，还创立了一种世界观念，这种观念在往后的历史中多次复活。没有亚历山大的天才，希腊人不可能征服波斯帝国，这样的判断也有道理。当然也有负面评价，比如说他精于算计，有极强的权力欲，是一位残忍而现实的政治人物等等。和亚历山大的名字联系在一起的著名战役有格拉尼库斯河战役、伊苏斯战役、高加米拉战役等，重大事件有泛希腊会议、亚历山大东征、希腊化时代等。由于亚历山大的征服，希腊文明得到了广泛传播，开启了希腊化时代。

亚历山大的东征，起初的理由是为父报仇，不是领土贪欲。他还有一个“解放小亚细亚希腊城邦”的口号，前提是首先成为全希腊的盟主，希腊各邦支持他东征讨伐波斯。公元前 334 年，亚历山大以“马其顿和全希腊联军最高统帅”的身份，出征小亚细亚。东征的路线依次是小亚细亚、叙利亚和巴勒斯坦、埃及、美索不达米亚、伊朗高原、中亚、印度边境，再返回两河流域。与后来的征服战争一样，亚历山大在有的地方没有遇到大的抵抗，而在有的地方经历了强攻和鏖战。根据归顺的程度，亚历山大采取不同的统治措施，比如在小亚细亚的希腊城邦，免除贡赋，允许地方自治；在埃及，由于波斯帝国驻埃及总督主动投降，亚历山大也采取了相对温和的政策，任命两名埃及人为政府首脑，军事和财政大权交给马其顿人和希腊人掌握，也注意笼络埃及的宗教势力。埃及祭司也投桃报李，称亚历山大为“阿蒙神的儿子、法老的合法继承人”。在美索不达米亚的征服和统治也如法炮制。在公元前 330 年占领了巴比伦后，为了笼络人心，亚历山大表示尊崇巴比伦神祇，下令修复马都克的神庙。亚历山大也在不少地方建立新城，并用自己的名字命名。凡是使用怀柔政策并收到良好效果的地方，当地人都把亚历山大看成“解放者”，心甘情愿地归顺。

亚历山大也和历史上其他征服者一样，放任士兵掳掠。据记载，东征的军队洗劫了波斯帝国的苏萨（Palace of Susa）、波斯波利斯王宫（Persepolis Palace），夺得金银财宝无数，仅在波斯波利斯金库中就掠得 12 万塔兰特的财宝。在有的地方，亚历山大也操纵废立，扶持地方贵族，或者使用计谋。在征服了整个波斯统治区域后，亚历山大没有返回家园，而是指挥军队进入印度河流域，击溃了前来抗击的印度军队。然后，亚历山大利用印度西北各邦统治者之间的矛盾，迅速占领了大片地区。亚历山大本来有继续深入印度的打算，但他的士兵不适应印度的气候，加上瘟疫流行，拒绝前进，希望回家。亚历山大最后决定留下一部分人驻守战略要地，大部分军队撤出印度。公元前 324 年初，亚历山大的军队回到两河流域。至此，东征结束。要不是在次年突然病故，亚历山大还想继续用兵，征服地中海西部和南部地区，比如迦太基和罗马。

亚历山大具有雄才大略，建立了辽阔的亚历山大帝国，有过昙花一现的辉煌。他死后，帝国分崩离析。在残酷的权力斗争中，他的母亲、妻子和孩子都遭杀身之祸。公元前 301 年，三位当年的将领托勒密、塞琉古、安提柯把亚历山大帝国的版图一分为三。

200 多年后，古代世界产生另一位叱咤风云的人物，罗马的盖乌斯·尤利乌斯·恺撒。恺撒是罗马共和国晚期杰出的军事家、政治家、散文作家。他出身贵族，先后担任过财务官、大法官、祭司长等。从当选执政官开始，他成为罗马高层统治者。公元前 60 年成为罗马三巨头之一，然后出征高卢，又转战日耳曼尼亚和不列颠，成为罗马政坛明星。公元前 49 年打败庞培（Gnaeus Pompeius Magnus），成为罗马独裁者。然而，仅仅 5 年之后恺撒就遇刺，结束了政治生命。

恺撒的父亲是罗马的“省部级”官员，担任过财政官、大法官等职务，出任过小亚细亚的总督。母亲是大家族出身，恺撒外祖父曾当选执政官。恺撒受过良好的贵族教育，他本人也很有天赋。他不仅酷爱文学，善于写作，还精通骑术、剑术，体魄强健，热爱运动。各种恺撒传记都提到恺撒性格沉稳，做事严谨，言谈得体，宽厚仁慈，开朗大度，有雄心壮志。

贵族子弟进入政界，一步步晋升是常见的路径，比如，恺撒 28 岁前后获得军事保民官的职位，两年后担任财务官，再过两年获得元老院议员资格，31 岁赴西班牙，担任总督的副手。34 岁前后回到罗马负责阿庇亚大道的建设和城市公共设施的维护。

几年后当选执政官，担任大法官。公元前 61 年，39 岁的恺撒大法官任期届满，被委派到西班牙任总督。当时他经济拮据（这是过度挥霍导致），受克拉苏（Marcus Licinius Crassus）“接济”。公元前 60 年，恺撒被选举为执政官。同年，他与庞培和克拉苏秘密订立盟约，共同对抗元老院，史称“前三头同盟”。

恺撒结束执政官任期之后，被授予为期五年的总督职权，管理山北高卢和伊利里亚。公元前 58 年之后，恺撒发动对高卢等地的战争，建立了赫赫军功。元老院和庞培对此感到不安。因为克拉苏已死于战场，庞培与恺撒展开权力斗争。公元前 49 年恺撒渡过卢比孔河，率军队打回罗马，罗马共和国的内战爆发。

庞培稍作抵抗就逃走了，恺撒的军队顺利进入罗马城。没有随庞培逃走的元老院议员按照恺撒的要求，选举恺撒为独裁官。恺撒集中力量，在较短时间内击溃庞培军队，瓦解庞培的势力。公元前 48 年，庞培在埃及被杀。恺撒赶到埃及，在亚历山大港的战役中击败埃及军队，扶持克里奥佩特拉登上埃及王位。恺撒在埃及与埃及女王相恋，然后征讨本都王国，获得胜利。公元前 46 年，恺撒回到罗马，召集军队扫平北非的庞培余党。在塔尔苏斯会战大获全胜后，恺撒回到罗马，举行了长达 10 日的、声势浩大的凯旋仪式。

恺撒大刀阔斧地开始了他的各项改革。元老院的政治洗牌是必不可少的，然后是完善机构，任用新人，给意大利北部和西西里岛的民众授予罗马公民权，请历法专家制作新的历法（汉文译为“儒略历”），兴起罗马城市建设，例如建立和平广场等。公元前 44 年，恺撒成为终身独裁官，权力达到顶峰。

同年年初，恺撒宣布要远征帕提亚，以解救被俘的罗马士兵。占卜师说“只有王者才能征服帕提亚”，此类谶言引起赞成共和的议员们的不安，认为恺撒要称王。2月，执政官安东尼（Mark Antony）在一次典礼上把将花环献给恺撒，称呼恺撒为王。恺撒拒绝了，但也埋下了祸根。反对恺撒的议员们开始策划谋杀恺撒，主谋是卡西乌斯（Gaius Cassius Longinus）、布鲁图斯（Marcus Junius Brutus Caepio）。3月15日，恺撒在元老院遇刺身亡。

恺撒的功过，当时就有截然相反的评价。褒扬者称其功绩卓著，贬斥者视之为独夫民贼。后来的评价在不同时代各有差异，但总体上认为他是杰出的军事家和政治家，为罗马开疆拓土作出了贡献，还留下了优美的散文篇章，《高卢战记》《内战记》被列为古典史学名著。罗马史研究者有必要细致分析恺撒和庞培之间的内战，与苏拉和马略（Gaius Marius）之间的内战相比，在何种程度上破坏了罗马的和平，给罗马社会带来的严重损害；或者，深入探究恺撒扩大罗马公民权，给拉丁姆地区以外的人民授予罗马公民权的意义和影响。

但不管怎么说，恺撒的宏大事业戛然而止了。尽管他从政很早，担任过不少重要职务，但他成为罗马头号人物还是在公元前49年之后，实际的独裁只有5年。即使从“前三头同盟”算起，恺撒作为政治巨头之一的强势人物只有16年时间，其中，真正一呼百应、八面威风的时候，是在外领兵打仗的9年。后来，恺撒的形象被文学家反复塑造，影响最大的可能是莎士比亚的剧作。20世纪美国电影艺术作品《埃及艳后》，也是恺撒形象的新角度展示。

历史的脚步跨到了 18 世纪，1769 年出生在科西嘉岛上的拿破仑·波拿巴，又一次在欧洲刮起英雄的旋风，留下了跨阶层"逆袭"的神话。拿破仑 10 岁进入法国布里埃纳陆军学校接受教育，数学科目成绩优秀。从布里埃纳毕业之后，拿破仑到巴黎军官学校接受专业的炮兵训练，16 岁时进入拉斐尔炮兵团。当时的拿破仑痴迷于书本，兴趣广泛。法国革命高潮时，拿破仑也热心政治。1793 年，拿破仑在土伦战役中第一次展现军事指挥才能。1795 年成功地镇压了保王党势力的武装叛乱，拿破仑被授予陆军准将衔，担任巴黎卫戍司令。

不久，拿破仑出征意大利，远征埃及。1799 年 10 月拿破仑秘密潜回巴黎。11 月 9 日，在政界和商界人物支持下发动了雾月政变。新成立的督政府以拿破仑为第一执政。拿破仑进行了多项改革。1804 年 11 月 6 日，法兰西共和国改为法兰西帝国。拿破仑加冕称帝，后来被称为拿破仑一世。

拿破仑皇帝一直领兵打仗，多次打败奥地利、普鲁士、意大利、俄国的军队，他的军事生涯中，创造了许多以少胜多的战例，被后世的军事史家津津乐道。其实他在治理帝国方面也花了心思，强化中央集权，推翻旧制度，制定法典；同时发展经济，提倡经济自由主义与国家干预的结合，整顿财政制度，建立新式银行，关税保护，对国内企业实行扶植政策。历史书上说拿破仑发展了资本主义，保护了资产阶级的既得利益。当然，他颇为自豪的是制定《法国民法典》(《拿破仑法典》)，影响后世最为深远的也是这部法典。但产生负面影响的是经济上的"大陆封锁"政策，和英国的对抗和决裂也为 1815 年的失败埋下了祸根。

拿破仑的迅速崛起和转瞬失败，正应了“其兴也勃焉，亡也忽焉”的周期律。他当皇帝不到 11 年，两次退位。拿破仑是常胜将军，几乎是百战百胜的战神，仅有 1814 年的莱比锡战役和 1815 年的滑铁卢战役失败，但这两次失败不仅终结了他的军事生涯，也彻底终结了他的政治生命。拿破仑 1814 年退位后被流放至地中海的厄尔巴岛，1815 年建立百日王朝，战败于滑铁卢之后被流放到圣赫勒拿岛。1821 年拿破仑病逝于此岛。

拿破仑在世界近代史上是了不起的人物。对他的评价包括：19 世纪法国伟大的军事家、政治家，法兰西第一帝国的缔造者。各界的名人对拿破仑多有称颂，同时代的叔本华、司汤达（Stendhal）、歌德、米涅（François Auguste Marie Mignet）、黑格尔，稍后的恩格斯，20 世纪的利德尔·哈特（Liddell Hart）、丘吉尔等，都有过对他的赞誉。

像亚历山大、恺撒、拿破仑这样的人物，在世界其他国家的历史上不乏其例。中国历史上，秦王嬴政的功业辉煌，但作为“始皇帝”在位只有 11 年（公元前 221—前 210 年），尽管他 13 岁就当了秦国君主。统一之后的秦王朝迎来的不是长治久安，而是迅速崩溃。西汉末，王莽因为外戚身份身居高位，伪装了大半辈子，费尽心机，终于如愿称帝。但新朝短命，公元 8 年王莽登基，公元 17 年前后就爆发农民起义，不久天下大乱。新朝政权勉强维持到公元 23 年 10 月，王莽被杀。王莽也是有雄心壮志的，要托古改制，要让百姓富足，天下太平，他自己要像圣人一样光耀千秋。隋炀帝杨广也有“雄才大略”，志向不凡。不管他用什么手段骗取父亲信任，但毕竟他是皇子之一，也有军功，障碍只是“嫡长子继承制”而已。关键在于，他做皇帝之后，气魄很大，宏图远略远超前代君主。除了政治机构和官员变动，他劳民伤财地开展大工程：疏浚大运河，营建东都洛阳，频繁征战，西征吐谷浑，东征高句丽，一次不成来三次，不顾老百姓的死活，最终引发全国范围的反抗，导致隋朝覆亡，前后也不到 14 年。单从个人军事才能和命运来说，中国清初的多尔衮和亚历山大有可比性。爱新觉罗·多尔衮是杰出的军事家和政治家，这是毫无疑问的。他 17 岁就随军打仗，并独当一面，因为军功而成为旗主。24 岁凭借战功封和硕睿亲王。以摄政王、大将军身份率领清军入关时，多尔衮才 32 岁。就是这样一位年轻人，短时间内攻占北京，并迅速南下统一全国，获得了上千万平方公里的领土。可惜天不假年，38 岁（1650 年）时多尔衮死于塞北狩猎途中。乾隆时期恢复多尔衮的睿亲王封号，称其“定国开基，成一统之业，厥功最著”。

俗话说，“树梢的果子熟得早，落得快”。自然现象中的燃烧和熄灭，也有类似的特征。因为快速燃烧，接下来就瞬间熄灭。世间的人物，一夜成名，归于沉寂，也是常有的。人生、事业，有速燃就有瞬熄。

“郁金香热”与南海泡沫

人为了满足贪欲究竟有多么疯狂，“郁金香热”和“南海泡沫事件”能说明问题。

郁金香是生长在中东地区的普通花卉，一位荷兰的自然科学家在1554年发现它，看到这种花有点像土耳其人的缠头（turban），英文郁金香名称“tulip”以土耳其文“tülbent”为词源。郁金香传到欧洲后，成为一种很昂贵的花，富有的人家才能在自己的小花园里开辟郁金香花坛。

郁金香的疯狂：荷兰商人之痛

1634年，有人突发奇想，预测人们对郁金香的需求有一天会大增，便买进一批郁金香根茎。此时距离东印度公司成立还有30年。郁金香的价值迅速攀升。许多人都估计郁金香价格还会增长，于是大量购进，刺激价格进一步上涨。此后，郁金香根茎的交易到了疯狂的程度。这次的“郁金香狂热”（荷兰文Tulpenmanie），又被称为“郁金香泡沫”（Tulip Bubble）、“荷兰郁金香狂热”（Dutch Tulip Mania），演化成了经济学术语。

当时，人们大量买进郁金香根茎。参与投机的人不仅有贵族、商人，也有农民、手工艺人、仆人、女佣等。在各个小酒馆里都出现郁金香交易活动。仿佛所有荷兰人都梦想毫不费力地发财。郁金香根茎价格最高的达到2500荷兰盾。当时报道称，这个品种的郁金香相当于4头牛、4头猪、12只绵羊、2车燕麦、4桶啤酒、2桶葡萄酒、1000磅奶酪、1张床、1只银杯或1件西服的价值。

投机郁金香根茎的疯狂持续了3年。1647年，有人把自己持有的郁金香根茎抛售了，其他人也意识到郁金香根茎除了种在花园里，再没有别的用途。想抛售的人越来越多，价格一路下跌，许多投机者因之破产。迈克·达什的《郁金香热》[①]一书，详细地描述了这一富有戏剧性的过程。

后来研究这次由郁金香投机引发的泡沫，发现第一阶段只是供需不平衡，郁金香的价格被推高；第二阶段是投机商进入市场，他们对于栽培郁金香或欣赏郁金香花没有兴趣，仅仅为了哄抬价格，从中渔利；第三阶段是大量贫穷的下层民众被卷入，泡沫破裂，价格暴跌，市场一片混乱。

郁金香时代：奥斯曼宫廷的“郁金香热”

奥斯曼帝国历史上的“郁金香时代”(tulip age，1703—1730年)，即艾哈迈德三世统治时期。艾哈迈德三世倡导学习西方文化。当时，种植荷兰的郁金香成为一种时髦。尤其是在18世纪20年代，“郁金香热”席卷宫廷。

① [英]迈克·达什:《郁金香热》，冯璇译，社会科学文献出版社2015年版。

郁金香不但在花圃里种植，还出现在镶嵌画和纺织品图案中，成为皇室的象征。奥斯曼帝国的诗人也以郁金香为题材吟诗，画家以郁金香为题材作画。伴随着“郁金香热”，宫廷出现享乐风气，借着各种庆典和喜事，不断举行盛大的花卉展。游园、赏花、举办各种节日宴会，达官贵人流连于各种盛宴，香车宝马，极尽声色之娱。

“郁金香时代”与大维齐尔达马德·伊卜拉欣帕夏（Damad Ibrahim Pasha）分不开。“郁金香时代”的称呼标志着与旧时代的决裂和“西化”进程的开始。据记载，达马德·伊卜拉欣担任大维齐尔期间推行与欧洲国家和平的新政策，广泛接受欧洲人的审美情趣，纵容精英阶层的文化喜好和奢侈生活，遍地栽种郁金香就是一个例证。在新的城市休闲文化中，精英和普通人都是沉迷者，精英阶层的休闲文化确实有奢侈浪费的特点。第一次灯会是在1720年4月26日举办的，地点在贝希克塔什的大维齐尔的新官邸，被命名为“彻拉昂宫”（Çırağan，含义为“灯笼”或“蜡烛”）。素丹带着女眷和随从参加灯会，并在这里逗留了一周。据记载，艾哈迈德三世在远离托普卡帕宫的地方建造了一座大型逍遥宫，实际上是一个娱乐中心，名为“萨达巴特”（Sadabat），意为“快乐之地”。建造此宫时，素丹从巴黎购买来枫丹白露宫的素描作为参考。主建筑的周围有豪华的亭阁、雕塑、水池、花园、喷泉。大臣和贵族竞相模仿，在伊斯坦布尔建起了许多私人豪宅，也带有亭阁、雕塑、水池、花园、喷泉。博斯普鲁斯海峡和金角湾周围逐渐变成富人区，花园、喷泉、郁金香成为主要景观。

奢侈浪费引起叛乱，素丹被迫同意了叛乱者的要求，处死了大维齐尔和他的同僚。叛乱领导者哈利尔和他的支持者们出身低微，不满足于迫使素丹处死大维齐尔，其后不久又废黜了当政的素丹艾哈迈德三世。

“郁金香热”在奥斯曼帝国和荷兰是不同的。

其一，“郁金香热”表现为规模大、数量多、价格高的名花买卖，而且属于跨国贸易，应该有很高的利润。但在伊斯坦布尔，宫廷和官员的高价采购，纯粹用于高档消费，不赚钱，甚至赔钱。赔钱的买卖理论上没人做，但伊斯坦布尔的上流社会阶层却这么做了，而且不亦乐乎。

其二，荷兰种植的郁金香变成名花，高价销往奥斯曼帝国。贸易规律中的“比较优势”在此失效。帝国境内随处可找到郁金香，但它们不是优势产品，更不是名花，无人问津。郁金香出口转内销，也不需要像其他产品一样在荷兰加工，因为费用和价格大涨，为何高价购入荷兰栽种的郁金香？谁也说不清。这样的营销是一种奇怪现象。

其三，集权的奥斯曼帝国和共和国体制的荷兰，一个是权力主宰，一个是市场经济；前者是消费品征购，不遵循市场规律；后者自由交易，结果是大规模投机和破产。其中的矛盾与对比值得深思。

“南海泡沫”事件：又一场疯狂

英国在1720年春天到秋天之间发生的“南海泡沫”（South Sea Bubble）事件，与荷兰“郁金香疯狂”有相似的性质，是西方经济史上另一起特殊事件。“经济泡沫”（Economic Bubble）这个词语就来源于此。当时由股票投资狂潮引发股价暴涨和暴跌，使经济陷入混乱。

1689—1714年之间，英国政府因为战争负债1000万英镑。英国政府找南海公司（South Sea Company）大量发行股票。南海公司拉高股价，投资者见有利可图，争相抢购。

经济史家事后评论，长期的经济繁荣使得英国私人资本不断集聚，而相应的投资机会较少，大量闲置资金急于寻找出路。南海公司成立于1711年，起初是为了支持英国政府债信的恢复，认购了总价值近1000万英镑的政府债券。作为回报，英国政府对南海公司经营的酒、醋、烟草等商品实行优惠政策，并给予公司对南美洲的贸易垄断权。

1720年初，南海公司承诺接收全部国债。公司允许客户以分期付款的方式购买公司的新股票。2月，南海公司的股票价格开始跳升，涨到390英镑，到7月价格涨到1000英镑以上。先是投资者大量购买股票，接着议员、王室成员也禁不住诱惑，认购股票，最后普通社会民众包括家庭妇女也卷入投机活动。人们完全丧失了理智，唯恐错过大捞一把的机会，只相信发起人说他们的公司如何能获取巨大利润。南海公司的股票价格一路狂飙。

为了制止各类“泡沫公司”的膨胀，1720年6月，英国国会通过了《泡沫法案》。许多公司被解散，公众开始清醒过来。7月开始，外国投资者抛售南海股票，国内投资者纷纷跟进，股价很快一落千丈，“南海泡沫”破灭。凡是高价买进南海股票的投资者，无一例外蒙受了巨大损失。此后一个世纪，民众对股票交易都心存疑虑，走不出“南海泡沫”的阴影。

经济史家分析“南海泡沫”事件的原因，结论是：首先，南海公司披露的信息不真实。为了达到圈钱的目的，故意编制公司的虚假信息，诱导投资者。其次，英国政府的态度不理智。事件发生前，英国政府过度地纵容南海公司，为南海公司日后高额发行股票的圈钱活动创造了“信誉”。出现股票暴涨到狂跌的状况后，英国政府束手无策，通过《泡沫法案》对股份公司进行强行压制。复次，公众对股票投资极端不理性。他们因憧憬巨额财富而几乎丧失理性，任由股份公司摆布。投资行为完全演变为一种投机性行为。

“郁金香热”“南海泡沫”都是历史上有名的投机风潮。这类事件说明的是人的无限贪欲，稍微深刻一些的解释是“资本的罪恶”。其实，这些事件的原动力是人的欲望，遏制了人的原动力，就不会有大规模超常规的投机风潮。

东方快车与巴格达铁路

铁路给人类社会带来的影响，无论怎么称赞都不过分。

“东方快车”是欧洲开往亚洲的长途列车，英语中用“Orient Express”表示。这趟列车的起点是巴黎，朝东行驶，终点是伊斯坦布尔。历史上的第一列东方快车，法文名“Express d'Orient”，于1883年10月4日从巴黎东站首次开出。列车经过慕尼黑、维也纳等大城市，抵达罗马尼亚境内的久尔久。在这个多瑙河边的车站，旅客需要全部下车，乘船渡过多瑙河。多瑙河南岸是保加利亚的鲁塞车站，在此搭乘一段列车至黑海边的瓦尔纳，再下车乘船，由海路转到伊斯坦布尔。六年后，直达伊斯坦布尔的铁路建成，乘客不用再中转，不用在车船之间频繁倒腾。东方快车的出名，倒不是由于它在世界交通运输史上的重大意义，而是因为电影《东方快车谋杀案》。阿加莎·克里斯蒂（Agatha Christie）写的《东方快车谋杀案》被改编成电影，起到了宣传的效果。

东方快车的欧洲段

就在巴黎至伊斯坦布尔需要两次乘船的东方快车运营两年

后（1885 年），运输公司开辟了另一条线路。这条线路的巴黎至维也纳段与东方快车线路是一样的，但不去罗马尼亚的久尔久车站，而直接开往塞尔维亚的贝尔格莱德，再从贝尔格莱德行至保加利亚的普罗夫迪夫，乘陆上交通工具经过埃迪尔内，到达伊斯坦布尔。

1889 年 6 月，普罗夫迪夫至伊斯坦布尔的这段铁路完工，于是巴黎至伊斯坦布尔的东方快车全线贯通。这也是当时世界最长的铁路运输线了。当然，从巴黎上车的旅客，每周只有两天（起初是星期天和星期三）是可以直达伊斯坦布尔的。因为，东方快车到达布达佩斯之后，会有两条支线，一条开往罗马尼亚的布加勒斯特，每周星期一和星期五各有一趟，另一条开往塞尔维亚的贝尔格莱德，只有贝尔格莱德的这条线可以到达伊斯坦布尔。

这条横贯欧洲大陆的列车线路，最初由“国际卧铺车公司”营运，据说是仿效乔治·普曼（George Mortimer Pullman）在美国创立的豪华卧铺列车。东方快车营运初期，乘客需要支付铁路公司的车票以及国际卧铺车公司的附加票。1909 年重新装修卧铺车厢，使用更舒适柔软的床铺，床铺在白天折叠，以扩大活动空间。当时一提到东方快车，人们就能想到它是通往东方的国际豪华列车，也是通俗文学中“激情异国旅行”的典型场景。

可惜，1914 年 7 月第一次世界大战爆发，东方快车停运，直到四年后才恢复运营。1918 年 11 约 11 日的停战协定就是在康边森林的第 2419 号车厢上签的，这节车厢临时改装成福煦将军（Ferdinand Foch）的办公室，称福煦列车。

从 1919 年到 1939 年，东方快车开通了多条线路，例如，

1919 年辛普朗（Simplon）隧道贯通，可以从瑞士伯尔尼直达意大利米兰，列车可以向南行驶经过意大利的米兰、威尼斯和的里雅斯特（Trieste），再折向东，与巴尔干的铁路连接。这条线路被称为“辛普朗东方快车”（Simplon Orient Express）。辛普朗东方快车是当时的快速列车，从巴黎到伊斯坦布尔大约需 2.5 天。这列列车也是豪华列车，不设三等座位。据记载，头等座的票价 171 美元，二等座 121 美元。

到了 20 世纪 30 年代，东方快车先后开通了多条线路，除了辛普朗东方快车，还有“阿尔贝格东方快车”（Arlberg Orient Express）。阿尔贝格东方快车经由苏黎世、因斯布鲁克至布达佩斯；然后有直达布加勒斯特的线路，也有南下至雅典的线路。铁路西端延伸到英国的加来港。这一时期的东方快车除了卧铺，还有餐车，舒适豪华的服务享有国际声誉。欧洲王室成员、贵族、外交家、商人、旅行家、作家等不仅能乘坐东方快车前往伊斯坦布尔和雅典，还可以到达亚洲的巴格达等城市。

亚洲段的巴格达铁路

东方快车的原计划是从巴黎、柏林到巴格达，甚至巴士拉。所以，伊斯坦布尔往东的铁路修筑早就在筹划中。最先规划巴格达铁路的是威廉·冯·普雷塞尔（William von Pressel）。普雷塞尔是德国士瓦本的一名铁路工程师，曾修筑了贯穿欧洲中部至巴尔干地区的铁路。他决心修建一条穿越奥斯曼帝国腹地的铁路。普雷塞尔提出的计划是修筑一条连接伊斯坦布尔、安卡拉、巴格达，直达巴士拉港的铁路。

1871 年，米德哈特帕夏（Ahmed Midhat Pasha）产生了修筑

通往巴格达和波斯湾的铁路的打算。奥斯曼帝国从素丹到政府高级官员都明白，开通铁路会对改善帝国经济有很大帮助，但主要的问题是，帝国的财政负担不起，资金的严重缺乏困扰着奥斯曼政府。1875 年 10 月，奥斯曼帝国宣布财政破产；同年发生巴尔干地区的叛乱，帝国一度出现政治危机。1877—1878 年奥斯曼帝国的军队被俄国击败，这一教训坚定了素丹修筑铁路的决心，哈米德二世很快批准了普雷塞尔提出的铁路计划。1888 年，德国开始对奥斯曼帝国进行财政援助。德意志银行于 1889 年 3 月 4 日组建安纳托利亚铁路公司。几经周折，哈米德二世授予德意志银行修建铁路第一段的特许权。法兰克福的菲利浦·霍茨曼公司对铁路工程进行管理。

1889 年 11 月威廉二世访问伊斯坦布尔后，确信奥斯曼帝国是德国政治上的盟友。安纳托利亚铁路公司立即开始伊斯坦布尔—安卡拉段的铁路建设，1894 年在巴格达设立领事馆，筹划安卡拉铁路延伸到巴格达的具体事宜。安纳托利亚铁路公司提出修筑一条更合算的路线，即从埃斯基谢希尔到科尼亚铁路的支线。这条铁路支线于 1896 年 7 月开通。

1898 年 10 月德皇再次访问君士坦丁堡，两国君主商讨了铁路的延伸问题。1903 年 5 月 5 日，巴格达铁路特许权的官方合同正式签订。由巴格达铁路公司负责在 8 年内修筑从科尼亚到巴格达和巴士拉的、长达约 2400 公里的铁路，合同有效期为 99 年。巴格达铁路的路线改变，划定新的线路，即由安卡拉经科尼亚，到阿勒颇，穿过幼发拉底河到摩苏尔和巴格达。

1903 年 7 月 26 日，科尼亚—布尔古鲁段开始建造，工程师以德国人居多，技术工人主要来自意大利，而重体力劳动由库尔德人和土耳其人完成。这一段铁路于 1904 年 10 月 25 日建成通车。到 1908 年 6 月 2 日，在奥斯曼帝国提高关税税率之后，素丹才与巴格达铁路公司达成继续修筑铁路的协议。这一年奥斯曼帝国发生政变，与德国合作修筑铁路的工作停止。

1913 年，德国又获得从科尼亚向前延展经巴格达至波斯湾的铁路租让权。英、法对此强烈反对，反复谈判，英国坚决不同意以科威特为该线的终点。1914 年 6 月 15 日，英、德双方草签《格雷—里赫诺夫斯基协定》，英国不再阻挠此路的修建，德国承诺铁路以巴士拉为终点，不再延伸到波斯湾。

修筑了几段铁路后，奥斯曼素丹很快感受到铁路带来的好处。例如，1897 年春天希腊和奥斯曼帝国之间发生战争，奥斯曼帝国利用安纳托利亚铁路很快将士兵运往前线，短时间内就取得战场上的优势，阿卜杜·哈米德二世深受鼓舞。但同时，铁路也导致了外交上的麻烦。1898—1899 年，德国在奥斯曼帝国的经济投资增大，加上铁路特许权，很快引起英国和法国的警惕。英国和法国的代表向素丹施加压力，要求授予他们修筑巴格达铁路的特许状。巴格达铁路的修筑本来在路线选择上就有争议，一旦英、法两国的政治家出来反对，工程是否继续进行就成了问题。哈米德二世不得不宣布，铁路特许权对各方都存在机会。哈米德二世希望通过这条铁路把阿拉伯半岛和安纳托利亚紧密联系起来，并开发铁路沿线的矿产，使帝国变得富强。英国和俄国预见到这条铁路对他们利益的威胁，反对和阻挠巴格达铁路的铺设。

铁路修筑与谈判过程中有不合乎经济利益的妥协。巴格达铁路在规划建设过程中，无论是德国人还是奥斯曼统治者，主要考虑的都是铁路所带来的政治和战略利益，至于铁路运营所带来的经济利益，则被放在次要地位。如果按照节省成本的原则，铁路应该从安卡拉延伸到安纳托利亚腹地的开塞利，再往东延伸，然后折向南，到摩苏尔，最后从摩苏尔到巴格达；而不是向南延伸至阿勒颇，再穿过幼发拉底河到摩苏尔和巴格达。1914 年协议修筑的巴格达—巴士拉段，因战争发生并未正式签约。巴格达铁路的全线工程拖到 1934—1944 年才分段建成，此时它已不再具有世界大战之前那样明显的国际政治意义。

东方快车的当代线路

当原有的东方快车和阿尔贝格东方快车于 1962 年停运时，只有辛普朗东方快车还在运行。很快，“直通东方快车”（Direct Orient Express）取代了辛普朗东方快车，每日一班从巴黎开往贝尔格莱德，每星期两班开往伊斯坦布尔和雅典。到 1976 年，巴黎至雅典的线路中止。1977 年 5 月 19 日，最后一列巴黎至伊斯坦布尔的列车抵达终点后，直通东方快车业务完全停止。不过，仍然有同名列车从巴黎经斯特拉斯堡、慕尼黑、布达佩斯抵达布加勒斯特。这条线路后来缩短，到 2001 年时只到达维也纳。2005 年运营的“普尔曼东方快车”（Pullman Orient Express）标榜豪华、高贵、宽敞、舒适，但其实只是中短程，后来也停止服务。2007 年 6 月 10 日，巴黎至斯特拉斯堡的法国高速列车开通，东方快车只维持斯特拉斯堡至维也纳一段的运营。作为豪华列车的东方快车在 2009 年 12 月 12 日停运。旅客可以自行搭乘巴黎—斯特拉斯堡列车、斯特拉斯堡—维也纳列车、维也纳—贝尔格莱德罗列车、贝尔格莱德—伊斯坦布尔列车，或者巴黎—苏黎世—贝尔格莱德—伊斯坦布尔列车，连起来也是原来东方快车欧洲段的线路。

有趣的是，后来詹姆斯·舍伍德（James Sherwood）收集旧车厢，然后修复，外观上恢复原来东方快车的样子，于是有了一列从威尼斯到辛普朗的“复活”东方快车，从 1982 年开始运营。这列火车被戏称为“移动古董”，有 18 节车厢。这是唯一保留下来的东方快车。据说，1974 年拍摄电影《东方快车谋杀案》的两节车厢被詹姆斯·舍伍德从拍卖会上拍到，那是他收购旧火车车厢的起点。其他的车厢都是舍伍德走遍世界各地，从轮船码头上、仓库角落、垃圾堆、收藏家的私人储藏室里找来的。每一节车厢都有来历。

其实还有一条东方快车特别列车，是从巴黎到日本东京的。开通时间是 1988 年 9 月 7 日，当时是为纪念日本富士电视台开播 30 周年。列车从巴黎里昂车站启程，途经联邦德国、民主德国、波兰、苏联、中国，最后到达日本东京，全程 15494 公里。首次发车的路途中，9 月 22 日抵达北京站，停留两天。10 月 17 日从广岛站发车，经山阳本线与东海道本线抵达东京车站，完成这次旅程。然后在日本国内周游行驶，北至札幌、南到熊本。1989 年 1 月 9 日列车的车厢被船运到汉堡港。

东方快车亚洲段，即巴格达铁路，主线从伊斯坦布尔到巴格达，支线可到达西亚很多城市。巴士拉、霍姆斯、阿勒颇、贝鲁特、耶路撒冷都被连接起来。虽然后人很少提起东方快车，但各个支线的运营是当地经济发展的保障。

近代东方国家企业家的缺失

读一本好书，要慢慢体会作者的见解。张维迎和盛斌合著的《企业家：经济增长的国王》[①]，讨论的问题主要涉及西方资本主义和近代以来的中国，而对一位近代中东经济史研究者来说，这本书同样带来了极大的启迪。

工业革命以来的二百年经济史，就是企业家创业和创新的历史。这是该书作者的看法。理由是，企业家不仅为我们创造了物质形态和新产品、新技术，而且从根本上改变了人类的交往方式和价值观念。[②]这种理念源自熊彼特（Joseph Schumpeter）。熊彼特在《经济发展理论》[③]中提出，经济增长的国王是企业家。正是企业家把各种要素组织起来进行生产，并通过不断创新改变企业组合方式才带来了经济增长。

在《企业家：经济增长的国王》的作者看来，企业家有两个

---

① 张维迎、盛斌：《企业家：经济增长的国王》，上海人民出版社 2014 年版。
② 同上书，序言第 1 页。
③ [美] 约瑟夫・熊彼特：《经济发展理论》，何畏译，商务印书馆 1990 年版。

基本功能，一是发现不均衡，二是创造不均衡（通过创新打破均衡）。所谓不均衡，包括跨市场的不均衡、跨时间的不均衡、产品市场和要素市场的不均衡。利用跨市场的不均衡赚钱的就是商人；跨时间的套利，方式是囤积并待价而沽，则是投机；把市场上各个要素组织起来，生产出供不应求的产品，以此套利的企业家就是生产组织者。企业家的种类较多，张维迎和盛斌把他们划分为三类。第一类是能够看到消费者都不明白的需求，这是创造需求的企业家，也是最伟大的企业家：第二类是满足现在市场已经表现出来的需求，如人们喜欢吃可口的东西，喜欢经济实用的物品等；第三类是按照订单生产的企业主，他们使用的技术规格都是别人规定的，将产品保质保量生产出来就可以。

近代以来的第一代企业家是那些勇于冒险，又能看到潜在市场、潜在利益的资本家。企业家按照盈利原则把生产要素组织起来，有一个从套利到创新的过程。创新就是把一个想法变成一个市场。经理制诞生并成为资本主义管理的重要形式之后，实现了财产所有权与经营管理权的分离。① 企业家的地位不是来自资本、财产，而是取决于现代工商业和财政金融业方面的管理知识和才能。② 掌握企业经营的管理者就是企业家的第二代。

企业家是创造经济奇迹的人。《企业家：经济增长的国王》一书中概括：（1）企业家的财富观、时间观、平等观、人生观、乡土观、人才观均不同于传统观念；（2）企业家认为，财富是人

---

① 张维迎、盛斌：《企业家：经济增长的国王》，上海人民出版社 2014 年版，第 31—32 页。

② 同上书，第 32 页。

创造的，只要发挥人的创造力就能获得财富；（3）在企业家看来，平等是机会均等而不是财富分配上的平等；（4）企业家认为盈利是最高的人生追求，可以讨价还价，不讳言钱，牟利天经地义；（5）企业家四海为家，把整个社会作为生活舞台，哪儿适合生存就往哪儿走，把人和人的关系看成是契约关系，讲信用；（6）企业家选拔人才的首要标准是才干，而不是品德、出身、资历和经验等；（7）企业家精神包括冒险、创新、不满足、英雄主义、勇于承担风险等；（8）企业家的素质除了企业家精神，还应具有企业家意识、知识和能力（企业家是善于捕捉机会的人，是组织者，也是创新者）；（9）当市场达到饱和，企业趋于成熟，企业家需要特殊的"整顿"能力（创业阶段对企业家素质的要求和发展阶段的要求不一样）。

从历史经验看，英国资本主义经济发展的道路中，一些重要条件包括：都铎王朝的重商主义政策，保护了工商业，用暴力手段强制劳动者与生产资料分离，建立资本主义企业所需要的资本与劳动力供应机制；利用国家权力进行残酷的殖民掠夺和海外扩张，创造了国外市场和巨额的货币资本。这些条件为资本主义企业投资和经营创造了良好的环境和机会，于是大批企业家如鱼得水，应运而生。此后，17—18 世纪的法国和美国也成长起来一批企业家。到了 19 世纪中期和后期，德国和日本企业家群体崛起。德国在 1871 年统一后大约用了 30 年时间就催生了企业家群体。日本在幕府时代末期就有武士企业家群体形成，因为他们失去了特权地位，必须自谋生路。美国佩里（Matthew Calbraith Perry）叩关后，日本与世界接触，在政府的殖产兴业政策下，一批企业家应运而生。二战后，德国和日本的经济复苏也有赖于一大批企业家。以日本为例，盛田武夫、本田宗一郎、井植岁男等创业型企业家崛起。当时，日本政府解散财阀，推行农地改革，强调以市场机制为主，鼓励个人和经济主体自由竞争、自由选择，促使生产的各种要素通过市场自由组合和流动，为私人企业的经营发展创造了良好环境。[①] 德国和日本在战后经济恢复和经济崛起中，不可或缺的力量就是企业家群体。当时在日本，青年才俊把“上一流大学、进一流公司、当一流企业家”当作最高追求。美国、西欧、日本都是“英才荟萃企业界”。不言而喻，科学家、发明家、工程师、企业家是近代以来经济与社会发展的动力。

与上述例子相反，近代中国商人不仅难以改变商人地位，反而想办法脱离商人阶层。侥幸进入士大夫阶层的商人成为政府“抑商”的拥护者，商人自己的选择强化了社会对商人的鄙视。近代中国的士大夫追求的是仕途和“治国平天下”的理想，失意者则隐退，决不去经商。近代中国的企业家少，仅有盛宣怀、张謇、周学熙等几位。但盛宣怀是为了“办大事”“做大官”而办企业。张謇也有士大夫完善人格的理想，大手笔地创办戏院、学校、慈善机构等，并追求社会名望。周学熙依附于北洋政府的政界人物，一度经营了庞大的资本集团，但随着政治势力垮台而衰败。近代中国缺少企业家，主要原因是缺少企业家成长的社会环

---

① 张维迎、盛斌：《企业家：经济增长的国王》，上海人民出版社 2014 年版，第 215 页。

境。20 世纪 70 年代末的改革，使具有创新精神和冒险精神的企业家走上历史舞台。这场变革换来的是“企业家时代”的开启，企业家集团占据社会中心地位。[①] 政府可以一夜之间宣布取消计划，放开价格，但十年八年也未必能造就一个企业家集团。

社会流动的前提是社会开放。商人、企业家作为新的经济主体，由于经济上的优势逐渐得到了社会承认，政治机会和职务向他们开放。企业家依靠强有力的国家政权为自己开辟前进的道路，因为有些条件是企业家无法“独立自主”完成的。这些条件包括：企业创办和发展所必需的资本和劳动力；交换需要国内外市场，涉及关税等因素；企业要求建立统一的货币体系和金融制度；企业发展离不开适应市场经济的法律体系；社会基础设施的保障，如交通运输、社会工程等；市场机制建立所必需的措施、政策和制度。这些都需要国家政权提供。[②]

在许多发展中国家都是这样，由于缺少企业家的创造性活动，市场经济不发达，企业缺乏需要科学技术的内在冲动和外部压力，整个社会对科学技术的需求不足，不能形成刺激技术进步的机制。许多发展中国家工业化的失败教训，就是只把眼睛盯在生产要素上，而忽视了对企业家的培养。其实，企业家是特定的财产制度的产物，没有这样的财产制度，就不可能有真正的企业家。股份制与其说是所有权与经营权的分离，不如说是企业家职能的分解。在股份制企业，股东和职业经理作为一个整体发挥企

① 张维迎、盛斌：《企业家：经济增长的国王》，上海人民出版社 2014 年版，第 247—248 页。

② 同上书，第 193—194 页。

业家的职能。股东把财产交给职业经理是要承担风险的，但这种风险是他作为企业家（而不是食利者）必须冒的风险，正如他自己经营企业也要冒风险一样。[①] 在股份制企业，董事不是有了实权才关心财产，而是因为关心财产才能成为董事。

近代中东地区的情形也一样。理想中的借鉴对象应该是西方工业文明的精华，包括市场经济、机械制造等。吸纳西方工业文明应促进本国实际利益，促进工业企业发展，包括大力发展私营企业。但当地人没有学到西方的企业管理方式和契约精神，民间的、私营的经济没有得到发展。奥斯曼帝国境内的企业，不是全部由官方垄断，就是由商人经营而官方控制，本质上一样，都是与民争利。其结果是管理不善，资源浪费、效率低下。创办企业的关键是企业管理及其绩效。在加工业中即使购进机器设备也不一定能投入生产。例如，安纳托利亚行省的土耳其村庄有净化种子的机器，但派不上用场，继续手工操作；有些地方较早引进了法国的深耕犁，却没有得到推广。奥斯曼帝国时代建立的、完整地延续到现代社会的企业很少，往往是中途转型、转产或被外资企业并购，得以幸存的仅有一小部分。

借鉴技术和发展工业，都需要大批企业家经营，需要打破等级和特权的藩篱，激发社会的活力。奥斯曼帝国恰恰缺少这种社会环境。从历史经验看，民营经济、私营经济不能生存，整个社会的经济必然缺少活力。

---

① 张维迎、盛斌：《企业家：经济增长的国王》，上海人民出版社 2014 年版，第 259 页。

第二辑

大帝国治理行省与“埃及难题”

奥斯曼帝国的瘟疫问题

地中海世界的争夺与商战

帝国的演变在于“人”

同一时代的东方“困局”

落后的非洲不“依附”也难

统治南亚和中东：寇松折戟

土耳其道路及共和国的经济政治特征

大帝国治理行省与“埃及难题”

历史上的帝国一般都是疆域辽阔、人口众多、进可图霸、退可防守的大国。当然，大国有“大”的难题。大一统的帝国主要的难题是国家治理，尤其是地方管理。地方管理的关键是如何维护各行省与中央政府的关系。奥斯曼帝国地跨欧、亚、非三洲，民族成分复杂，宗教气息浓厚，外部压力紧迫，却能维持470年帝国（1453—1922年）、620年国祚（1299—1922年），尽管帝国的最后100年走向衰弱，但治理庞大帝国的经验和教训，维系主权的成功与失败，还是可供后世治国理政者借鉴的宝贵历史资源。

奥斯曼帝国晚期最严重的地方分离来自巴尔干半岛，先是希腊人要求独立，后是塞尔维亚、门得内哥罗、黑塞哥维那、波斯尼亚要分离，这些地区的民族是基督教徒（东正教徒为主），对奥斯曼帝国而言是“异教徒”的离心。而地处北非地理要冲的埃及行省是伊斯兰世界的核心地区之一，居民主要是阿拉伯人，他们和土耳其人一样信仰伊斯兰教。埃及的分裂是内部分裂，为奥斯曼统治者所不能容忍。恰恰是伊斯兰世界的“自己人”，从1801年到1914年不断地给奥斯曼帝国“制造事端”。如何应对埃及局势，成为奥斯曼帝国政府不得不多次面对的难题。

特殊行省与帝国政治的困境

奥斯曼帝国于1517年征服埃及，埃及变成奥斯曼帝国的一个行省。奥斯曼帝国统治埃及期间，未能铲除原来的地方势力，埃及多次出现地方割据，也发生过叛乱，使历任奥斯曼帝国统治者在管理埃及的问题上从不敢掉以轻心。奥斯曼帝国治理埃及的方式是，素丹直接委派亲信为埃及总督，坐镇开罗，以绝对的军事优势震慑埃及地方势力，同时，依靠马穆鲁克（Mamluk，拥有军队的领主）维持地方治安，马穆鲁克担任贝伊（Bey，地方军政长官）。埃及土地归国家所有，由穆尔塔济姆（Multazims，包税人）征收各地的赋税，上缴行省政府（一部分作为贡赋交给国家，一部分留作行省开支）。穆尔塔济姆从土耳其官吏或当地的伊斯兰谢赫（Shaykh，长老）中产生。穆尔塔济姆经营土地，免服兵役，在征税过程中牟利。埃及民众的生活困苦，埃及经济未能得到发展。马穆鲁克势力一度恢复在埃及的统治，但内部分裂，被奥斯曼政府各个击破。埃及重新被奥斯曼帝国控制。

出乎奥斯曼政府意料的是，长期和奥斯曼帝国保持友好关系的法国，于1798年派遣拿破仑率军队远征埃及。法国军队三年的短暂占领，改变了埃及人的命运，改写了埃及的历史。1801年法军撤离后，埃及社会陷入混乱，在复杂的政治斗争中，奥斯曼帝国派驻埃及的一位阿尔巴尼亚军官穆罕默德·阿里（Muhammad Ali）脱颖而出，迅速控制埃及全境。奥斯曼政府只得承认穆罕默德·阿里在埃及的权威，1805年任命穆罕默德·阿里为埃及总督。穆罕默德·阿里治理埃及卓有成效，经济发展较快，军事力量壮大。而在奥斯曼帝国政府看来，埃及就是一个行省，不过，以前是普通行省，此后成为特殊省份。

为什么特殊呢？1805—1882年奥斯曼帝国中央政府没有委派新总督，没有派驻军队，没有定期征收赋税，没有行使司法权力。穆罕默德·阿里仿效欧洲国家的行政制度，在开罗设立高级“国务会议”，成立了谘询会议，埃及行省设有陆军部、海军部、外交部、内务部、财政部、工业部、教育部、公共工程部等，建立了一整套国家级的行政管理机构。作为行省的埃及，以前使用土耳其货币，后来新政府颁布货币法令，确立埃及货币和其他国家货币的固定比值。阿里统一埃及后，实施海军战略、农业计划、工业计划，发展教育，西化改革的势头和效果超过奥斯曼政府的改革。

奥斯曼政府本来是防范和限制埃及总督的，但为了镇压希腊起义，政府不得不向埃及借兵。借兵时奥斯曼政府对埃及有很多承诺，事后均未兑现，埃及和奥斯曼政府之间兵戎相见，发生了两次“埃土战争”。穆罕默德·阿里治理下的埃及，财政、司法、军事独立，本质上就是独立王朝。埃及总督凭借强大的军队，不甘心俯首听命于奥斯曼政府，也不愿彻底依附于欧洲强国。

客观地说，为了统治和管理庞大的奥斯曼帝国，土耳其统治者做到了因地制宜，量体裁衣，针对不同的地区采取不同的管理办法。在土耳其人的家园安纳托利亚、早期征服的巴尔干地区、中期征服的阿拉伯地区，奥斯曼帝国政府采用的是行省制；在西北和北部靠近奥地利哈布斯堡王朝、俄罗斯帝国的边疆地区，政府保留原来的公国，实行藩属体制；在非洲北部、东部波斯边境地区，政府重用部落首领和地方实权人物，实行类似于后来英国殖民者推行的“间接统治”。在开疆拓土过程中分封采邑（“蒂玛”，Timar），实行的“蒂玛制”是军政合一的基层管理。根本上说，这个大帝国不是靠法治，而是靠“人治”。和其他军事帝国一样，如果统治者雄才大略，帝国就会强盛，如果统治者懦弱昏聩，帝国就会衰败。面对埃及行省，奥斯曼帝国的统治者其实束手无策，因为他们第一次遇到这样强势独立的行省，也是第一次遇到西欧大国的直接干预，第一次遇到原来的打压或笼络的软硬两手都失灵的情况。

特殊行省与中央政府关系的演变

埃及行省与奥斯曼帝国中央政府的关系经历了三个阶段。第一阶段穆罕默德·阿里挑战奥斯曼帝国素丹的权威；第二阶段阿里的子孙们想彻底摆脱与奥斯曼帝国的臣属关系；第三阶段奥拉比（Ahmad Orabi）起义引起英国军事占领，埃及表面上“回归”帝国。

1824 年奥斯曼政府请求埃及行省出兵希腊，穆罕默德·阿里派儿子易卜拉欣（Ibrahim Pasha）率领军队进入希腊，迅速占领伯罗奔尼撒半岛，第二年占领雅典。英、法、俄出兵帮助希腊，1827 年打败了埃及行省和奥斯曼政府的军队，摧毁了埃及的战舰。埃及和奥斯曼政府之间的关系变得紧张。在短短几年的恢复之后，埃及重建海军，扩大了陆军，1831 年发起对奥斯曼政府的战争，史称第一次埃土战争（1831—1833 年）。埃及军队占领了巴勒斯坦、叙利亚、阿拉伯半岛汉志地区，奥斯曼政府被迫让步，同意埃及对这些地区的占领，易卜拉欣兼任大马士革、阿勒颇、阿达纳、杰德拉四省的总督。1839 年埃及和帝国政府之间发生了第二次埃土战争（1839—1841 年），埃及军队节节胜利，进入奥斯曼帝国的腹地安纳托利亚。英国、法国、俄国、奥地利插手，维护奥斯曼帝国素丹权威，迫使穆罕默德·阿里放弃所占的地区，只保留埃及行省和素丹行省。根据 1841 年签订的条约，埃及每年要向奥斯曼政府纳贡（类似于附属国向宗主国的进贡）；埃及的陆军和海军要穿戴奥斯曼帝国的军服，使用奥斯曼帝国的军旗；埃及铸造的货币要印上素丹的名字，式样要和奥斯曼国家的货币相同。埃及表面上臣服奥斯曼帝国。

埃及的这种半独立状态，不利于奥斯曼帝国维护主权，也不利于埃及的发展，却方便了欧洲大国的渗透和入侵。1849—1882 年，埃及先后由穆罕默德·阿里的子孙阿巴斯（Abbas Hilmi I）、赛义德（Mehmed Said）、伊斯梅尔（Ismáil Pasha）和陶菲克（Tevfik Pasha）统治。他们被奥斯曼帝国政府称为总督，在埃及境内是事实上的君主，名号为“赫底威”（Khedive）。在阿里的强势政府之后，继任的埃及统治者无法维持原来的治国方略，却一心想着如何彻底摆脱奥斯曼帝国。法国人莱塞普（Ferdinand Marie Vicomte de Lesseps）建议开凿苏伊士运河，得到埃及赫底威赛义德的支持，因为他相信，开凿运河这样一项国际大工程有可能使埃及脱离奥斯曼帝国。奥斯曼政府越反对开凿运河，英国越是设置障碍，赛义德越相信莱赛普的建议。开凿苏伊士运河耗时 10 年（1859—1869 年），埃及人民为此付出很大代价，巨额债务导致埃及财政破产，被迫接受欧洲的财政监督。伊斯梅尔当政时，被迫于 1878 年授权建立内阁，埃及政权由内阁和赫底威共同执掌。

1882 年埃及爆发奥拉比起义，众多埃及民族主义者、新兴资产阶级、地主豪绅支持起义，叙利亚等行省的阿拉伯民族主义者响应，奥斯曼帝国的宗教阶层表示同情。奥拉比起义使奥斯曼帝国的统治者措手不及，因为奥斯曼帝国 1878—1881 年内外交困，巴尔干危机未能平息，又被俄国打败。在此情况下，埃及出了问题，让奥斯曼帝国当政者很紧张且束手无策。采取严厉措施镇压不合适，因为奥拉比起义的目的是反抗英国和法国的殖民。但如果支持奥拉比起义，意味着同意叛乱分子推翻埃及的合法政府。所以，奥斯曼帝国政府起初避免公开指责奥拉比，后来发表声明，要求埃及人民服从赫底威。

英国和埃及的赫底威要求奥斯曼政府派遣一支远征军到埃及。奥斯曼素丹没有派兵，而是派遣特使德维什（Derviş）到达埃及。德维什采取既支持埃及总督，又支持奥拉比的模糊政策。直到不得不表态的时候，奥斯曼素丹哈米德二世才宣布奥拉比是叛乱者。英国直接派军队占领运河两岸，奥拉比的军队失败。1882 年 9 月，英国军队占领开罗。一周之内，各地的反抗力量放下武器，英国遣散起义军，扶持赫底威陶菲克复位。埃及从此被英国无限期占领。

瞒天过海的“埃及回归”

埃及被英国占领是事实。奇妙的是，在英国和奥斯曼政府的话语中，埃及从此“回归”帝国了。英国对外宣称，英国军队只是帮助埃及总督恢复秩序，埃及仍是奥斯曼帝国的一个行省。这是奥斯曼帝国的素丹和统治精英们最喜欢听到的“大国宣言”。其实，英国政治家担心的是占领埃及会刺激法国、俄国、德国和奥匈帝国，引发欧洲大国的争夺。奥斯曼帝国的统治者对此应该是心知肚明的，但他很需要当时作为世界第一强国的英国表明这个立场。

接下来有一些举措，表明埃及是奥斯曼帝国的行省。其中最典型的是 1885 年奥斯曼政府派专员艾哈迈德·穆塔尔（Ahmed Muhtar）到开罗。这位政府专员没有实际权力，背后没有军队或经济力量支持，但他的“奥斯曼政府驻埃及专员”一职保持了 24 年（1885—1909 年）。显而易见，奥斯曼政府专员的存在，既是奥斯曼政府需要的，也是英国需要的。

英国政治家和外交官肯定地告诉素丹，英国军队会撤离埃及的。从 1885 年起，英国和奥斯曼帝国政府达成撤军的协议，但直到 1914 年也没有撤军。在占领埃及后，英国驻伊斯坦布尔大使达弗林（the Earl of Dufferin）被派往埃及，担任英国驻埃及的高级代表。从 1883 年起，由克雷默（Evelyn Baring）担任驻埃及高级代表，常驻埃及达 24 年（1883—1907 年）。这一时期，克雷默掌握着埃及政府的决策权。英国当局在埃及组建了立法咨议会、省代表会议，表面上由赫底威、内阁大臣、立法咨询会议和埃及官吏组成政府，英国派驻埃及的官员只是奥斯曼帝国埃及行省的“顾问”，但这些“顾问”的建议，埃及的统治者必须接受和遵守。

对奥斯曼帝国的当政者来说，1885 年和英国“平等地”坐在谈判桌前，商讨如何解决埃及问题，无异于向国际社会表明：奥斯曼帝国对埃及的主权是得到欧洲大国保证的。19 世纪晚期奥斯曼帝国境内，巴尔干民族要求独立，地方叛乱时有发生，能够重新拥有埃及，是素丹的强心针，是素丹权威的证明。其实素丹哈米德二世很清楚，奥斯曼帝国永远失去了埃及，这在他心里留下隐痛，因此后来禁止在帝国的出版物中出现“埃及”一词。

1908 年奥斯曼帝国发生革命，恢复君主立宪制，由青年土耳其党人掌权。专员穆塔尔于 1909 年离开埃及，奥斯曼政府与埃及的这种象征性的“治权”结束。对待早已不存在的“埃及行省”，当政者是否继续和英国演双簧，就显得不再重要了。

奥斯曼政府处理“埃及难题”的启示

在 110 多年历史中，奥斯曼政府一度彻底失去对埃及的控制，后来又得到形式上的“埃及回归”。1914 年第一次世界大战爆发后，英国宣布“保护”埃及，埃及的身份就是“国家”而非行省了。奥斯曼帝国的统治者在埃及问题上殚精竭虑，中央政府与这个特殊行省的关系几经波折，最终还是失去了埃及。其中所反映出的问题，值得深思。

1. 关于“一个国家多种制度”

一个国家框架下多种制度是否可行，不能一概而论。如果所有制度围绕着如何维护和巩固唯一的政体来构建，而且成为层级结构，不要说两种制度，五六种也没问题。奥斯曼帝国有“哈里发”制度，有“素丹”制度，有宗藩体制，有“米勒特”制度（民族管理制度），有“蒂玛”制度、“德武舍迈”（Devşirme）制度（定向征募制度）等，可以说是“一国多制”。这些制度都是围绕着如何维护奥斯曼帝国的统治而设计，奥斯曼帝国是唯一的政体。奥斯曼帝国“一国多制”的形成，是基于征服、扩张和帝国管理的需要，多层制度各有侧重，管理分途，有一定的弹性，保证了帝国的运转。

而如果一个国家两种政体并存，且其中一个只是由于实力悬殊或外国干预而被迫处于从属地位，则两种政治制度必然充满悖论，潜伏着矛盾。“两种政体”与“一个国家”是不相容的。奥斯曼政府把埃及当作行省，但埃及实际上拥有独立政权，政治机构的设立具备“国家”的规模，穆罕默德·阿里和子孙们是世袭君主，自行其是，独立开展外交活动。所以，后世撰写的史书中，奥斯曼帝国和埃及阿里王朝还是被看作两个政体。

2. 关于“主权”与“治权”

埃及自 1805 年起实质上处于半独立状态，77 年里（1805—1882 年）帝国对埃及所谓的“治权”，其实是奥斯曼政府的一厢情愿。当然，这一时期奥斯曼帝国虽没有“治权”，但名义上的主权始终是存在的。首先，奥斯曼政府宣布承认穆罕默德·阿里为总督，这个总督在伊斯兰世界才具有合法性，埃土战争期间素丹宣布解除阿里的总督职务，也是在行使主权。其次，根据 1841 年的条约，阿里统治的埃及公开表示臣服，像附属国一样纳贡，帝国的主权变成宗主权。从 1882 年起，奥斯曼帝国政府从埃及得到虚幻的“治权”，派遣一名专员就是这种“治权”的象征，对奥斯曼帝国的国家权威及合法性有重要意义（尽管奥斯曼帝国并没有直接管理埃及）。也就是说，1882—1909 年奥斯曼政府既保持了对埃及的名义主权，也得到了对埃及形式上的“治权”。奥斯曼帝国与埃及之间的关系是“象征性”的，也是“真实”的，因为象征性的做法会产生真实的政治意义，而真实的政治意义也能通过象征性的做法体现出来。

3. 关于怀柔与动武

埃及发展迅速，奥斯曼政府无法用武力压服埃及，两次埃土战争中都是奥斯曼政府军队被埃及军队打败。假如埃及军队不及奥斯曼政府的军队强大，埃及也会求助于英国或法国。客观地说，眼睁睁看着埃及行省以独立王国的姿态扩军，独自和西方国家打交道，奥斯曼帝国统治者是尴尬的，也是焦虑的。以旁观者的立场看，奥斯曼帝国政府应该向埃及行省学习，学习穆罕默德·阿里的政治方略和成功的改革经验。当时的埃及，政局稳定，经济增长，军队强大，对外开放，让西方人刮目相看。在马克思当时写的文章中都有对穆罕默德·阿里的称赞（马克思称阿里是伊斯兰世界唯一善于用头脑思考的人）。出于理性和现实考虑，奥斯曼政府除了采取怀柔政策，没有其他选择。

4. 关于“外国干涉内政”

奥斯曼政府在与西方大国的外交中强调埃及问题是帝国内政，但埃及的任何风吹草动，都会变成西方大国谈判桌上的主要话题。每一个和埃及有关的事件都是国际事件，超出奥斯曼政府的掌控。关键是，奥斯曼帝国也需要“西方大国的干涉”。没有西方的干涉，埃及在第二次埃土战争中就会肢解这个帝国。为了对付埃及，奥斯曼政府多次求助于英、法、俄等国的帮助。英国外交官说“埃及是奥斯曼帝国的一个行省”才有分量，奥斯曼帝国的统治者自说自话就没有意义。作为利益交换，奥斯曼帝国的统治者说“英国军队只是在埃及维持治安”，其他欧洲大国才无话可说。英国不想让其他国家染指埃及事务，在埃及问题“妥善处理”后，英国对奥斯曼帝国素丹表示友善，英国和奥斯曼帝国的关系变得“亲近”。说到底，当“外国干涉内政”成为奥斯曼帝国和埃及的共同需求时，被外国尤其是被当时综合国力世界第一的英国“干涉”就算不上是一种威胁。

以上几点启示，是从奥斯曼帝国政治史的角度来考察的，还没有从埃及史的角度思考。若立足于埃及史，会是另一种结论。古代埃及和现代埃及之间的历史是断裂的，创造古文明的埃及人不是现代埃及人的祖先。但是，埃及的地理位置和经济条件决定了它在任何时期都不是无足轻重的。奥斯曼帝国时期，埃及是特殊行省，罗马帝国时期埃及也是特殊行省，是元首直辖的特区。公元前 30 年屋大维（Gaius Octavius Augustus）取得亚克兴战役的胜利而获得埃及，标志着罗马共和国末年割据局面的终结和大一统的开启。公元 1517 年塞利姆一世征服埃及，标志着奥斯曼帝国由地跨欧、亚两洲的帝国变成地跨欧、亚、非三洲的帝国。而且，征服埃及之后奥斯曼帝国的素丹得到了哈里发的头衔，成为伊斯兰世界的领袖，实现了政教合一。对罗马帝国和奥斯曼帝国来说，获得埃及是胜利，治理埃及是难题，失去埃及是损失。对生活于埃及这片土地上的普通民众来说，不是被这一个政权奴役，就是被另外的征服者所统治，从来不能主宰自己的命运。按理说，埃及由奥斯曼土耳其人统治好，还是由穆罕默德·阿里家族统治更好，应该听听埃及普通民众的感受，然而没有留下多少关于他们日常生活和喜怒哀乐的历史记录。

奥斯曼帝国的瘟疫问题

历史上暴发过由鼠疫杆菌引起的三次瘟疫大流行。第一次大流行，被称为“查士丁尼瘟疫”（541 年至约 750 年）；第二次大流行是黑死病（1346—1353 年），由此反复出现的疫情持续了几个世纪；第三次大流行是瘟疫 1894 年在香港暴发后向全球蔓延。

黑死病的研究主要围绕欧洲案例，学术界把 1665 年的伦敦大瘟疫或 1720—1721 年的马赛瘟疫视为疫情的终点，并对瘟疫的“消失”进行了讨论。讨论最多的是黑死病，但对黑死病起因和持续时间长的原因，众说纷纭，还有进一步研究的余地。

众所周知，17 世纪 70 年代瘟疫在俄国持续暴发，在奥斯曼帝国控制的地区延续到 19 世纪。第二次大流行的时间和地理框架、历史条件，以及在欧洲以外地区的影响，尚需深入研究。就地中海世界而言，瘟疫史研究必须考虑到基督教世界和伊斯兰世界（或东方和西方）对瘟疫的经历和体验有差异，传播途径和应对方式也是不同的。

把奥斯曼帝国的瘟疫经历纳入历史叙事，有利于深入探究瘟疫在地中海世界流行的根源。奥斯曼帝国的案例中，瘟疫持续暴发的具体情况，瘟疫的传播，当地政府、宗教人士和普通民众的应对办法，让读者清楚地了解到，奥斯曼帝国的瘟疫经历不仅与其他国家的经验有可比性，也有助于更好地理解黑死病后地中海地区的瘟疫传播情况及影响。

欧洲关于奥斯曼帝国瘟疫的描述中，“欧洲病夫”奥斯曼帝国是瘟疫的输出国，是袭击欧洲海岸的所有瘟疫的源头，欧洲人努力实施隔离措施，建立警戒线来保护自己。但是，在不了解奥斯曼土耳其人自己的瘟疫经历的情况下，怎能判定奥斯曼帝国是瘟疫输出国？它是何时、如何到达奥斯曼帝国境内的，又是如何在那里传播的？帝国境内的居民是如何看待瘟疫的？如果有瘟疫的话，帝国的管理部门具体采取了哪些措施？

奇怪的是，对欧洲瘟疫感兴趣的学者们，对瘟疫来自奥斯曼帝国的结论是认同的，却对瘟疫是如何起源的几乎没有兴趣；奥斯曼帝国的历史学家也很少重视瘟疫在帝国历史中的作用。

一种观点认为，奥斯曼帝国的扩张和瘟疫流行是密切相关的。例如，瓦里克（Nukhet Varlik）的《瘟疫与近代早期地中海世界的帝国：奥斯曼帝国，1347—1600》[①] 构建起从黑死病到16世纪末影响奥斯曼帝国控制地区的瘟疫的历史叙事，追溯瘟疫传播的轨迹及其复发情况。作者把瘟疫传播与奥斯曼帝国权力增长和权力巩固模式联系起来，强调了征服、城市化和商业交换网等。

---

① Nükhet Varlik, *Plague and Empire in the Early Modern Mediterranean World: The Ottoman Empire, 1347–1600*, Cambridge: Cambridge University Press, 2015.

瓦里克这本书由四部分组成：（1）奥斯曼主义和非奥斯曼主义史学中的瘟疫；（2）黑死病及其后果（1347—1453 年）；（3）帝国瘟疫的三个阶段［第一阶段，1453—1517 年，来自西方的瘟疫；第二阶段，1517—1570 年，瘟疫的多条传播途径；第三阶段，1570—1600 年，作为瘟疫中心（Hub）的伊斯坦布尔］；（4）瘟疫帝国，分别论述了瘟疫对观念、知识和态度的改变；瘟疫的状态，即奥斯曼帝国形成中的身体政治学。

从 20 世纪 70 年代开始，奥斯曼主义领域新出现的史学观点弥补了传统历史学的不足。奥斯曼社会经济史学家认识到，瘟疫在帝国历史上产生了重要影响。已故的丹尼尔·潘扎克（Daniel Panzac）将注意力集中在奥斯曼帝国的瘟疫上，并就这一主题完成了一本有价值的文集。对于 20 世纪 70 年代和 80 年代的瘟疫研究，丹尼尔·潘扎克作出了贡献。历史学家如让-诺埃尔·比拉本（Jean-Noël Biraben）、迈克尔·多尔斯（Michael Dols）和劳伦斯·康拉德（Lorenz Konrad）等都是该时期瘟疫研究的代表人物。丹尼尔·潘扎克根据外交信函和大使级急件所做的细致工作，是专注于 1700 年至 1850 年间奥斯曼帝国瘟疫史的最全面、最权威的研究，也是系统研究奥斯曼帝国瘟疫史的学术专题。

环境史、气候史和医学社会史的研究成果，重新激发了人们思考奥斯曼历史上的疾病问题。在现代观点中，流行性疾病的发生表明健康标准差，或者国家卫生组织不充分，这很正常。但在前现代语境中，将瘟疫（或各类流行病）的存在或不存在“作为文明的衡量标准”而进行概念化，可能会导向不合时宜的解释。

奥斯曼主义者对瘟疫的研究几乎只关注奥斯曼晚期史。一般认知中，素丹苏莱曼统治时期是一个“黄金时代”，其后是漫长的“衰退”，而瘟疫概念不能与“黄金时代”联系在一起，想象中，瘟疫只属于“衰退”时代。中世纪晚期和现代早期奥斯曼瘟疫的记载，相对较少，尤其奥斯曼帝国15世纪和16世纪的编年史很少提到瘟疫。

欧洲人认为奥斯曼人在面对瘟疫时是宿命论者，没有采取任何预防措施来保护自己免受瘟疫的影响，因此成为欧洲的主要“瘟疫出口国”。这引起土耳其人的反感。

漫长的16世纪，即从征服君士坦丁堡到16世纪末，瘟疫在奥斯曼帝国的城市中暴发得更加频繁和广泛。追溯16世纪瘟疫的空间分布和周期，有助于更好地了解1600年后的瘟疫。梳理奥斯曼帝国对瘟疫的看法（以及对瘟疫的反应）的重大变化，有助于解释17世纪和18世纪帝国的发展轨迹。

事实上，在历史著作中帝国和瘟疫常被联系在一起。历史上的“大帝国”中，总能找到“大瘟疫”的例子。有趣的是，瘟疫更容易让人联想到帝国的“衰落”。

关于黑死病的源头，一种说法是：水手们把疾病从热那亚的卡法殖民地带到欧洲。据记载，1346年，蒙古军队包围卡法要塞时，把尸体弹射过墙壁，神秘的疾病开始在热那亚的殖民地流行。

另一个瘟疫起源故事来自阿勒颇瘟疫的目击者伊本·瓦尔迪（Ibn Valdi），他根据从克里米亚返回的穆斯林商人那里听到的消息做了记录。据他描述，尽管这种疾病起源于更遥远的亚洲，但1346年10月和11月传播到克里米亚和拜占庭之前，乌兹别克人的土地上就有人目睹了这种疾病。君士坦丁堡流传着类似的起源故事，编年史证明了这一点。一种严重的瘟疫侵袭着人类，从斯基泰亚、马约提斯和塔奈斯河口开始，自春天起持续了整整一年。这是瘟疫袭击伊斯坦布尔后有人记录下来的。

瘟疫是通过多条途径传播的。各种叙述中，黑死病的海上传播路线首先是到达伊斯坦布尔，然后扩散到爱琴海和地中海东部的港口城市和岛屿、亚历山大港和塞浦路斯，以及地中海西部的港口城市。与此同时，感染似乎也沿着黑海东岸，从高加索和安纳托利亚半岛，往南进入叙利亚。

关于奥斯曼帝国的瘟疫情况，一般的叙述是：到 1453 年，也即奥斯曼帝国在安纳托利亚拥有土地一个多世纪以后，巴尔干地区多次遭受瘟疫的侵袭。有人认为，1453 年奥斯曼征服君士坦丁堡标志着奥斯曼帝国瘟疫经历的一个重要转折点。在接下来的一个半世纪里，瘟疫的传播轨迹和复发频率都发生了重大变化——其持续的时间几乎与帝国本身一样长。

根据瓦里克书中的分期，1453—1517 年间，尽管瘟疫在许多地区零星暴发，但在稀少和分散的资料来源基础上可以确定，主要有三波瘟疫：1466—1476 年第一波；1491—1504 年第二波；1511—1514 年第三波。显然，1467 年夏天，伊斯坦布尔暴发了一场大瘟疫。第一波疫情结束（1476 年）之后大约 15 年奥斯曼地区没有新疫情暴发的记录。瘟疫于 1491 年在奥斯曼帝国和东地中海地区再次出现，尚不完全清楚原因，这一次断断续续地持续了大约 14 年。

1511—1514 年是瘟疫反复发作的一段时期，但瘟疫似乎没重返奥斯曼帝国核心地区。奥斯曼帝国瓦拉几亚公国（1506—1511 年）和摩尔达维亚（1512 年）的瘟疫使情况复杂化，使人们很难确定这次疫情是新一波还是第二波的延续。瓦拉几亚可能是这波瘟疫的起源地，这一地区的居民似乎在这个时候已被感染了。这一阶段瘟疫的历史叙事涉及三个重要主题：奥斯曼帝国新的征服活动、贸易和通讯的发展网络和城市化。

1570 年标志着一连串无情瘟疫的开始。这一次，瘟疫影响了欧洲、巴尔干半岛和地中海地区，非常严重。例如，1571—1575 年，瘟疫在地中海和波斯的存在是众所周知的。1571 年，它既在西部，也在东部：在北非，在达尔马提亚，以及在里海西南部的阿尔达比尔。这次暴发持续三年以上。

各地情况有差异，比如埃及，从 1347 年到 1894 年，平均每 9 年就会发生一次瘟疫。在这 547 年中，埃及有 193 年都发生了瘟疫。有数据显示，1784 年的一场瘟疫夺去了埃及 1/6 人口的生命；1835 年的一场瘟疫又夺去了埃及 1/3 的人口。

在奥斯曼帝国统治埃及期间，埃及最严重的瘟疫发生在 1791 年，这场瘟疫导致每天有 1000 人死亡。然而，没过多久，每天的死亡人数就上升到了 1500 人。无数的婴儿、青年、女仆、奴隶、马穆鲁克、士兵、检查员和埃米尔（Amīr）都死于 1791 年的春天。

这场瘟疫也造成了帝国在埃及统治的政治危机，因为没有一个被任命的埃及帕夏能够逃脱死亡从而对埃及进行有效统治。伊斯梅尔贝伊和他的许多追随者在试图逃往伊斯坦布尔之前就死于瘟疫。人口流动不利于瘟疫流行病的防治，造成了更多人口的死亡。

此外，军队在战争后带来瘟疫：1679 年维也纳发生大瘟疫，鼠疫杆菌大流行。1683 年，奥斯曼帝国军队围攻维也纳，瘟疫通过军队传播到帝国境内，马耳他岛和北非地区都有传播。一年内死于瘟疫的有万余人。

关于防治瘟疫的措施，有一些断断续续的记载。

1524 年奥斯曼素丹对瘟疫防治采取的卫生措施是按照当时伊斯坦布尔的习俗，下令杀死开罗所有的狗，并将它们的尸体挂在商店门口，目的是吓跑瘟疫。这可能是奥斯曼帝国唯一一次采取措施治理瘟疫，却采取了错误、迷信的方式。

而在 1618 年的一场严重的瘟疫期间，埃及帕夏出于对公众的同情，免除劳役并命令国库支付穷人的丧葬费。瘟疫的暴发是多种因素的综合结果，如饥荒，洪水，干旱，物价上涨，大风和气候因素，尼罗河洪水泛滥的程度以及老鼠、跳蚤和人群的相对数量都会影响发病率和严重程度。还应注意的一点是，埃及处于贸易中心的战略位置，每年都会有成千上万的人从其他地方来到埃及，随之而来的还有老鼠，这成为埃及瘟疫常态化的重要原因之一。

1791 年埃及瘟疫期间，帕夏又命令国库在瘟疫期间支付穷人的丧葬费。宗教机构是埃及发展慈善事业的重要媒介，宗教人士会促成统治阶级成员和富人的联合，共同成立反饥饿基金会，建立孤儿学校，为其提供资金援助，使得无家可归的孩子有住所并有接受教育的权利。他们还会在公开的宗教活动期间向穷人提供食物和住所。埃及最持久的慈善机构是公共施粥所或救济院

（土耳其语为“Imaret”），这类机构大多数隶属于清真寺，为穷人提供免费食物。

延伸阅读：

① Birsen Bulmuş, *Plague, Quarantines, and Geopolitics in the Ottoman Empire*, Edinburgh: Edinburgh University Press, 2012.

② Birsen Bulmuş, *The Plague in the Ottoman Empire, 1300–1838*, Dissertation Abstracts International, Volume: 69–12, Section: A, page: 4840, Adviser: Kathryn M. Olesko.

③ Nükhet Varlık, *Disease and Empire: A History of Plague Epidemics in the Early Modern Ottoman Empire (1453–1600)*, Dissertation Abstracts International, Volume: 69–07, Section: A, page: 2841, Adviser: Cornell H. Fleischer.

④ Yaron Ayalon, *Natural Disasters in the Ottoman Empire*, Cambridge: Cambridge University Press, 2015.

地中海世界的争夺与商战

15—17世纪地中海世界的争夺战，一方是穆斯林占主体的奥斯曼帝国，一方是基督教国家，包括威尼斯、西班牙和法国等。在史书所记载的地中海范围的冲突和战争中，不是奥斯曼帝国占上风，就是威尼斯、西班牙或者法国占上风，有时是势均力敌。给人的印象是，地中海世界中，冲突的双方力量均衡，谁也不能长期建立霸权。实际上，地中海世界冲突的阶段性特征明显，双方力量的此消彼长是存在的，但并没有现代国际关系理论所阐释的“均势”。为了增强自身势力而结盟，或因对严重后果的预估而妥协，都是国际关系中常见的策略或手段。奥斯曼帝国和西欧国家都对此熟练运用以维护自身利益。在各自的利益中，最重要的是商业利益。只有了解不同阶段争夺战与短暂和平的细节，我们才能对地中海世界的历史有进一步的认识。

土耳其人征服希腊

奥斯曼土耳其人第一次踏上希腊土地，是在1390—1393年之间，此前威尼斯人控制着爱琴海区域。1390年奥斯曼帝国第一支海军建立。这些船舰骚扰希腊海岸，并袭击爱琴海上的岛屿，还宣布禁止外来的装运谷物的船只驶向罗德岛、利姆诺斯岛、雷斯波斯岛（米提利尼岛）、希俄斯岛。1393 年，巴耶济德一世本来准备围攻君士坦丁堡，但又放弃了计划，把注意力转向了希腊。奥斯曼土耳其军队侵犯色萨利，也侵入伯罗奔尼撒半岛，占领了几个市镇和小城。不过，没有攻占雅典、萨洛尼卡、纳夫普里翁等重要城市。

第二次的征服是在 1425—1449 年。穆拉德二世彻底征服马其顿所有领地。1429—1430 年，土耳其人占领萨洛尼卡，完成对爱琴海一侧的希腊主要港口的控制。1431 年，穆拉德二世从阿尔巴尼亚向南征服约阿尼亚（一译“杰尼纳”）。到 1443 年时，奥斯曼土耳其人控制着阿尔巴尼亚、伊庇鲁斯，伯罗奔尼撒半岛的拜占庭公国向奥斯曼国家缴纳贡赋。1449 年，伊庇鲁斯王国被完全纳入奥斯曼国家版图。1453 年 4 月 6 日土耳其人开始攻打君士坦丁堡。攻城期间，4 月 20 日，一艘希腊船和四艘罗马船躲过奥斯曼土耳其人的封锁，抵达君士坦丁堡。4 月 21—22 日，奥斯曼人把船从加拉塔山丘拉上去，滑入金角湾。5 月 28 日晚，最后一次进攻发动。5 月 29 日君士坦丁堡陷落。

第三次大规模进攻希腊地区，是在穆罕默德二世时期。1456 年，海盗在爱琴海四处劫掠，穆罕默德二世发动海上征服战争。土耳其人占领埃内兹、伊姆罗兹角、萨索斯岛。1458 年夏天，穆罕默德二世征服了伯罗奔尼撒半岛的北部。1459 年 1 月奥斯曼土耳其人吞并了雅典公国（一说 1456 年）。1460 年，奥斯曼土耳其人占领米斯特拉斯。米斯特拉斯是位于斯巴达西北的一座拜占庭古城。这一年7月，奥斯曼军队占领伯罗奔尼撒半岛的南部，渡过科林斯地峡，打败了拜占庭皇帝亲属建立的两个公国的军队——这是与拜占庭皇帝康斯坦丁有兄弟和叔侄关系的托马斯和德米特流斯在伯罗奔尼撒半岛建立的两个国家，相互不断发生冲突。奥斯曼军队逐个攻陷半岛南部的城市，拜占庭帝国在伯罗奔尼撒半岛的统治结束了。至此，整个希腊地区，除了伯罗奔尼撒半岛的科隆港、莫顿港口和皮洛斯港（即纳瓦里诺），其余都在奥斯曼帝国的控制之下。需要说明的是，托马斯后来死于罗马，托马斯的女儿佐德活下来，1472年嫁给伊凡三世。1470年德米特流斯死于埃迪尔内——德米特流斯是帕列奥列格家族最后一位男性继承人。1461年，特拉布宗公国（这个公国是1204年希腊人建立的）向穆罕默德二世投降。此后穆罕默德二世用兵于其他地区。1463年9月，威尼斯人夺取了爱琴海的一些岛屿，也占据了摩里亚的大部分地区。

奥斯曼土耳其人对爱琴海岛屿的征服过程，以罗德岛和希俄斯岛最为典型。1479年12月4日奥斯曼军队曾攻打罗德岛。1481年土耳其人围攻罗德岛的战役失败。过了40年，苏莱曼一世于1522年夏率领大军围攻罗德岛，但该岛被圣约翰十字军骑士团占领，难以攻克。岛上有6万名抵抗者，多次杀退围攻的土耳其人。12月20日，罗德岛的抵抗者被迫投降（据说也是由于奸细引奥斯曼军队突破要塞），苏莱曼一世大获全胜。1539—1540年，奥斯曼帝国吞并克里特岛等岛屿，爱琴海大部分岛屿被土耳其人控制。1540年土耳其人也攻陷了伯罗奔尼撒半岛南部的纳夫普利翁。

希俄斯岛是爱琴海中部的岛屿，13 世纪以来被热那亚人控制，岛上的居民以希腊人为主。从 1470 年开始，希俄斯向奥斯曼土耳其人进贡。1566 年，奥斯曼土耳其人决定征服希俄斯，理由是他们拖延缴纳贡金。1 万土耳其军队到达希俄斯，很快就控制了这个岛屿。土耳其人毁掉偶像，改教堂为清真寺，并掠夺走了一些财产。希俄斯人不断争取自治权，有的迁居奥斯曼帝国的其他地方，有的甚至移居美洲。但整体上，希俄斯人和奥斯曼政府保持着良好的关系。1570 年，土耳其人攻占塞浦路斯，这一阶段的征服结束。

总体而言，奥斯曼土耳其人征服希腊，第一阶段是夺取拜占庭帝国控制下的希腊土地，第二阶段是从威尼斯人手里夺回希腊城市或港口，两阶段的性质和特点不一样。奥斯曼土耳其人不太费力地占领了希腊地区（除了罗德岛遇到强烈抵抗），但所占的领土被威尼斯人抢夺，奥斯曼土耳其人花了很长时间才彻底控制希腊。

与威尼斯人争夺爱琴海霸权

从 1463 年到 1716 年，奥斯曼土耳其人和威尼斯人之间发生了 6 次战争。1463—1479 年是第一次。起因如前所述，是 1463 年 9 月威尼斯人夺取了爱琴海的一些岛屿，并占据了伯罗奔尼撒半岛大部分地区。第二年，穆罕默德二世组织军队直扑伯罗奔尼撒半岛，打败威尼斯军队。此后威尼斯和土耳其人之间的战争扩大。威尼斯人 1466 年短暂占领雅典，1469 年进入爱琴海东部，占领东部的岛屿，并劫掠安纳托里亚西南海岸。1470 年，土耳其人攻占尤卑亚岛（埃维亚岛）。尤卑亚岛一直是威尼斯人在爱琴海的重要基地，这里是内格罗蓬特公国领地。1479 年，土耳其人短暂占领爱奥尼亚群岛中的凯法利尼亚岛。至此，这场战争延续了 16 年。这 16 年中，奥斯曼帝国舰队获得爱琴海的利姆诺斯岛、雷斯波斯岛（米提利尼），也占领尤卑亚岛，吞并了内格罗蓬特公国。1479 年的 6 月 25 日，威尼斯与奥斯曼帝国签订和平条约，结束战争。威尼斯承认阿尔巴尼亚全归奥斯曼帝国统治，并承认奥斯曼帝国对爱琴海诸岛的征服。威尼斯人仍控制着南斯波拉泽斯群岛的大部分。

1499—1502 年是第二次战争，规模不大，起因是奥斯曼土耳其人和威尼斯人争夺伯罗奔尼撒半岛的几个港口。1537—1540 年是第三次战争，主要战役是普雷韦扎战役，科孚岛遭劫。奥斯曼土耳其人重新占领纳夫普利翁。1540 年 10 月 20 日，威尼斯与奥斯曼帝国签订新条约。威尼斯放弃伯罗奔尼撒半岛的所有领地，奥斯曼帝国承认威尼斯继续统治克里特半岛和塞浦路斯。1645—1648 年发生了第四次土耳其人和威尼斯人的战争。1647 年 7 月 7 日，奥斯曼土耳其人围攻克里特岛的伊拉克利翁，围城战役漫长而令人疲乏。威尼斯人于 1648 年 4—5 月与土耳其人争夺伊拉克利翁，也派兵封锁达达尼尔海峡。在后来的争夺中，1656 年，威尼斯人击败土耳其舰队，占领利姆诺斯岛。1657 年这里又被土耳其人重新占领。1669 年，土耳其人占领克里特岛的伊拉克利翁。一说，1647—1699 年奥斯曼土耳其人对伊拉克利翁进行了长达 22 年的围攻，双方伤亡数万人。1683—1699 年，威尼斯人与土耳其人进行第五次战争。1683 年土耳其人攻打维也纳受挫，威尼斯人乘机夺取伯罗奔尼撒半岛的许多地方。了解雅典历史的人知道，帕特农神庙就是在 1687 年受损的。这一年，威尼斯军队炮轰雅典卫城，引爆了土耳其人堆放在神殿里的炸药，把神殿的顶和墙炸塌。1715 年，土耳其人和威尼斯人发生第六次战争，主要战果是，土耳其人重新占领伯罗奔尼撒半岛。1716 年，土耳其人包围科孚岛（克基拉），由于奥地利人打败了土耳其人，科孚岛之围被解除。1716 年，土耳其人占领基克拉泽斯群岛的蒂诺斯岛和米克诺斯岛等。

对这六次战争的概括如下：（1）这六次战争，有的是威尼斯人趁着奥斯曼土耳其人在别处用兵的机会，抢占了奥斯曼土耳其人控制的希腊城市或岛屿，奥斯曼土耳其人为“收复失地”而战；有的是威尼斯人公开“叫板”，与奥斯曼土耳其人争夺爱琴海霸权。（2）威尼斯人和奥斯曼土耳其人都善于使用“声东击西”“围魏救赵”的兵法。威尼斯人多次派兵直抵达达尼尔海峡，做出攻打奥斯曼首都的姿态。奥斯曼土耳其人几次远征，直接兵临意大利半岛，迫使威尼斯人放弃爱琴海的港口或岛屿。（3）奥斯曼土耳其人的大炮、帆船、长舰，都是向热那亚人学习的。热那亚人因奥斯曼土耳其人的征服而蒙受损失，但不得不努力讨好素丹。后来，1456—1462 年，热那亚人还是被赶出黑海和爱琴海。（4）奥斯曼帝国在与威尼斯的争夺战中，得到海盗首领海雷丁·巴巴罗萨（Hayreddin Barbarossa）的很大帮助。巴巴罗萨是出生于阿尔及利亚的海盗，愿意效忠于奥斯曼素丹，帮助土耳其人。他曾被任命为奥斯曼军队的舰队司令，在地中海叱咤风云，长期管理北非，他的舰队有 84 艘船舰。

1540 年威尼斯人与奥斯曼帝国签订的条约中，承认巴巴罗萨在爱琴海的所有战果，同意给奥斯曼帝国支付一笔巨额的战争赔偿金。

1545—1550 年达到了所谓的“地中海和平”状态，但 1551 年战端重启。这一年西班牙的多里亚亲王（Prince Doria）率领装备不足的军队抵达那不勒斯，6 月，西班牙、意大利和马耳他骑士团攻下阿弗里卡（西西里附近）。查理五世并不认为占领阿弗里卡事件特别重要，他写信给素丹，表明维持地中海和平的愿望。1554 年占领阿弗里卡的军队撤离到西西里。1550—1551 年查理五世被哈布斯堡王朝的事务弄得焦头烂额，特里夫斯大主教、奥格斯堡红衣主教、威尼斯人都不愿支持查理五世，表示宁可与土耳其人和好，也不愿选择菲利普继承帝国。

1551 年，土耳其舰队于 7 月 18 日抵达马耳他，然后推进到戈佐岛。土耳其人在这个岛上抓走 5000—6000 名俘虏。7 月 30 日土耳其舰队到达非洲海岸。8 月，查理五世下令把西班牙和意大利军队调往地中海，这个举动直接助长、诱发了 1552 年的德意志叛乱（诸侯战争、宗教战争）。法国做出援救马耳他的声势，但实际上只是要了个花招。查理五世困于大陆的战争，而土耳其舰队此时开往墨西拿，继续西行，但没有远大的目标，只是小规模地抢劫，让法国和西班牙虚惊一场。

西班牙短暂的攻势

雷蒙德·卡尔（Raymond Carr）的《西班牙史》中，用“不可能的帝国”作为一章的标题，也许是有道理的。书中表明：“没有人会期望世界上贫穷、自然环境差的角落，也能够征服世界上很大一块地方；更不用说，西班牙在 16 世纪和 17 世纪早期戏剧性地扩张，本土也展现出艺术创造力和社会和谐，出现西班牙的‘黄金时代’。”[①] 传统观点把西班牙的成就和优势视为理所当然，而对西班牙后来的衰落表示迷惑不解。确实，西班牙拥有大约一个世纪的“优势地位”，而在后来欧洲的战争中处于从属地位，所谓的世界帝国迅速萎缩，算是恢复到正常状态。1520 年，西班牙国王卡洛斯一世当选为神圣罗马帝国的皇帝（也即查理五世），给西班牙带来了崭新的、更令人激动的命运。随着在欧洲和整个新大陆扩展的机会的来临，西班牙的精英开始狂热地把自己的命运与哈布斯堡王朝的命运联系在一起。[②] 阿拉贡国王斐迪南二世 1503 年占领那不勒斯，这次阿拉贡舰队取得的胜利和西班牙步兵团的建立，在世界历史上和马其顿方阵、罗马军团的诞生具有同等重要的意义。[③] 1559 年前后，西班牙的对外政策模糊不清，奥斯曼帝国的政策也与之类似。西欧唯一重大的行动是建立了一支为西班牙效力的强大海军，问题是，西班牙能否有效动用这支海军，还是未知数。1559 年 1 月，西班牙菲利普二世和土耳其人的谈判在维也纳进行，决定给土耳其支付贡金。菲利普二世表示，他不愿意把西班牙和土耳其之间的桥梁全部焚毁。他带着西班牙式的傲慢，坚持荣誉攸关的原则，但必

---

① ［英］雷蒙德·卡尔：《西班牙史》，潘诚译，东方出版中心 2009 年版，第 109 页。

② 同上书，第 148 页。

③ ［法］费尔南·布罗代尔：《菲利普二世时代的地中海和地中海世界》下卷，唐家龙、吴模信译，商务印书馆 1998 年版，第 21 页。

要时并不拒绝采取迂回的外交手段。最后谈判未成功，布罗代尔（Fernand Braudel）说："菲利普二世保全信誉的政策，对战端重启负有直接责任，特别是在局势有助于达成协议时更负有责任。"[①] 事实上，西班牙必须应对双重危险：一方面要在的黎波里到萨勒这一线对付柏柏尔人，另一方面要对付土耳其人。

1559 年 6 月 15 日，西班牙远征杰尔巴战败，使菲利普二世的帝国转而把注意力放到地中海，建造海军舰队。土耳其人从 1561 年到 1564 年都没有大规模出战，这给了西班牙一个喘息的机会。后来的研究者发现，1561 年奥斯曼帝国农业歉收，与威尼斯争夺谷物，瘟疫流行，所以没有精力攻打西班牙军队。还有，苏莱曼大帝晚年在国内遇到困境，素丹的几个王子之间争权，各省的分离主义者趁着这个机会大肆扩张势力，掀起对抗宫廷的反抗行动，国家政局不稳。

在西班牙扩张舰队，迅速壮大的几年，欧洲也出现难得的平静。1564 年初，西班牙政府征用了 100 艘属于比斯开和坎塔布连地区的小渔船和双桅船。菲利普二世的舰队实际上是 4 支分舰队的联合体。这 4 支分舰队是：西班牙分舰队、那不勒斯分舰队、西西里分舰队、热那亚帆桨战船队，有时还要加上摩纳哥、萨瓦、托斯卡纳和马耳他骑士团的帆桨战船。1560 年即杰尔巴战役的一年，基督教世界的舰队拥有战舰 154 艘，其中包括帆桨战船 47 艘、荷兰圆头帆船 4 艘，还包括其他各类参加远征的

---

① ［法］费尔南·布罗代尔：《菲利普二世时代的地中海和地中海世界》下卷，唐家龙、吴模信译，商务印书馆 1998 年版，第 529 页。

帆桨战船 44 艘。但杰尔巴战役失败后，帆桨战船总数减少到 64 艘。[1] 建造战舰、扩充海军，西班牙请求教皇国给予帮助，得到了“补助”金，每年大约 197 万杜卡托。菲利普二世向欧洲各同盟国呼吁，请求他们给予各种有偿或无偿的援助。

布罗代尔的观点是，菲利普二世似乎满足于并且长期满足于进行小规模战争，而不去冒大风险，行需要大量耗费之举。他身上没有能够酝酿和制定一项真正的十字军东征政策的思想和狂热激情。因此，地中海世界的一系列偶然事件虽然迫使他做出一定的努力，但并没有形成高瞻远瞩的政策。[2] 战争之前，西班牙和盟国签订为期三年（1571—1573 年）的军事协定，联盟成员承担每年派出一支有帆桨战船 200 艘和圆头帆船 100 艘、海军士兵 5 万名、轻骑兵 4500 名的军队的义务。在军费问题上，协定规定，罗马教廷如果不能支付它应承担的份额，则由威尼斯和西班牙分摊。

1571 年 10 月 7 日，土耳其舰队和基督教联盟国家的舰队在勒班陀海湾入口处相遇。基督教舰队很快把敌人围在海湾内。双方发现对方的阵势时大吃一惊：土耳其舰队有 230 艘船舰，基督教舰队有 208 艘，火炮和火枪等武装比土耳其舰队占优势。一场恶战后，土耳其只有 30 艘帆船战舰逃脱，其余均被掳获，有的被盟军瓜分，有的被凿沉。土耳其死伤 3 万多人，被俘 300 人；基督教联盟一方 2.1 万人受伤，8000 人战死，兵员半数被歼灭，

① ［法］费尔南·布罗代尔：《菲利普二世时代的地中海和地中海世界》下卷，唐家龙、吴模信译，商务印书馆 1998 年版，第 580 页。

② 同上书，第 586 页。

损失 16 艘船舰。[①] 勒班陀战役是 16 世纪地中海地区最轰动的战役，但西班牙乃至基督教欧洲在这次意外的胜利中没有得到多少益处，或者说，这场胜利的积极影响很小。1572 年，西班牙等盟国在莫顿战败，1573 年威尼斯退出同盟；1574 年土耳其人在拉古莱特和突尼斯取得胜利。西班牙等基督教国家的胜利成果就此烟消云散了。当然，这次战役对于基督教国家仍有一些益处，这是基督教国家第一次打败土耳其人，扫除了长期以来的恐惧和自卑。土耳其人虽很快从失败中恢复，但再也没有向地中海西部拓展，海上霸权似乎终结。关键是，勒班陀战役的胜利只是一场海战的胜利，不足以摧毁土耳其在东部地中海地区，尤其是陆地上的根基。与此同时，土耳其人 1574 年在突尼斯的胜利也没有什么决定性的意义，这是奥斯曼帝国急剧衰落前的最后一个辉煌胜利。

按布罗代尔的说法，摧毁奥斯曼帝国海军的不是具体某个战役的失败，而是长期闲散无事的和平状态，是地中海的和平消灭了土耳其的舰队。因为那些脆弱的船舰不再使用，不再更新，不再维修，不再有雇佣的水手，不再有划桨手，战船在海军造船厂的厂房或船坞里慢慢朽坏。[②] 勒班陀战役后，基督教盟国被胜利冲昏了头脑，各种远征伊斯坦布尔的计划冒出来，幸亏菲利普二世没有参与这种狂热的计划。他一如既往地冷静、沉思、盘算、权衡，听取有地位的人的意见。

---

① ［法］费尔南·布罗代尔：《菲利普二世时代的地中海和地中海世界》下卷，唐家龙、吴模信译，商务印书馆 1998 年版，第 744 页。

② 同上书，第 797 页。

地中海世界的商业利益之争

以上述克里特岛之争为例，地中海世界的争端其实主要是为商业利益。土耳其人与威尼斯人在东地中海展开的争夺中，威尼斯人的商业利益动机是明显的，而奥斯曼帝国也会为了经济利益而战，17 世纪远征克里特就是为掠夺财富以充实国库。而作为对手的威尼斯人，决定和奥斯曼帝国开战还是尽快结束战争，首先要考虑的是自由贸易以及在奥斯曼帝国的贸易特权等问题。威尼斯共和国和奥斯曼政府签订条约，甚至可以让渡一部分殖民地或缴纳贡金。其实，奥斯曼帝国与威尼斯共和国争夺克里特岛是一个漫长的过程。克里特岛是威尼共和国控制东地中海贸易的重要枢纽，自 1204 年开始就被威尼斯人占领。奥斯曼土耳其人征服希腊半岛，势力拓展到爱琴海之后，和威尼斯人开始了直接的冲突。1540 年奥斯曼帝国和威尼斯共和国签订新和平条约，在 1645 年进攻克里特岛之前的百余年里，奥斯曼帝国承认威尼斯对克里特岛的统治。重启战端之后，双方有 24 年（1645—1669 年）的拉锯战。即使在战争期间，两国也仍然保持着商贸关系，更不用说和平相处的时期。当时，威尼斯共和国往奥斯曼帝国派遣的使臣与帝国后宫保持联系，以谋取商业利益。

从商业利益着眼研究奥斯曼帝国对克里特岛的争夺，至少有这样几个问题可以探讨。其一，黎凡特地区的贸易与克里特岛争夺之间的关系；其二，16—17 世纪奥斯曼帝国在地中海的商业状况以及东地中海的航路问题；其三，爱琴海诸岛居民对奥斯曼帝国粮食的依赖，以及运粮船被劫掠的问题；其四，土耳其人对港口的重视以及在商业活动中的主动性。

即便是从海权和帝国外交的角度考察，土耳其人“威胁”地中海商业秩序也只是刻板印象，至少在威尼斯人看来，土耳其人同时也是东部运输线的保护者。威尼斯人在与土耳其人的争夺战中常常瞻前顾后，是有深层原因的。帕尔米拉·布鲁姆迈特（Palmira Brummett）等学者以大量数据呈现奥斯曼帝国在地中海的商业发展以及为商贸而进行的扩张。而研究奥斯曼帝国和威尼斯的商贸关系，更能看到两国商贸往来的复杂多变。虽然两国为了争夺贸易垄断而发生战争，但共同的利益又使两国合作。从另一个角度看，即使立足于商业利益研究奥斯曼帝国在地中海世界的活动，也并不能局限于单纯的商贸关系。克里特岛的长期争夺，也反映在海洋史、区域文明史等研究领域中。贸易活动和社会文化活动史料的挖掘，也有利于揭示奥斯曼帝国与威尼斯共和国对克里特岛统治的不同影响。总之，克里特岛之争和不同时期的归属，需要厘清的问题很多。

布罗代尔和大卫·阿布拉菲亚（David Abulafia）的地中海史研究，都涉及自然环境、经济条件和人类交往，提供了现代性和海洋性等西方人的认识标准。相比之下，研究奥斯曼帝国的海洋观念及其商业活动，不仅对探讨奥斯曼帝国经济史有价值，也有利于丰富地中海史的研究成果。传统的对霸权争夺、制海权、强国争霸等议题的研究，总是在宏大叙事中遗漏历史细节。克里特岛作为地中海航运线上的补给点，商船靠岸和海盗登陆频繁，有时候可能与帝国争霸关系不大，与奥斯曼帝国的“安全屏障”也没有因果关系，但对地中海世界各国的商业活动却至关重要。

帝国的演变在于“人”

奥斯曼帝国地跨三洲，历史长达6个世纪，其内政与外交、兴盛与衰败，一直是史学家笔下的重要题材。作为统治阶层的奥斯曼土耳其人，和被统治的阿拉伯人、库尔德人、亚美尼亚人、希腊人、犹太人、阿尔巴尼亚人、塞尔维亚人等，在地域辽阔的帝国境内，经历了帝国的辉煌和衰败，演绎了人生的悲欢离合，也留下了丰富的历史资料。后世史家据此写出了一本又一本的奥斯曼帝国史著作。

《奥斯曼帝国六百年》的作者帕特里克·贝尔福（Patrick Balfour）是苏格兰著名传记作家、历史学家，有过当记者、担任空军少校和在驻外使馆工作的经历。他的著作主要有三类，一是游记性质的书，比如《孤境：塞浦路斯之旅》《陶鲁斯山以北：亚洲土耳其之旅》《小欧罗巴：土耳其海滨之旅》；一类是人物传记，比如《阿塔图尔克：一个国家的重生》《阿塔图尔克：现代土耳其之父凯末尔传》《温莎岁月：英王爱德华的生活》；还有一类是历史著作，除了《奥斯曼帝国六百年》，还有《圣索菲亚大教堂：君士坦丁堡的历史》等。

帕特里克·贝尔福是一位讲故事的高手。他讲述奥斯曼帝国史，重大事件脉络分明，细节的描述也很精彩。《奥斯曼帝国六百年》全书7部分共40章，各部分以明显的时代特征来划分。第一部分“帝国的黎明”共有5章，从土耳其人定居小亚细亚、奥斯曼早期国家建立，讲到巴耶济德一世之死和随之而来的“大空位时代”。这一部分的重点是奥尔罕、穆拉德一世、巴耶济德一世的征服和扩张。第二部分“新拜占庭”共5章，从穆罕默德一世讲到巴耶济德二世，即1413—1512年，重点是穆罕默德二世的征服，尤其攻占君士坦丁堡等标志性的胜利。第三部分“帝国之巅”共7章，从塞利姆一世讲到苏莱曼一世之死，主要的篇幅讲苏莱曼一世的对外扩张、立法活动、国家治理等。第四部分“衰败之种”共6章，从塞利姆二世即位，讲到穆斯塔法二世时期签订《卡洛维茨条约》，即1566—1699年。第五部分“死敌俄罗斯”共5章，从穆斯塔法二世时期的失败，讲到阿卜杜·哈米德一世病逝。第六部分“改革的时代”共7章，从塞利姆三世讲到阿卜杜·阿齐兹被废黜，重点是马哈茂德二世的改革及其遇到的外交难题。第七部分“末代苏丹”共5章，从阿卜杜·哈米德二世上台讲到穆罕默德六世离开伊斯坦布尔的皇宫，重点是哈米德二世的独裁统治，以及青年土耳其党时期的丧师失地。

即便原来对奥斯曼帝国史一无所知的人，通过阅读帕特里克·贝尔福的著作也可以了解到这个帝国的兴起与衰落。奥斯曼人从小亚细亚的瑟于特起家，1299年建立国家，1354年进入欧洲，1389年打败塞尔维亚王国，1453年攻陷君士坦丁堡。1517

年征服埃及后，帝国的版图延伸到红海和北非地区。苏莱曼一世时期不但向西扩张，还向伊朗高原和两河流域用兵，一度占领大不里士、巴格达等城市，帝国东南边界扩展到波斯湾。苏莱曼一世开创了一个鼎盛和辉煌的时代，把数十个民族纳入帝国统治范围。1571 年的勒班陀战役中奥斯曼土耳其人失败，但此后仍向突尼斯和阿尔及利亚推进。奥斯曼土耳其人还征服了阿拉伯半岛西南沿岸，直至也门。

17—18 世纪奥斯曼帝国与俄国多次交战，屡屡失败。19 世纪前半叶，埃及为独立而斗争，希腊脱离奥斯曼帝国。从 19 世纪 70 年代发生近东危机起，到 1913 年的巴尔干战争，帝国的巴尔干领土逐步丧失。北非的属地也陆续被英、法、意占领，帝国领土大幅度缩减。第一次世界大战后，根据《色佛尔条约》，奥斯曼帝国被肢解。

以 1699 年为界，奥斯曼帝国从建国到瓦解的过程可分为两个阶段。前 400 年，奥斯曼土耳其人多次打胜仗，后 200 年则败仗多，胜仗少。最初的一个半世纪，奥斯曼土耳其人几乎所向披靡。从 15 世纪后期到 17 世纪后期，奥斯曼土耳其人在地中海的争夺是消耗战，没有大的进展。自从遇到俄罗斯人，土耳其人一败涂地。无论胜败，土耳其人打仗的故事总是讲不完。穆罕默德二世、巴耶济德一世、苏莱曼一世都是战场上叱咤风云的人物，《奥斯曼帝国六百年》中的描述有声有色。帕特里克 · 贝尔福当过军人，懂得军事，不像纯粹的读书人，描写战争场面只能依据资料进行推断。例如，帕特里克 · 贝尔福描写巴耶济德一世的惨败，场面紧张，情节曲折，而又没有虚饰夸张之词，使读者如临其境。

奥斯曼帝国的历史，除了打仗的故事，宫廷秘闻也不少。阴谋、政变、叛乱、龌龊的政治交易，“秘闻”充斥于有关奥斯曼帝国的书中。例如，塞利姆二世的酗酒，穆斯塔法一世的懦弱胆小，穆拉德四世的暴虐、残酷、嗜杀、蛮横无情。有的素丹两度被废黜，有的素丹先被废黜，后被谋杀，有的素丹被长期软禁，还有各式各样的后宫斗争。

帕特里克·贝尔福不单单讲“帝国”的演变，而是更多地着眼于“人”。书中讲述奥斯曼土耳其人几个世纪里的起与落、沉与浮、荣耀与失败，涉及的人物个个形象鲜明。比如苏莱曼一世的雄才大略，科普卢吕家族的人才辈出，米德哈特帕夏的改革尝试。又如，书中讲述土耳其人统治下的臣民们的喜怒哀乐，包括他们的生活琐事，以及各阶层的变动，还讲到土耳其人口的变化，讲到军人、奴隶、宫女、后妃、总督、维齐尔、法官、农民，还有民族主义者等等。

《奥斯曼帝国六百年》一书读起来通篇顺畅，很少有外文句式的痕迹。国内虽已出版了几本奥斯曼帝国史和土耳其史译著，但是斯坦福·肖（Stanford J. Shaw）的《奥斯曼帝国》是2006年出版的，距今已有十几年。《奥斯曼帝国闲史》[杰森·古德温（Jason Goodwin）]、《土耳其简史》[诺曼·斯通（Norman Stone）]、《土耳其的崛起》[悉纳·阿克辛（Sina Aksin）]、《奥斯曼帝国的衰亡：一战中东，1914—1920》[尤金·罗根（Eugene L. Rogan）]、《奥斯曼帝国的终结：1908—1923》[西恩·麦克米金（Sean McMeekin）]是近几年翻译出版的，内容各有侧重，风格也不一样。在我们这样一个大国，读者群体是庞大的，而要了解奥斯曼帝国的历史，可供阅读和参考的书还是不够，《奥斯曼帝国六百年》的出版正当其时。

原载于《解放日报》，2019 年 3 月 16 日。

同一时代的东方“困局”

霍布斯鲍姆（Eric Hobsbawm）有一本著作叫《帝国的年代》，探讨的是1875—1914年的历史。而就在这个“帝国的年代”范围内，东方两个帝国同时处于困境。这一时期，清朝正是光绪年间。清德宗爱新觉罗·载湉于1875年2月25日登基，1875年称光绪元年，1908年11月14日德宗晏驾，此年为光绪三十四年。光绪年间按年号是从光绪元年到光绪三十四年，但光绪帝真正在位时间不满三十四年。奥斯曼帝国的素丹哈米德二世于1876年8月31日登基，1909年4月退位，实际统治三十三年零七个月。清德宗和哈米德二世属于同一个时代。

哈米德二世是奥斯曼帝国的倒数第三位皇帝，后面有穆罕默德五世和穆罕默德六世，1922年帝制结束。光绪皇帝是清朝倒数第二位皇帝，后面是宣统皇帝爱新觉罗·溥仪，1912年皇帝退位，清朝灭亡。光绪帝幼年即位，实际掌握政权只有十余年，其余时间真正掌握政权的是慈禧太后。

光绪帝下决心要解决清朝积弊，支持维新派改革清朝的制度。哈米德二世则在政治上维持强权，而在经济等领域实行改革。同样是推行西化，奥斯曼帝国有百年的改革基础，清朝起初只有一些技术层面的“洋务”。两国面对的外部环境几乎一样，“帝国的年代”国际局势风云变幻，但两国衰败的性质和特点不同，反映出的深层次问题有差异。

“帝国的年代”开始的1875年，清朝除了光绪年号取代同治年号，清德宗爱新觉罗·载湉取代清穆宗爱新觉罗·载淳，并没有发生其他重大历史事件。而奥斯曼帝国在1875年这一年爆发巴尔干起义，波斯尼亚、黑塞哥维那、保加利亚等地燃起战火。第二年发生了宫廷政变。政变中素丹阿卜杜·阿齐兹被废黜，穆拉德五世被推上皇位，三个月后又被废黜，这位阿卜杜·哈米德二世被推到素丹之位上。新素丹承诺实行君主立宪制，1876年12月23日，在大维齐尔米德哈特帕夏主持下，颁布了帝国历史上的第一部宪法。

阿卜杜·哈米德二世当政初发生在奥斯曼帝国的大事，首先是1877—1878年的俄土战争。俄国和罗马尼亚联军突破了多瑙河防线，前锋远达伊斯坦布尔近郊。奥斯曼帝国被迫于1878年签署《圣斯特凡诺条约》。也就在这一年，素丹意识到宪政威胁到自己的权力，流放了米德哈特帕夏，关闭了议会。哈米德二世统治时期改组了司法部，并发展铁路和电讯系统，实行教育改革，包括建立18所职业学校、建立伊斯坦布尔大学、在全国各地普遍设立中小学和军事学校。1899年开始考虑修建巴格达铁路，1902年与德国签订了巴格达铁路合同。但哈米德二世统治时期，巴尔干半岛的保加利亚宣布自治，塞尔维亚、罗马尼亚、门的内哥罗根据《柏林条约》获得独立，脱离帝国；法国1881年占领突尼斯，英国1882年占领埃及。1894—1895年帝国境内发生“亚美尼亚大屠杀”，哈米德二世遭到西方政治家和媒体的一致指责。1908年7月青年土耳其党人领导的武装革命爆发，哈米德二世被迫宣布恢复1876年宪法，重新召开议会。这是哈米德二世在位时的最后一件大事。第二年的4月27日，哈米德二世被青年土耳其党人废黜，先被软禁在萨洛尼卡，后转移至伊斯坦布尔，直到1918年2月10日去世。

光绪年间的大事件，内政方面首先是1884年慈禧太后以恭亲王奕訢因循贻误罢其军机大臣之职，史称“甲申易枢”。1885年改台湾府为行省，设立总理海军事务衙门，任命醇亲王奕譞为总理。1887年载湉开始亲政，1889年慈禧太后归政。1895年4月“公车上书”，1898年4月开始百日维新，8月初慈禧太后宣布重新训政，下令缉捕康有为等，史称“戊戌政变”。外事方面，1880年命曾纪泽为出使俄国的大臣，改议条约。1883年5月法军进攻越南河内的纸桥，挑起中法战争。1885年2月中法战争结束。1894年甲午农民战争在朝鲜半岛爆发。1895年3月李鸿章与日本草签了《马关条约》。1896年4月沙俄诱订《中俄密约》。1900年8月14日八国联军攻破北京，慈禧带领光绪等逃往西安，《辛丑条约》签订后返回北京。

清朝在光绪年间发生的丧权辱国的事，责任或许可以算在慈禧太后头上，因为她掌控朝政。光绪从未被废黜，但多数时候没有实权。而哈米德二世则承担所有导致帝国衰败和领土丧失的责任，背负恶名，本国人说他冷酷、残暴，西方人说他血腥、屠杀亚美尼亚人，革命者说他专制、独裁。他取消宪法，关闭议会，为了掌控民众，建立密探制度。据说他不喜欢帝国境内的亚美尼亚人、保加利亚人、希腊人，也不喜欢其他基督教徒。当然，他更痛恨那些革命者和造反派。政府逮捕团结与进步委员会的成员，迫使一些革命者逃往国外。哈米德二世在位的三十三年里，奥斯曼帝国处于困境中，失去了大片土地，不是属地的少数民族独立，就是被欧洲大国占领，可以称得上“丧权辱国”。

如果比较哈米德二世和光绪皇帝，他们的大政都有可比性。清朝在同治年间开始了西化改革，即洋务运动。尽管主要是技术层面的学习和仿效，成果也有限，持续时间和改革力度也比不上奥斯曼帝国。两国都在与欧洲大国打交道过程中吃了亏，只是程度不一样。此外，奥斯曼帝国和清朝也没有被资本主义世界接纳。从治国的角度看，哈米德二世掌握全部权力，内外政策有成效也有失误。光绪皇帝只在十年左右的时间内掌握权力，施展治国才能的时机只有百日维新，可惜也不成功。两位君主都经历了政变，一个被废黜，一个被软禁。当然，帝国的衰败最后都可以归结为非常不利的国际环境。

霍布斯鲍姆在《帝国的年代》的前言中说：“帝国的年代是一则写满矛盾的扩张和死亡故事，无与伦比的和平造就出无与伦比的战争。无限进步的希望隐藏着日渐不安的恐惧，不费吹灰之力的征服孕育了无力招架的毁灭，它似乎永远断裂了过去，却又直接联系着现在，我们已不在其中，但不知它还有多少在我们里面。”①

从 19 世纪 70 年代起，霍布斯鲍姆所说的帝国“操刀瓜分落后世界”主要和 60 年代前后的欧洲局势紧密相关。1861 年意大利王国建立，1870 年完成统一；1867 年奥匈帝国诞生；1871 年德意志统一并德意志帝国建立；1861 年俄国农奴制改革，开始步入现代化轨道；1858 年印度成为英国最大的海外殖民地，英帝国的力量如日中天；美国从 1865 年南北统一之后，经济迅速发展，实力大大增强；1868 年日本开始明治维新，走上西化道路；1870 年拿破仑三世的帝国覆灭，法兰西朝着新的方向前进。近代以来的动荡与战争和这些国家的发展历程密切相关。

放在 19 世纪后期至 20 世纪初期世界历史发展的坐标上看，资本主义国家的强势发展和对外扩张席卷世界，奥斯曼帝国这样的衰弱国家没有能力抵挡这一趋势。巴尔干诸国反抗奥斯曼帝国的统治本是奥斯曼帝国的内政，但欧洲大国干涉和插手。在“帝国的年代”，面对列强虎视眈眈，哈米德二世能较为准确地判断形势，尽量利用列强之间的矛盾，轻易不让自己陷进列强争斗的漩涡中。哈米德二世主动走近德国，把德国看作抵制其他欧洲列强的力量，虽然让急于向近东地区渗透的德国获得极大好处，但德国对奥斯曼帝国的经济和技术援助对奥斯曼帝国起到输血救援的作用。无论从经济角度还是从抵制其他列强瓜分的角度看，哈米德二世变被动为主动的做法都延缓了帝国的衰亡。因此戴维

① ［英］霍布斯鲍姆：《帝国的年代：1875—1914》，贾士蘅译，中信出版社 2017 年版，“序曲”第 10—11 页。

森（Roderic H. Davison）认为，哈米德二世“既是独裁者、镇压者，又是改革者、奥斯曼爱国主义者，还是环境的牺牲品”[①]。哈米德二世在风雨飘摇中登上政治舞台时，奥斯曼帝国已经是积重难返、不堪一击。面对列强的瓜分企图，哈米德二世还是尽量想办法利用英、法、俄、德之间的矛盾。

晚清的地缘政治环境是“强邻环伺”。环伺在清朝四周的强邻有日本和沙俄，还有建立殖民地或以通商口岸、租借地和划分势力范围等形式影响清政府的国家，如英、法、美、德、比、意、奥等。在矛盾交织的困局中，清朝试图“以夷制夷”，但这种策略还是失败了。统治者缺乏对全球地缘政治格局的认识，仅看到列强在中国有利益之争，看不透列强的全球利益。晚清最后十年，经济结构也发生变动，清廷的税收增加与繁重摊派使得中央与地方离心。由于缺乏近代企业管理思想的指导，民间钱庄、银行双轨并行，信用破产后导致金融恐慌。此外，清廷币制改革中忽视经济发展客观规律，滥铸、滥发引发通货膨胀。[②]

---

① ［美］戴维森：《从瓦解到新生：土耳其的现代化历程》，张增健、刘同舜译，学林出版社 1996 年版，第 108 页。

② 王子藤：《晚清财政金融困局——兼论清亡的经济动因》，《重庆交通大学学报（人文科学版）》2017 年第 8 期。

落后的非洲不“依附”也难

人的精力有限，关注了一些问题，往往就顾不上另一些。世界史范围太大，每个研究者只能选择某个时段，或者某个国家、某个地区，穷尽数十年工夫做一点探索。对非洲那块大陆的历史，我总渴望做深入的了解，但力不从心。我在几年前开始了对英国的“委任统治”的研究，先探究英国在西亚的“委任统治”，后来有所扩展，把目光转移到英国在非洲的几块委任统治地，做了初步研究，却未能持续。

在一次非洲史的学术会议上，我就非洲的“经济依附”问题谈了自己的一点看法。会议之后就忙别的事去了，甚至记不起我在限定时间内的发言讲了什么。出乎意料的是，北京大学非洲研究中心的李安山教授获知我的地址后，惠寄他的两本专著，并写邮件给我，说他对我的见解（指那一次发言）感兴趣，对我所做的研究给予了很多鼓励。细想起来，关于非洲史，我只发表过两篇论文和两篇书评。论文分别是《英国在热带非洲和西亚的委任统治比较》《从热带非洲英国托管地的变迁看殖民统治的影响》，书评一篇是《简评〈埃及现代化与政治稳定〉》，另一篇是《一部殖民地史论著的启示》，前者是阅读中国社科院毕健康研究员的著作之后的评论，后者是对李安山教授的《殖民主义统治与农村社会反抗》一书的读后感。关于近代埃及，也写过几篇短文，不成熟，未曾发表。

英国在热带非洲的托管地坦噶尼喀、西多哥、西喀麦隆，本来都是德国的殖民地，第一次世界大战中被英国占领，1922 年国际联盟正式“委任”英国统治这些地区。当时坦噶尼喀由英国单独“委任统治”，多哥和喀麦隆由英国和法国共同“委任统治”，因此均被划分为东西两部分。英国得到的西多哥可以与英国殖民地黄金海岸连在一起，西喀麦隆紧靠英国殖民地尼日利亚。1946 年，英国的委任统治地变成继续由英国“管理”的联合国托管地。

英国结束“托管”之后，坦噶尼喀、西多哥、西喀麦隆三地经历了“分化组合”，走向不同的独立之路。英属喀麦隆一部分并入尼日利亚，一部分并入喀麦隆共和国；英属多哥并入黄金海岸（今加纳共和国）；坦噶尼喀后来与桑给巴尔合并，成立坦桑尼亚联合共和国（总面积 94.5 万平方公里）。因此，英国托管地后来的发展道路涉及坦桑尼亚、喀麦隆、尼日利亚、加纳四国。原英国托管地独立后，在发展起点上出现四种类型：坦噶尼喀由英国单独“委任统治”和“托管”，而桑给巴尔也是英国属地，所以坦桑尼亚的发展起点带着英国殖民主义印记；喀麦隆英国托管地的南部并入法国“托管”的喀麦隆，走上带有法国殖民主义烙印的发展模式；西多哥是加纳的一部分，而加纳是英国重点开发的西非殖民地之一，发展单一经济；喀麦隆英国托管区北部并入尼日利亚，而尼日利亚是英国进行了半个多世纪经济结构改造的地区。英国的托管地中，除了坦噶尼喀占坦桑尼亚共和国主体外，英属多哥只占加纳共和国的一部分，英属喀麦隆分别占尼日利亚和喀麦隆共和国一小部分。

从坦桑尼亚、喀麦隆、加纳、尼日利亚四国的发展道路看，总的特征有以下几点：

其一，独立后的发展受到社会经济基础条件的制约。英国在“委任统治”和“托管”时期对坦噶尼喀投入资金不多，基础建设也少，传统农业结构未曾被触动；对包括西多哥托管地在内的黄金海岸大肆进行资源掠夺，但基础设施建设同样不多。其二，与英国托管地有关的这些热带非洲国家，除了尼日利亚外，其余国家经济结构相似，经济发展都不平衡，资金短缺，经济总量小，“边缘化”趋势明显。英国殖民时期形成的符合殖民需求的单一产业结构阻碍了经济现代化的步伐。虽然一些国家努力改变这种结构，但效果不明显，许多非洲国家出口贸易仍以初级产品为主。其三，近年来这些国家也和非洲多数国家一样，经济有较大的增长。但这种增长主要源于传统产业的扩张性生产，经济发展依然脆弱、不稳定。其四，这些国家发展的制约因素还包括：发展资金不足，国内资本积累率低，外资的流入也很有限；文化科技水平滞后，技术力量不足；发展的国际经济环境不利。其五，热带非洲的这些国家都在努力寻求符合国情的发展方案，也得到国际社会重视。外国直接投资的增加，减轻了部分国家的债务负担，缓解了经济发展中资金短缺的问题。中国和印度等国的快速发展，带动了非洲国家加工业和出口的增长。其六，独立后发展道路的选择至关重要，发展方向和政策不切合实际，必然会遭受挫折，如坦桑尼亚和加纳。反之，则能够在摆脱困境的过程中找到出路。

坦噶尼喀、喀麦隆和多哥所面临的先是德国的殖民统治，后是英、法的夺占和“委任统治”，接着是英、法的“托管”。从几种殖民统治形式的前后转换可以看出：殖民手段的变化，在政治方面的作用和经济方面的作用是相反的。政治上越来越有利于喀麦隆、多哥、坦噶尼喀人民独立，但经济上越来越不利于当地经济的健康发展。例如，当 1946 年按联合国宪章规定把委任统治地转变为托管地时，“托管”的方式——有关条款规定托管国必须在一定时间内让托管地获得独立——激发了喀麦隆优秀青年的政治抱负，等于是为他们提供了一个努力的目标。他们从托管地的新地位中看到取得自治和独立的机会。他们以为，“独立好比一根魔棒，只要用它点一下，就会消除一切纠纷，解决一切问题，治愈一切创伤，满足一切愿望和实现一切希望”①。

从经济角度看，德国殖民者试图对坦噶尼喀等殖民地各部族原有的社会结构进行改造，花费了较大工夫进行基础设施建设。德国毕竟是把殖民地当作自己的领地，负有一定责任。20 世纪初铁路建设加快，一种明显的殖民经济出现。到了英国“委任统治”之后，由于西喀麦隆和西多哥有资源可攫取，英国只顾着掠

① ［美］维克托·勒维纳：《喀麦隆》（下册），上海外国语学院翻译组译，上海人民出版社 1973 年版，第 461 页。

夺资源，并不热心基础设施建设和社会改造；而坦噶尼喀贫瘠、落后，英国殖民官员根本不愿花费心思去了解，更谈不上对土著居民的关注。“托管”时期已经是英帝国衰落、逐步退出殖民地的时期，英国尽管不愿放弃“托管”的权力，但不会在托管地有过多的投入。

英国在尼日利亚、西喀麦隆、坦噶尼喀都实行间接统治，但英国殖民者的重视程度不一样，投入多少有差异，殖民统治在各地的后果和影响也大不相同。英国对包括西多哥在内的黄金海岸大肆掠夺，建设性活动较少，加纳独立后还走了一段不成功的社会主义道路，出现很长时间的经济落后状态。坦噶尼喀自然条件差，资源相对匮乏，英国在坦噶尼喀掠夺较少、建设也少，传统农业结构没有改变，独立后也走过集体化道路，也有漫长的贫穷落后的历史。事实上，有政治控制而没有社会经济建设（或改造）的殖民统治危害更大。

相反的例子是尼日利亚，这是英国进行了半个多世纪经济结构改造的地区。英国在尼日利亚的经济改造较为彻底，措施包括废除奴隶制，使大批奴隶成为小农生产者和雇佣劳动者；加强交通运输建设，修筑公路、铁路以开发农业区；引进货币金融关系，建立货币局发行货币、创办银行输入资本、通过各种渠道向农民贷款；引导小农发展商品生产等，使尼日利亚发展成为热带农业原料产地，其经济被纳入资本主义世界市场。到二战爆发前，英国大体完成了对尼日利亚农业结构的改造。尽管是依附型经济，但几十年后尼日利亚发展成为非洲为数不多的有独立经济体系的国家，与坦桑尼亚等国家形成鲜明对照。

英国几个托管地的不同结局，形成不同的经济发展类型，反映出英国殖民方式中“经济改造”与“放手不管”的截然不同的后果。

殖民者的“需求”与殖民地的“愿望”不一样。

不管英国在委任和托管地进行掠夺还是进行改造和建设，都是围绕英国殖民者的需求，一般与殖民地人民的愿望无关。如果说与殖民地的愿望相关，那就是英国为了持久的统治，或者为了更大的利益，采取表面上顺应殖民地愿望、实质上有利于英国的措施。这些措施短期内让殖民地获利，长远来说是阻碍殖民地发展的。

例如，1939—1961 年英国政府宣传的主题是“开发”。这让人想到经济活动数量上的增长，也被认为会给当地人民带来利益，会提高个人的收入水平，进而提高政府的税收水平，而有充足税收的政府反过来会为个人提供服务。殖民官员们脑子里有“比较优势”的理论，他们所构想的热带地区“优势”经济活动，就是出口当地可以规模生产的产品，殖民官员们的“开发”就是不断增加这些作物的生产。殖民帝国关注的焦点是经济作物如可可、花生、棉花、棕榈油和棕榈核等的生产，因为这些作物是欧洲工业的原料。对殖民地来说，由于重视经济作物，自然就减少了维持生存的基础农业。显然，经济作物出口导致依赖化程度加深，这一过程不是真正的发展。殖民主义所谓的最大“成就”是创建一种新的社会经济秩序，结果是造成了一种新的面貌——贫困。

同样，殖民帝国重视公路和铁路建设，也重视航运。每一项工程都会创造一些新城镇。殖民主义以建立中心城市的方式改变了地理布局。农村向城市的移民和人口流动催生了一种相应的公众群体及文化，既不是本土的，也不完全是西方的。

“依附”型经济结构很难改变。非洲国家受西方殖民统治多年，形成了符合殖民需求的单一产业结构，坦桑尼亚、喀麦隆、加纳、尼日利亚等国都不例外。虽然这些国家努力改变这种结构，但效果不明显，许多非洲国家的出口贸易仍以初级产品为主，国家和国民所需的生产和生活资料依赖进口解决。这种情况不仅独立后的几十年内未能改变，在将来较长的一个时期内也难有彻底的改变。“效用最大化”原则是资本主义经济学家发明的，殖民者对“因地制宜”发展经济、在世界市场上发挥“产品优势”进行竞争驾轻就熟。加纳专门生产和出口可可，尼日利亚生产和出口棕榈产品，坦桑尼亚出口咖啡和剑麻，是因为这些地方的土壤、气候条件适于种植这些作物，也因为这里有大量廉价的劳动力，还因为世界上其他地方缺少这样的条件而又需要这些东西，投资最少而获利最大，殖民主义者不会看不到。

这些托管地独立后要发展经济，最基本的方式是利用资源优势，发展优势产业。加纳不发展可可还发展什么？坦桑尼亚不发展咖啡和剑麻还发展什么？喀麦隆现在有石油，不出口石油就不能改变贫穷面貌。新独立国家要快速摆脱贫穷面貌，就要拿优势产品打入国家市场、换取外汇。如果为了打破单一经济而人为地减少对优势产业的发展，必然会导致经济衰退。真正要打破单一经济结构，其前提应是出现新的经济增长点，但从加纳、喀麦隆、坦桑尼亚等国的情况看，新的经济增长点短期内很难出现。

而且，今后很长的一个时期里，热带非洲面临的劣势不会改变：不平等的国际经济秩序短期内不会消除，非洲国家国内的贫富差距、城乡差距同样短期内不会消除，教育的发展和劳动力素质的提高短期内也不可能实现。所以，要改变这些国家的单一经济结构，前景不容乐观，至少目前还看不到希望。

统治南亚和中东：寇松折戟

阅读英国外交史和寇松勋爵的传记作品，有两点给我留下很深的印象。一是寇松为英国的殖民事业费尽心思；二是寇松仕途并不得意，有当首相的可能性却没有成为首相，外交大臣的位子最后也没保住，而且，同僚对他的评价不怎么高。

乔治·寇松（George Nathaniel Curzon）出身于贵族家庭，他的父亲是斯卡斯代尔（Scarsdale）勋爵，他本人于 1911 年被授予斯卡斯代尔子爵和莱文斯德尔（Ravensdale）男爵头衔。他是著名的东方问题专家，1899—1905 年出任印度总督，1919—1924 年任英国外交大臣，在巴黎和会上唱主角。中国近代史教科书上讲到的“英国人染指西藏”，世界现代史教科书上讲到的“寇松线”，都是这位乔治·寇松勋爵的“杰作”。前者是指他派遣“探险队”进入西藏，攻占拉萨（1904 年），胁迫九世班禅到印度（1905 年）等侵略行径，后者是指他于 1919 年主持划定波兰和苏俄的临时边界线。

乔治·寇松的一生是光鲜的，27 岁（1886 年）当选为议员，

32 岁（1891 年）担任印度事务部次官，同年被任命为印度事务部大臣，36 岁（1895 年）担任外交部副大臣，40 岁（1899 年）被任命为英属印度总督，48 岁（1907 年）寇松出任牛津大学校长，60 岁（1919 年）担任外交大臣。寇松得到英王的恩宠，连他的妻子玛丽（芝加哥一位百万富翁的女儿）也受到女王接见。

东方远行与“东方事业”

寇松的成功源于他出身好，志向远大，勤奋努力。寇松在学生时代就对东方世界产生浓厚兴趣。为研究拜占庭帝国的查士丁尼，他在 1883 年去东地中海旅行。他先到达希腊，再到埃及，在开罗做短暂停留后去了巴勒斯坦和叙利亚，最后到达波斯、中亚，然后返回。途经安纳托利亚、巴尔干半岛。他的论文获得牛津大学的奖金。1887—1894 年间，寇松又进行了五次东方旅行，其中两次是环球旅行，他游历了日本、中国、朝鲜半岛、新加坡、锡兰、阿富汗。对东方世界的了解奠定了他后来办理东方事务的基础。寇松把旅行见闻和感想写成了三本书：《俄罗斯在中亚》《波斯与波斯问题》《远东问题》。寇松关于东方的见解就在这些著作中，大致的观点是，要维护英帝国的海外“疆界”，保持英帝国的霸权，应当以印度为基地在中亚与俄国展开争夺，依托印度的陆路和铁路，通过海上力量打通远东门户，巩固英国在远东的优势地位。

寇松 1892 年旅行到中国，在直隶总督衙门和李鸿章会晤。在两年后出版的《远东问题》一书中，他记述了和李鸿章会谈的场景。他当时是 33 岁的年轻外交官，把这次会见称作“毕生最美好的回忆”。寇松对他乘着什么颜色的轿子、在总督衙门内步行穿过的狭窄前院、看到的建筑物外观、总督衙门接待室的长桌和座椅、李鸿章的相貌和衣着，都有深刻的印象。四年后（1896年），出访的李鸿章在英国见到时任外交副大臣的寇松。寇松陪同英国首相接待李鸿章，把他的《远东问题》一书赠给了李鸿章。两次会见都留有照片。

1899年寇松被任命为英属印度总督，这在当时引起朝野议论，因为适合担任印度总督的人选不止他一个。索尔兹伯里（Marquess of Salisbury）首相经过慎重考虑，决定放弃考虑贝尔福（Arthur James Balfour）勋爵而选择寇松。支持寇松的人认为，寇松有着天然的威严，头脑清醒，有活力，他擅长实践和分析而不是反思，这是他博览群书和踏遍山川得到的滋养，因此，寇松具备的品质和拥有的资源足以使他胜任印度总督。确实，寇松在中小学阶段受过良好教育，也是牛津大学的优秀毕业生，对东方社会有所了解，有自己的主张，担任印度总督似乎是自然而然的。持反对意见的人则强调印度的重要性和印度总督职位的特殊性。这样一来，寇松担任印度总督一事成了一段传奇。

客观地说，寇松是英国统治印度期间最年轻、充满热情、有强烈帝国主义倾向的总督。寇松到印度后，建立了多个专门委员会调查印度的教育、灌溉、警政和其他行政部门，采取降低盐税、救济穷人等措施。在1899—1905年任职期间他实施了一系列改革，例如，印度公务员轮岗和休假制度改革、稳定货币系统、增修铁路、鼓励灌溉、弥补农业债务缺口、保存考古遗迹、教育改革、警察改革等，以提高管理效率。当然，他的举措有人赞成也有人反对。乔治·寇松见多识广，精力充沛，强迫自己日复一日地承担超过常人所能胜任的体量的工作。他每天在办公室工作 10—14 小时。然而，他在印度的统治不受当地人欢迎。1905 年的孟加拉分治方案引起反感，他的计划也没有得到政府支持，就离开了印度。

在担任印度总督期间，寇松致力于扩大英帝国的殖民事业，同俄国在中亚展开争夺，他鼓励波斯同英国的贸易。除了在波斯和阿富汗有大的举措，寇松还试图把西藏地区纳入英国统治范围，他派弗兰西斯·扬哈斯本（Francis Younghusband，中文名荣赫鹏）率军侵入中国西藏。在签订《拉萨条约》之后，1905 年胁迫九世班禅到印度，企图把西藏分裂出去。寇松的举动激起了中国和印度人的反抗，也引起了俄国对英国的怀疑，打乱了英国的全球战略。当寇松为他在西藏的"胜利成果"而得意时，英国内阁则对他的行动不满。寇松和驻印度总司令基钦纳（Horatio Herbert Kitchener）元帅发生争执，因得不到英国政府的支持，不得不辞去总督职务。

1906 年，寇松的妻子玛丽病逝，经受双重打击的寇松并未心灰意冷，而是很快投身于帝国的事业，继续忙碌起来。1907 年寇松出任牛津大学校长，他对自己的职务非常认真，对牛津大学的规章制度作出了若干重要更改。这时他作为爱尔兰贵族代表进入上院，同时出版了新书《边疆线》。在新书中，他关注的是帝国边疆，主张实施强有力的推进政策。1919 年寇松成为外交大臣，参与了巴黎和会、《凡尔赛条约》签订、苏波临时边界划定等重大国际事务。1924 年鲍德温（Stanley Baldwin）第二次担任首相，而寇松没能回到外交部长的位置，只担任了议长。1925 年

3 月 20 日，寇松病逝于伦敦。寇松一生主要从事外交活动，但他也是学者型的人物，除了担任牛津大学校长期间的工作，他还保持对古物的爱好。出于古物保护的需要，他购买了林肯郡塔特夏尔和苏塞克斯郡达姆的两处古堡，最后捐献给了政府。

据说早年有人预言寇松将来会成为首相，最终他却没能当上首相，而且他的印度总督和外交大臣职位都不是自然卸任。比如，1924 年寇松离开外交部，是因为他所在的保守党在 1923 年 12 月的大选中失败。不到一年后，保守党领袖鲍德温重新组阁，但寇松并未被他的老上司鲍德温启用。寇松服务于英帝国战略的政治追求、为英国的东方政策出谋划策的志向至此落空了。

仕途上的得意与失意取决于多种因素，寇松是贵族，他可以不计较，后人也无须说短道长，但他在事业上的失意，以及同僚对他的负面评价，到底是为什么呢？这需要弄清楚寇松当时所处理的具体外交事务、英国的外交政策和 1919—1923 年的国际形势，可是这方面的档案资料过于丰富，看都看不过来。我访学期间多次去伦敦南郊的国家档案馆，只搜集自己迫切需要的一些资料，没有多余时间研究寇松。尽管查到了 1919—1920 年巴黎和会前后常见的档案，惊喜地看到寇松勋爵在条约文本上的签字及他的电报和书信，但是拍摄下来的资料都是公文，并不能说明什么问题，无法解答我的疑问。回到伦敦大学亚非学院的图书馆，只能翻看相关的著作和回忆录。戈莱迪阿（Nayana Goradia）的《寇松勋爵》、约翰·费舍尔（John Fisher）的《寇松与英帝国主义在中东（1916—1919）》、哈罗德·尼科尔松（Harold Nicolson）的《寇松：人生最后阶段（1919—1925）》、贝内特

（G. H. Bennett）的《寇松时期的英国外交政策（1919—1924）》等书成为我当时了解寇松的主要依据。

中东“折戟”始末

在1917年英国就建立了美索不达米亚管理委员会，任命寇松为主席。由寇松担任这个管理委员会的主席职务似乎是顺理成章的，因为寇松有处理东方事务的经验，担任过印度事务部大臣和印度总督。然而，寇松主持的这个委员会在对美索不达米亚的“未来”如何安排的问题上，各派意见分歧很大，寇松根本没法协调。美索不达米亚问题的核心是英国如何占领并控制它。第一次世界大战爆发的第二年（1915年）英国外交部就对此开始讨论了，那时寇松并没有做具体安排，负责安排的是印度事务部的亚瑟·赫兹尔（Arthur Herzl）、汤姆·胡德尼斯（Tom Hudnis）、舒克博尔（Shuckbur）。亚瑟·赫兹尔等人主张直接向巴格达推进，迅速占领两河流域核心地区。寇松则不主张这样做，认为要综合考虑各方面的因素。他所设想的是英帝国长远控制两河流域的宏大目标。亚瑟·赫兹尔和舒克博尔坚信，短期占领即使失败，总比不占领的好。他们的观点与内阁的不同，与寇松也不同。亚瑟·赫兹尔的主张和计划确实有利于快速实现英帝国的目标，英国军队的行动也实践了这个主张，很快占领了美索不达米亚。但英国并没有考虑好占领之后怎么办，所以后来发生阿拉伯人反英起义时，英国官员们束手无策。

寇松的独立见解也罢，远见卓识也罢，都未能对英国外交政策的制定施加影响。英国的中东政策经历了多次折腾，方案多次变动，有一点是肯定的：东方问题专家、美索不达米亚管理委员会主席寇松竟然没有起到作用。

更耐人寻味的是，在中东事务的安排中没有发挥作用的寇松于 1919 年出任外交大臣，他的任务是处理战后的国际事务。于是，非常勤奋和敬业的寇松肩负使命，忙碌地周旋于各国元首之间，在这里协调，那里签字，纵横捭阖，食不甘味，却备受指责。作为世界头号强国的外交大臣，寇松面对战后的世界格局，要处理的问题千头万绪，但重点有三项：一是防止俄国的革命之火向全球蔓延；二是维持欧洲的利益均衡，惩治和削弱德国，守护英帝国的海外领土；三是安排好中东和远东事务。为此，寇松在苏俄的东西两侧实施了“画线防火”战略，1919 年 12 月提出一条划分苏波边界的临时边界线（“寇松线”），主张把应属于波兰的一切地区都划归波兰。苏俄起初不接受。1920 年“寇松线”以东的西白俄罗斯和西乌克兰领土并入波兰，苏俄西侧的“防火线”形成，暂时达到了防止苏俄影响进一步扩大的目标。《凡尔赛和约》的签订部分敲定了对战败国的惩治和处罚，交战双方都在谈判桌上签了字，留下了多个“和平”条约，但中东和远东的问题并没有完全处理好。

英国政府构想的中东安排和寇松的设想不同，并在实践中遇到了一系列挑战。随着巴勒斯坦问题复杂化，英国采取直接控制的办法，结果是陷入困境。英国的“委任统治”在美索不达米亚确立，计划在英国政府帮助下建立独立国家。在汉志、叙利亚、埃及等阿拉伯人生活区，英国人只能顺应形势变化，能舍弃则舍弃（只建立保护关系，不直接控制），能让法国接管就交给法国。英国的军事占领为实现英国构想打下基础，但亚瑟·赫兹尔等人的英国构想本身就有问题，从后来的形势发展来看，短期利益得到了，长远的隐患也埋下了。寇松的见解是长远的、宏观的，但当时的形势是紧迫的，英国若没能控制美索不达米亚和巴勒斯坦，战后的“委任统治”都会落空。关键是，寇松也没有估计到1919—1922年凯末尔（Mustafa Kemal Atatürk）领导的民族解放运动取得胜利，肢解奥斯曼帝国的构想破产了。至于把中国西藏变成“缓冲区”的野心，以及与波斯和中亚国家的关系等方面，寇松的计划得逞于一时。

“高贵的失意”评说

寇松在担任外交大臣的几年里，劳合·乔治（David Lloyd George）是英国首相。他的这位上司不信任职业外交家，宁愿通过私人渠道来左右外交政策。寇松在一般人眼里是一个相当威严，甚至严厉的人，他的诙谐、亲切甚至谦虚只有在少数密友那里才展露出来。他在印度独断独行，和驻印度军队的将领基钦纳发生冲突。按理说，他应当也坚决不能容忍劳合·乔治的做法，但寇松没有反抗，听任劳合·乔治首相在外交事务上的越俎代庖。也许寇松一直想的是英帝国的长远目标，着眼于大局，不在乎具体的外交事务安排。不管怎么说，寇松确实政治上有些失意。他被评价为“首相的最合适的候选人”，但保守党内部放弃寇松而推选了斯坦利·鲍德温，鲍德温也没有任命寇松为外交大臣。寇松失望之余还是体面地接受了议长职务。

不过，以我们外国人的角度看，寇松“高贵的失意”不值得同情。他的所谓英帝国长远利益，在中东、中亚和远东都是要大打折扣的，因为第一次世界大战之后英国的经济和军事实力已经严重受损，底气不足了。英国印度事务部的亚瑟·赫兹尔等人的计划是切实可行的，劳合·乔治作为首相熟知英帝国的财力和兵力的底细。寇松的沮丧，是在 1918 年还不能理解或不愿意理解，英国不再仅凭军事征服就可以证明其立场是正确的。所谓中东地区阿拉伯人对英帝国的长期依赖，此时已经不是事实了。殖民部和印度事务部的官员们能够谨慎对待他们的领导寇松，继续执行自己的政策，已经是对寇松最大的客气了。

用现在的话说，寇松越来越悲观是因为“组织上越来越不信任他”，他对政府的外交决策很不满意。他自己的权力不明确，而且感到与政府的决策有隔阂，无法保证执行他在东方事务委员会的会议上非常内行地阐明的政策。尽管外交部有的官员还是支持寇松的，但寇松总体上有一种挫败感。当时国际形势变化快，土耳其民族主义被东方普遍效仿，俄国革命的影响也在扩大。寇松坚持的“英帝国的自由人民为人类的利益而战和海外边疆不断延伸”，在现实面前已显得苍白。

英国外交官对寇松的评价归结起来是：寇松的政治倾向是老式的英帝国主义。有的外交官甚至尖刻地讽刺寇松是“战争帝国主义的最高祭司”，说他以看棋盘的方式看待东方的国际事务，对获得新领土有不健康的庞大胃口。约翰·麦克（John Mack）和克雷默把寇松看作“19 世纪旧殖民主义”的同胞，戈德斯坦（Goldstein）也把寇松归于“旧帝国主义”一派。①

---

① 详见 John Fisher, *Gurzon and British Imperialism in the Middle East, 1916–1919*, London：Routledge, 1990。

这些外交官对寇松的负面评价，我不能理解，所以请教了本杰明·福特纳（Benjamin Fortna）教授。他是赞成给寇松负面评价的这些外交官的意见的。理由是，寇松的动机是忠诚于英帝国的殖民事业，但他不合时宜，脑子里确实是旧殖民帝国的蓝图，不愿意接受战后英国衰落的事实。本杰明·福特纳教授认为，其他外交官对寇松的负面评价，不仅仅是针对他不切实际的外交策略，而是认为寇松的性格太固执，没有弹性，这对于担任外交领导工作而言是较大的缺陷。部门领导固执己见，遇事毫不妥协，手下的外交官怎么办，殖民部、海军部等相关部门的领导又该怎么做。本杰明·福特纳教授为了让我明白，举例说："比如你们中国人在清朝很在意下跪，在我们英国人看来，签订商业合同是大事，单膝跪还是双膝跪有什么要紧。同理，寇松个人的固执不要紧，但他是外交大臣，他是否有灵活性就很要紧。"寇松"高贵的失意"原来也可以这样分析。

土耳其道路及共和国的经济政治特征

土耳其从帝制到共和制的转变，因其出乎意料的成功，曾引起世界各国的关注。起初东方国家的一些政治家看到，土耳其从推翻帝制到凯末尔改革完成了惊天动地的伟业，土耳其经验可以借鉴，一些具体措施可以仿效。然而，凯末尔主义的实践和土耳其西化道路上的挫折表明，完全西化是有风险的，土耳其道路是不可复制的。近十几年来埃尔多安（Recep Tayyip Erdoğan）及其正义与发展党在土耳其政坛上的持续统治，更多地被解读为一种新现象。所谓的“新土耳其”既有回归也有超越，似乎是伊斯兰传统与西式民主政治的结合。土耳其政治实现了从议会制向总统制的过渡。埃尔多安强势的政治经济和外交政策无论在国内还是国际上的影响都不容忽视。

如果把土耳其的发展道路当作学术问题，把土耳其国家治理看作中东国家治理的个案，至少应探讨这样几个问题：第一，“土耳其道路”究竟是一条什么样的道路？对其他国家是否有借鉴意义？第二，土耳其国家治理的各个阶段有什么差异，有什么样的特征？第三，新时期埃尔多安和正义与发展党的强势统治，是土耳其民主化的倒退，是对凯末尔式的世俗化的否定，还是威权政治的再现？实际上，有关土耳其政治和外交的研究近年来已有较多的成果，针对一些具体问题比如伊斯兰政治、民族主义、土耳其模式、监护式民主、军人干政等的讨论都较为深入。但其中缺少的是对“土耳其道路”及其特征的进一步认识，以及对百年来土耳其国家治理的综合考察和整体梳理。

关于“土耳其道路”的学术判断

“现代土耳其史”一般会从1908年的土耳其革命（也称奥斯曼帝国第二次宪政）算起，前期经历的事件有：1918年帝国瓦解（领土被协约国占领）、1919—1922年民族解放运动、1923年土耳其共和国建立、1923—1938年凯末尔全面改革等。对土耳其民族和以穆斯林为主体的社会而言，这是一场翻天覆地的剧变，也是一场取得成功的现代化运动。土耳其的成功经验是争取独立和解放的经验，也是凯末尔改革的经验。民国时期的学者被土耳其的成功鼓舞，撰写或翻译介绍了不少谈论土耳其经验，研究土耳其政治、经济和外交的文章。民国时期学者关注土耳其，是因为中国也经历从帝制到共和制的转变，土耳其与中国有可比性。土耳其成功经验中的一些具体措施如独立、废约、新制度、新法律等可以借鉴。当时中国陷于军阀混战，共和之路艰难曲折，有着和土耳其相似的变动和转折，但在中国却产生了截然不同的结局，革命和建设任重道远。按照民国学者的想法，“为求国家之独立自由平等，要是取法强国的强上加强，不如取法弱国的由弱而强，所以就远的将来说：苏俄固多少有我们应该借鉴之处，就近的现在说：土耳其的改革，我们应多所师法”[①]。对比两国革命的成败，民国时期有学者把凯末尔和伊诺努（Mustafa İsmet İnönü）当政的时期分别称为“军政时代”和“训政时代”。

当代学者如何看待“土耳其道路”和土耳其经验，这涉及客观判断的视角和尺度问题。最近几十年来研究土耳其现代化、土耳其世俗化、土耳其模式的文章，基本的观察点是土耳其从帝制到共和国的转型以及政党政治的演变。在关于土耳其模式的讨论中，一般认为土耳其模式有新旧两个版本，前者产生于凯末尔时代，是世俗威权政治，后者是埃尔多安时代教俗力量作用下的产物。显然，“土耳其道路”是存在的，在这一点上学者的判断是明确的，而关于土耳其模式的讨论尚有争议。

土耳其本国学者对“土耳其道路”的认识基于凯末尔时代历史学家塑造的民族主义历史观，认为奥斯曼帝国及其政体——哈里发制和素丹制代表落后、腐败，民族解放运动和土耳其共和国的建立代表先进和文明的方向，是正确的选择。土耳其通史中就贯穿着这样一条前后相继历经革命、民族解放、西化改革的基本脉络。西方学者，无论是著名的中东史专家伯纳德·刘易斯（Bernard Lewis）、戴维森（Roderic H. Davison）、埃里克·祖尔彻（Eric Zurcher），还是费罗兹·艾哈迈德（Feroz Ahmad）、诺曼·斯通（Norman Stone），大致都秉持这种世俗民族主义的“进步史观”。近年来学者们致力于讨论土耳其道路的变动或转

① 王善赏：《土耳其民国十周国庆纪念之感想》序，开封扶群印刷所印制，1934 年，序文第 4 页。

折，即埃尔多安时期是继承还是改变了凯末尔开创的世俗化道路的问题。其中卡尔帕特（Kemal H. Karpat）、哈克卡恩·亚武兹（M.Hakan Yavuz）、卢卡斯·吉塞尔（Lucas Giselle）等人的著作具有代表性，被国内的土耳其政治史研究者反复引用。

从现有的研究成果看，“土耳其道路”一般被理解为两个阶段，前一阶段是凯末尔主义的激进世俗化，后一阶段是以世俗民主制度为基础的温和伊斯兰主义。从继承凯末尔的第二代领导人伊诺努开始，直到埃尔多安担任土耳其总理之前，大体上都是维护凯末尔主义的西化和世俗化方针，但具体措施不再是激进的世俗化，针对宗教问题的施政方式逐渐缓和。到了埃尔多安时期，伊斯兰主义的因素上升，但世俗民主制度的根基并未被破坏。因此，土耳其的总体发展道路没有改变。从学术角度，也可以分阶段研究“土耳其道路”的起点和过程的差异。从帝国到共和、从政教合一到世俗化，这两个层面中，前者放在世界近代史视野下具有普遍性，而后者在现当代历史语境下具有特殊性。从帝制到共和即“土耳其道路”的起点，对东方国家具有一定的启示；从政教合一到世俗化即“土耳其道路”的过程，是伊斯兰国家民主进程的特有轨迹，是否对中东地区其他伊斯兰国家有借鉴意义，要具体分析，不能一概而论。

土耳其从帝制到共和制的政治转变有其特定环境和内在条件。奥斯曼帝国时代出现过两次君主立宪制的尝试。1876 年颁布宪法并推行宪政（第一次宪政），虽然短暂，但 1908 年恢复宪政（第二次宪政）后，掌权的青年土耳其党人向往西欧文明，为后来共和国的议会制作了准备。帝国时代持续推行西化改革，从1792年开始军事改革，历经1839—1876年的“坦齐马特”（Tanzimat，意为改革、整顿）后，奥斯曼帝国出现了许多新变化，整个社会走向开放和进步。还应该看到，虽然土耳其人以共和制取代了帝制，但是国家由一个大帝国变成了小型共和国（奥斯曼帝国国土面积430万平方公里，而土耳其共和国只有78万平方公里），并没有继承奥斯曼帝国的全部版图。共和国取代帝国不是土耳其社会发展的必然结果，帝国的覆亡并非旧政权塌垮，而是亡于战争，被协约国军队占领。土耳其民族独立战争的胜利是有特殊条件的，并非注定成功。若没有凯末尔和伊诺努等一批精英人物，很难设想土耳其民族的命运会如何。

土耳其共和国建立之后，凯末尔在政治、经济、宗教、社会、教育等方面锐意改革，要实现土耳其民族化、土耳其社会世俗化的双重目标。共和国的建立就是土耳其民族主义的胜利；同时还要实现这个民族国家的进步，即现代化。在凯末尔等领导人的心目中，土耳其人不能回到往昔，过帝国时代的生活，而应开创一种新生活。这种新生活应该是现代、进步、文明的，也是世俗的。凯末尔时代的国家治理被概括为激进世俗化，或激进的世俗民族主义实践。凯末尔等领导人开创的道路，关键要素是西方化（西方的司法体系）、世俗化（政教分离）和民族国家（土耳其民族主体）。当时的领导集体包括共和人民党的党魁和骨干、军队高级将领、官僚、精英人物，他们最初的目标是：土耳其民族要获得独立，不受外国“托管”或保护。建国后他们的目标是走出帝制的阴影，进入西方文明国家行列。土耳其共和国建立在穆斯林社会认同、土耳其民族认同、世俗化国家认同三个层面上。从伊诺努到德米雷尔，土耳其历届领导人能够保持政治平衡，把 1931 年写进土耳其共和人民党章程的凯末尔主义的六项原则贯彻数十年，引导土耳其国家保持大致的政局稳定和社会发展，已经是世界政治史上的特例。

从伊诺努到德米雷尔的政治平衡

从伊诺努 1938 年当总统，到德米雷尔（Suleyman Demirel）2000 年卸任总统［塞泽尔（Ahmed Necdet Sezer）当选总统］，其间六十多年主要任务是坚持沿着凯末尔开创的土耳其世俗化道路前进。这期间有波折，有不同阶段的小差异，又可以分为三个时期。第一个时期，伊诺努和拜亚尔（Mahmut Celal Bayar）的总统任期合起来共有二十二年，即 1938—1960 年，其间土耳其实现了从一党制向多党制的转变。拜亚尔当总统的十年由曼德列斯（Adnan Menderes）任总理，1950—1960 年也被称为曼德列斯执政十年。第二个时期，从古尔塞勒（Cemal Gürsel）到埃夫伦（Kenan Evren），即 1960—1989 年，经历了古尔塞勒、苏奈（Cevdet Sunay）、科鲁蒂尔克（Fahri Korutürk）、埃夫伦四位总统，政治特点是局势不稳，有几次军事政变。第三个时期，从厄扎尔（Turgut Özal）到德米雷尔，即 1989—2000 年，由于厄扎尔先担任埃夫伦时期的总理（1983—1989 年），连同总统任期，厄扎尔共执政十年（1983—1993 年）。其后是德米雷尔执政的七年（1993—2000 年）。

1945 年 11 月伊诺努在大国民议会上重申建立反对党派的决心。1946—1947 年间国内建立了二十多个党派，其中民主党的影响力较大。土耳其民主党于 1946 年 1 月建立，宗旨是自由主义和民主。同年 8 月，在新一届土耳其大国民议会上伊诺努仍当选为总统。1947 年 1 月民主党召开第一次党代会，通过《自由公约》，坚决抵制共和人民党压制改革的做法。伊诺努发表“七一二宣言”（12 July Declaration）支持民主党温和派，打击共和人民党和民主党的极端派，促使两个党派缓和矛盾，保障了反对党的合法地位。为了维持政治稳定，1949 年 9 月的《选举法》把代表制改为多数选举制。1950 年 5 月土耳其大选，参与率达到 90%，民主党获得 408 个议席，共和人民党获得 69 席。5 月 22 日，大国民议会选举杰拉勒·拜亚尔为总统，阿德南·曼德列斯为总理。土耳其平稳、成功地由一党制转变为多党制。虽然对共和人民党来说失去了执政权，但放在土耳其政治发展史上看，是土耳其民主政治取得了成功。

阿德南·曼德列斯担任总理的十年里，土耳其政治、经济、教育等方面取得较多的成就，其施政特点是：政治上的民主化，经济上的自由化，宗教压制政策也得以缓解。民主党执政后，既维护凯末尔时代改革的成果，也注重保障虔诚穆斯林的基本权利，提高公共教育的水平。

土耳其多党制确立后，在民主化道路上遇到不少问题。土耳其军方曾于 1960 年、1971 年、1980 年发动军事政变。1961 年 5 月新宪法诞生，基本上遵循了凯末尔的世俗化原则。大国民议会由一院制改为两院制，增设了宪法法院。1965 年大选中正义党获得多数票，德米雷尔受命组建新内阁。德米雷尔原本是一位工程师，之所以登上政坛顶峰，是因为军政府清除了民主党的高层领导。这位技术官僚因其出身背景而对土耳其普通民众有吸引力。德米雷尔政府主张维护凯末尔的“世俗主义”，反对宗教干预政治，反对库尔德族的分裂活动，提倡民主、自由、改革；经济上加速向自由市场经济体制的转变；在外交方面继续亲西方的同时，主张保持一定的独立自主地位。1965—1969 年土耳其经济增长率达到 8% 左右，外汇收入增加，工业资本活跃，进口替代工业得以发展。然而，自由主义经济政策导致了经济发展的混乱，70 年代不得不重新强调国家干预在经济生活中的意义，鼓励私营企业与国营企业的公平竞争，肯定混合制经济的价值和作用。但当时的政治局势仍不稳定。1969 年大选中正义党虽然获胜，却面临各方面的压力和反对之声。70 年代初土耳其遭遇经济危机、社会动荡，1971 年 3 月军队再次干政。军官们签署备忘录，提交给总统和两院议长。德米雷尔辞职。厄立姆（Nihat Erim）、梅伦（Ferit Melen）、艾杰维特（Bülent Ecevit）等先后组阁，任职时间都不长。70 年代末土耳其经济恶化，社会不满情绪增加。由于党派政治不成熟，在选举中往往没有获得绝对多数票的政党，几次联合组阁，每次执政时间都较短。1982 年 11 月进行了宪法公决，通过了新宪法，1983 年制订了《政党法》和《选举法》。以厄扎尔为总理的内阁对祖国党有绝对控制权。

自从实行多党政治之后，土耳其政党中的伊斯兰政党前后相继，逐渐形成一股力量。先有民族党、民族秩序党、繁荣党，后有美德党、幸福党、正义与发展党等。这些党派的共同点是反对凯末尔主义的世俗化。民族党成立于 1948 年，是民主党内部分化出来的一个党派。民族党反对凯末尔主义者的强制的世俗化政策，要求结束对宗教组织的控制。1953 年民族党被解散。民族秩序党于 1970 年 1 月成立，是从正义党分裂出来的一个政党。繁荣党于 1983 年 7 月成立。繁荣党批评厄扎尔政府的经济政策，强调工人阶层的社会正义和政治自由。1995 年 12 月的土耳其大选中，繁荣党赢得 158 个议席，成为土耳其第一大党。繁荣党具有浓厚的伊斯兰教色彩，强调伊斯兰教的意识形态，反对教俗分离，抨击社会贫富分化，主张建立福利性的经济制度；同时，主张独立外交，不支持加入欧盟。繁荣党和正确道路党执政 11 个月后被赶下台，到 1998 年被取缔。美德党成立于 1997 年 12 月。在 1999 年的大选中，美德党获得了 15.4% 的选票，成为议会第三大党。美德党的主席宣称尊奉真正的民主、人权和自由，强调人民意愿至上，主张国家应该为人民服务，也支持土耳其成为欧盟成员国。美德党在 2001 年 6 月被宪法法院取缔。在美德党内部的传统派于 2001 年 7 月组建了幸福党。幸福党坚持传统意识形态，在土耳其政党中属于边缘的党派。2001 年的经济危机和政治危机催生了正义与发展党。这一年的 8 月 14 日，正义与发展党正式组建。

总体来说，在正义与发展党获得执政机会之前，土耳其世俗化、民主化的道路没有改变，伊诺努、曼德列斯、厄扎尔、德米雷尔等领导人努力保持政治平衡，让共和国的列车坚持在这条道路上运行。

埃尔多安执政后的“新土耳其”

2002 年 11 月的土耳其大选中，成立不久的正义与发展党获得 34.2% 的选票，成为土耳其议会第一大党。2007 年、2011 年、2015 年、2018 年的土耳其大选中，正义与发展党连续赢得大选。埃尔多安在塞泽尔当总统的第四年即 2003 年开始担任总理，2014 年当选总统。埃尔多安当选土耳其总统被视为是“国民意志”的胜利。

正义与发展党宣称忠诚于共和国的宪政主义原则，认为世俗主义是指导国家而非个人的原则，反对利用宗教和道德谋取政治利益，强调集思广益，群策群力。正义与发展党执政时期，土耳其经济发展，政局大体稳定。政治上推进民主、法治、人权，着力解决库尔德问题，得到当地选民的支持。正义与发展党的群众基础广泛，包括农民、城市新兴中产阶级、安纳托利亚新资产阶级。这些不同阶层的民众因“民主政治的伊斯兰身份认同”而站在一起，把正义与发展党推上权力宝座。埃尔多安当政时期的土耳其被称为“新土耳其”，其治国理政方式明显不同于前两个阶段。按总理达武特奥卢（Ahmet Davutoğlu）的解释，“新土耳其”政治的内涵主要包括三个重要概念：“强势民主”“活力经济”“积极外交”。理由是，土耳其近代以来经历了三次伟大复兴（坦齐马特、土耳其共和国的建立、向民主制和多党制的转变），冷战后国际格局的转变为土耳其实现第四次伟大复兴提供了机遇。在埃尔多安执政的十几年，国内政策强调深化民主，通过增强经济活力，为制定外交政策提供持续性的机制。2013 年，时任总理的埃尔多安提出 2023 年土耳其共和国成立一百周年的目标是，土耳其要成为全球十大经济体之一，伊斯坦布尔成为全球金融中心之一，土耳其成为医疗服务方面全球领先的国家之一，成为地区能源枢纽，打造至少十种全球认可的土耳其品牌，等等。自 2002 年正义与发展党执政以来，民主实践卓有成效，主要表现在奉行温和、务实的政策，在宗教与世俗间寻求平衡，既强调伊斯兰教价值观，又坚持政教分离原则和世俗化方向，淡化宗教色彩，力求得到军方和世俗势力的认可。

正义与发展党接管的是一个处于严重经济危机中的国家。自2002年以来，政府致力于稳定经济，财政紧缩，推行私有化、市场化政策，并鼓励投资，降低通胀等。税收、货币、汇率等经济杠杆的使用，促进了土耳其经济的增长。2003年5月，埃尔多安政府启动“土耳其私有化战略”，列入私有化清单的国企涉及能源、银行、交通、工业、烟草、桥梁工程等经济领域，社会服务机构则包括卫生、教育、住房等。这一阶段的土耳其私有化进程明显快于1984—2001年。然而，私有化使国家发展潜力提前透支。从实际效果看，全面私有化的代价很高，它既没有使民众的财富真正增加，也未使工业结构真正转型升级，土耳其在国际体系中仍深陷“依附性陷阱”。但同时，土耳其政府也在努力健全银行监督机制，推行优化资产结构的政策，推进工业发展战略。例如，2011—2014年土耳其工业的战略目标是提高土耳其工业的竞争力和效率，深化工业结构的转型，如提高高科技产品在生产和出口中的比重等。此外，针对农业、旅游业等领域政府都有相应的政策，也取得了一定的成就。和以往的以通货膨胀、低效率、腐败为特征的“旧土耳其”相比，埃尔多安时期的经济改革明显带来了起色。

正义与发展党也注重保护弱势群体，关注贫困问题，解决广大中下层民众面临的困难。埃尔多安执政以来的社会政策包括社会保险体系的覆盖（2004年的覆盖率达到89%）。个人养老金体系于2003年10月下旬开始实施。2005年4月社会保障政策改革提上日程。医疗卫生方面，2002年11月提出“人人健康”的基本目标。2003年，土耳其卫生部开始实施“医疗转型计划”，措施包括改革医疗服务体系，健全相关法规，实现卫生系统的信息化等。正义与发展党的教育政策改革，包括改革管理机构、提高教育质量、加大教育投入等措施，同样收到了较好的效果。

埃尔多安时期土耳其发生了一系列政治变动，比如，意识形态的变化、相关法律法规的调整、对外政策的变化、军事方面的变动、民族—宗教问题的政策变化等。正义与发展党一党独大的格局形成后，埃尔多安政权掌控国内资源，强化社会控制，加强舆论监管。埃尔多安政府的军队清洗和社会政治方针的伊斯兰化倾向，似乎显示凯末尔主义的效用弱化了。

土耳其国家治理的阶段性

共和国初期凯末尔治国的重点，一是确定并倡导共和国面向西方现代社会的发展方向，二是用国家机器强力推行世俗化。1924年3月土耳其政府废除哈里发，是把哈里发制度作为土耳其人进步的障碍来清除的。政府采取的措施包括：废除伊斯兰大教长，撤销宗教事务部，设立宗教事务局来管理全国的宗教事务；撤销宗教基金部，设立宗教基金管理委员会；把宗教地产瓦克夫（Vakfs）纳入中央政府的管理和控制之下；关闭宗教法庭，废止宗教审判制度，由世俗法庭审理各种案件；取消各地独立的伊斯兰经学院、各类《古兰经》学校，宗教教育纳入国家教育部的统一管理。1924年通过了《教育统一法》，由国家管理教育，发挥政府教育部的职能，把伊斯兰教的影响从教育领域清除出去。1926 年《民法草案》获得大国民议会审议通过。新民法中，废除多妻制、休妻制，建立男女平等的结婚、离婚制度。在此前后大国民议会还通过了一系列新法律，如《刑法》《商法》《海商法》《刑事诉讼法》《法院组织法》《律师法》等。1931 年之后共和人民党成为国内唯一合法的政党，是全民族的党，各地设立的“人民宫”（Halk Evleri）是党的附属机构。共和人民党利用这一机构向土耳其公民灌输党的信条，激发民族自豪感，塑造新公民。

凯末尔的国家主义即中央集权下的经济统制。凯末尔时代土耳其经济有两个阶段，1923—1929 年是第一个阶段（自由主义经济），1929—1938 年是第二个阶段（国家主义经济）。第二个阶段的特点是发展国家资本主义，政府控制重要工业部门。土耳其仿照苏联，实行两个“五年计划”。1934 年 4 月制订了第一个“五年计划”，主要目标是发展民族工业，减少对外国商品尤其生活必需品的依赖。而“二五计划”的主要目标是：开发矿产资源，有效利用沿海的水资源；建立以当地原料为基础的重工业；实现土耳其东部的工业化。土耳其的西化在制度构建中要解决的问题首先是世俗化，然后才有可能推进西方式的法制和议会民主制。世俗化的核心是政教分离，方式是取消宗教在政治、经济、教育等领域的统治地位，鼓励人们学习先进的科学技术，改变精神面貌和生活习惯。

凯末尔时代土耳其国家治理的特点，一是非民主的手段；二是目标明确，政策强硬，社会改造较为彻底；三是具体措施不惜矫枉过正。土耳其的世俗化一开始就不是民主的产物。凯末尔利用自己的威望和手中的权力，毫不妥协地革除伊斯兰教中的陋习，运用铁腕强力推行政府决策。凯末尔的世俗化主要体现在三个领域：一是国家的世俗化，通过教育和法律，摆脱伊斯兰教的羁绊；二是用欧洲文明代替传统文化；三是社会生活世俗化，消除民众的伊斯兰教观念。凯末尔要把伊斯兰国家改造成世俗国家，要为土耳其的经济和社会发展奠定制度基础。因此，土耳其宪法宣布主权属于人民，凯末尔时代致力于全社会的改造，给土耳其人民带来了新生和希望。

从伊诺努到德米雷尔执政时期，都本着世俗化精神，民主、世俗、法治构成了土耳其的国本。这一时期，民主实践几度经历挫折，受到代表世俗力量的军人集团和伊斯兰教势力的双重挑战和压力。但一个穆斯林占主体的国家，沿着第一代共和国缔造者开创的道路走了这么长时间，仍是令人叹服的。在国家治理方面，比如二战爆发后政府面临具体的困难，也曾实施战时经济政策。1940 年 1 月颁布《国防法》，赋予政府重组经济、控制政治表达和监管社会生活的权力。政府以保护人民的名义控制商品市场，禁止生产者和商人囤积居奇、哄抬物价或进行行业垄断。政府也以强制工作、延长劳动时间等手段来监管工厂的生产。1942 年 11 月征收“财富税”，为此颁布了《财富税法》，目的是惩罚战时投机倒把的奸商。但“财富税”也造成了社会的不公，非穆斯林商业集团受到打击。战争对土耳其经济的影响很大，人民生活艰难，因此，民众对政府的不满积聚，矛头直指共和人民党的独裁。

这一时期土耳其国家治理的特点，首先是宗教政策方面有所缓和。1951—1973 年，宗教学校规模增大，招生人数上升，国家放松了对宗教的管制。民主党承诺发展宗教教育，来自贫困家庭和社会中下层的子弟可以就近入学。1973—1997 年，宗教学校发展较快。1973 年 5 月政府颁布的《国民教育基本法》对宗教学校的重要性作了明确的规定。1974 年在学校招生等方面进一步放宽，宗教学校也开始招收女学生。20 世纪 80 年代，土耳其小学生必须参加宗教课程学习。1982 年，教育部授权重新开办高等伊斯兰教学院。不过，到了 1997 年政治危机，繁荣党倒台后，土耳其的世俗派集团实施反伊斯兰教政策，再次压缩宗教学校的招生规模，并提出不少限制。其次，外交政策有大幅度调整。从伊诺努到德米雷尔执政时期，土耳其政府试图融入西方世界，并为此做了不少实质性的努力。1949 年土耳其成为欧洲理事会的成员，1952 年土耳其成为北大西洋公约组织的成员国。1959 年土耳其谋求加入欧洲经济共同体，1987 年正式提出加入欧共体的申请。欧共体发展成为欧盟后，土耳其加入欧盟的愿望一直未能实现。当然，这一阶段土耳其国家治理还表现为政策不连续，执行力不强，经济和社会领域问题丛生却没有得到解决。

埃尔多安执政时期，在政治上遵循宪法框架，通过选举和议会政治上台执政；经济上实行开放的自由市场经济体制，获得经济的增长；外交上土耳其政府推行“返回中东”的政策。在与西方国家保持友好关系的同时，对周边国家保持“零问题”，在中东地区发挥作用。这一时期土耳其国家治理的重点是三方面：一是社会保障和社会福利的改善，二是宗教政策的调整和民族关系的缓和，三是外交政策的转变。

埃尔多安积极采取措施改善民生，获得底层群众的认可。具体而言，正发党利用经济上的优势实施了一系列惠民政策，如普及经济适用房、健全医疗保障、增加贫困学生的奖学金等，这些措施得到了社会底层群众的拥护。

但正义与发展党政府面临的艰巨任务依然是如何调节教俗关系的问题。正义与发展党执政后改变宗教政策，利用国家资源支持宗教发展，措施包括鼓励招聘宗教学校的毕业生；取消或降低升学中的限制性规定等。宗教学校的招生人数有较大幅度的增长。为确保获得更多的普通民众的支持，正义与发展党有意强调伊斯兰教传统，例如允许妇女在公共场合戴头巾，发布禁酒令，要求全国中小学生学习《古兰经》等。这些措施有积极的意义，但也引发争议。

在缓和民族关系方面，埃尔多安政府也有一些举措。例如，政府加大对库尔德地区的投资，开启“民主动议”的对话新模式，还公布了针对库尔德人的民主改革措施，包括承认库尔德族及库尔德语，对《选举法》进行相应改革，承诺维护少数民族公民的自由与合法权益等。由于库尔德问题过于复杂，这些措施要彻底解决这一问题还远远不够。

埃尔多安在外交方面力争开拓新局面，既没有放弃与西方国家的友好关系，也着眼于中东地区，包括巴尔干和南高加索地区。因为重视与俄罗斯的关系，土耳其新时期的外交政策更加平衡和多样化，拓展了共和国初期的“国内和平，国外和平”的外交战略，在维护本国稳定和安全的同时，试图在国际舞台上发挥积极的作用。

整体来说，在土耳其政治、宗教、经济、外交各方面遇到挑战时，正义与发展党政府采取“渐进改革”主张，努力保持本土化，又适应全球化趋势，寻求维护土耳其传统。“新土耳其”表现出的趋势，一是土耳其伊斯兰主义的温和化趋势；二是土耳其国家发展定位的自主性倾向。尽管土耳其国内存在问题，但可以说，土耳其模式表明伊斯兰教和民主不必相互排斥。

结论

土耳其国家治理的效能，从宗教政策和民族政策的得失、经济发展的成效和国际地位的变动等方面考察，不同的历史阶段有不同的特征。从总体趋势看，土耳其历任统治者践行凯末尔主义，又适应现实需要而进行变通。20 世纪 80 年代，土耳其实现了经济开放和自由化，21 世纪初，伊斯兰教政治力量通过合法化的制度安排融入了政治体制，外交方面由向西方的“一边倒”政策转变为在西方与伊斯兰世界之间寻求平衡。把“土耳其道路”的起点和过程分解开来，可以得到以下几方面的认识：

第一，前辈学者讨论的“土耳其道路”及其经验，强调的是推翻帝制并获得民族独立，仅仅属于民族主义立场的判断。需要注意的是，土耳其的世俗民族主义道路是在一个穆斯林占主体的国家进行的政治实践，第一代领导人的理想在 90 多年的政治生活中得到维护，也遇到挑战。土耳其共和国约 90% 的人口都是穆斯林，简单的多数主义民主可能形成反对世俗化的民意。可贵的是，土耳其历史上多次政局不稳，而世俗民主主义道路未曾中断。

第二，判断土耳其的国家治理是否成功，不应该仅从政治民主化一个维度来衡量，而应该以土耳其民众是否过上了更好的生活为标准。凯末尔确立的体制有意要隔断现代土耳其与帝国传统的联系，正义与发展党在接纳凯末尔体制（议会制）的同时，抛弃凯末尔时代对待传统和伊斯兰教的激进措施。相比之下，正义与发展党上台后的政策是务实的，更接近于国家治理的真正目标。

第三，考察土耳其的政治演进，绕不过如何认识世俗化的问题。现代伊斯兰社会是否必须政教分离，尚未得到理论上的确切论证。在土耳其这个穆斯林占主体的国家依靠权威力量推行西化，本身就是一种独有的尝试，难度是不可估量的。

第四，“土耳其道路”有其必然性也有偶然性，但从更广的意义上看，必然性与偶然性似乎就不那么重要，重要的是现有条件下土耳其国家治理的效能。与其讨论埃尔多安的威权统治是否恰当，不如讨论土耳其这样的发展中国家需要什么样的“大战略”，才能减轻政治转型的震荡，在社会发展的进程中少走弯路。土耳其政治制度的确立是着眼于土耳其未来的，制度的维护却要适应形势的变化。把伊斯兰教政治力量纳入民主化的政治体制，在伊斯兰政党执政的前提下如何与西方保持良好关系，始终是土耳其政治精英面临的挑战。

第三辑

迅速发展的“世界七十年”

2019年的日历已翻过去。印象中，那一整年都在“节庆”中，为“中华人民共和国成立七十周年”而庆祝。各种文艺活动、学术活动从年初持续活跃了九个月。10月1日国庆节庆典使纪念活动达到高潮，后面两三个月余温稍降，“七十年”在各式新闻媒体中余波荡漾。借用张爱玲的一个词，我们“兴兴轰轰”地过了一年。

记忆犹新的是，国庆长假结束，一觉醒来继续上班，他回他的办公室，你去你的工地，我整理我的资料。国庆过后，我的同事陈教授继续讲七百年前但丁写的《神曲》，黄博士继续讲七千年前的部落联盟、七万年前的石器时代。七十年放在历史长河中就是一瞬间。作为一名世界史教师，有感于中国七十年的辉煌，却忍不住会想到“世界的七十年”。这七十年来，我们国家的进步有目共睹，而世界上是否也有国家在倒退？我们的科技取得辉煌成就，有一些国家是否停留在落后状态？我们国家经济迅速发展，是否还有其他国家经济依然停滞？我们的外交成果丰硕，是否有的国家外患频频、四面楚歌？

从世界范围看，与中华人民共和国同龄同寿的，有德意志联邦共和国（1949 年 5 月 23 日建立）、匈牙利人民共和国（1949 年 8 月 15 日建立）、老挝（1949 年 7 月 19 日建立）、爱尔兰王国（1949 年 4 月 18 日退出英联邦）。同龄不同寿的有德意志民主共和国（1949 年 10 月 27 日建立，1991 年并入联邦德国），印度尼西亚联邦共和国（1949 年 12 月 19 日成立；一年后成立印度尼西亚统一共和国，至 1950 年 8 月 15 日不再是联邦）。1949 年还产生几个新的国名：暹罗国改名“泰国”（1939 年、1945 年已经改过、恢复过），外约旦埃米尔国改名“约旦哈希姆王国”，“巴布亚新几内亚”第一次合并为独立行政区。

比中华人民共和国大一岁的国家有：以色列（1948 年 5 月 14 日建立）、锡兰（1948 年 2 月 4 日建立）、朝鲜民主人民共和国（1948 年 9 月 9 日建立）、大韩民国（1948 年 8 月 15 日建立）。印度按照独立时间（1947 年 8 月 15 日）算，比中华人民共和国大两岁，按照国家正式名称算，则小一岁（1950 年 1 月成立印度共和国）。巴基斯坦伊斯兰共和国（1947 年 8 月 14 日成立）比中华人民共和国大两岁，波多黎各共和国（1950 年 10 月 30 日建立）比中华人民共和国小一岁。

说到“七十年”，其实日本清除法西斯主义，获得“新生”距今也是大约七十年。1948 年 11—12 月日本完成对东条英机等战犯的审判和执行，1949 年开始实行“稳定经济九原则”，为制度改造打下基础。土耳其的共和人民党执政时期结束，于 1950 年实行多党制，开启民主化道路也有约七十年。

在世界范围内，1948/1949 年至今，科技方面取得成就是翻天覆地的，经济方面的发展超越了历史上的任何一个“七十年”。从和平局面看，这“七十年”与 20 世纪前半期形成鲜明对照。从人民生活的整体水平看，完全超越历史上任何时期。

就在中华人民共和国成立的那年，美国的詹姆斯·威尔逊（James L. Wilson）、约翰·艾默生（John Haven Emerson）等人改进了呼吸机；托马斯·福格蒂（Thomas Fogarty）发明了离心式离合器；雷德利（Harold Ridley）为患者成功植入世界上第一片人工晶体；阿尔·格罗斯（Al Gross）发明第一部无线寻呼机，改进议员通信系统；科学家研制出磁芯存储器。

也是在这一年，英国化学家霍奇金（Dorothy Hodgkin）精确测定了青霉素的结构（推动了后来青霉素工业化生产的快速发展）；美国医学家恩德斯（John F. Enders）和他的助手韦勒（Thomas H. Weller）、罗宾斯（Frederick C. Robbins）发现了脊髓灰质炎病毒可培养，为日后疫苗的开发奠定了基础；美国化学家鲍林（Linus C. Pauling）在《科学》杂志发表论文阐明镰状红细胞贫血症的病因；英国化学家诺里什（Ronald George Wreyford Norrish）和乔治·波特（George Porter）发明闪光光解法（一说 1950 年发明，这项成果为后来的应用打下基础）；美国化学家利普斯科姆（William Hunn Lipscomb）提出硼烷的拓扑结构。

1949 年这一年里，交通运输如铁路、公路、航空等领域，以及世界经济、国际政治、教育、艺术等领域，都可以举出许多取得突破的例子。自那以后，七十年里世界发生了翻天覆地的变化。

世界范围内的科学发明、技术发明和创造，多不胜数，从理论突破到技术创新，只能用笼统的“日新月异”来形容。1949—2019 年，诺贝尔物理学奖、化学奖、生理学或医学奖共颁发了 71 届，奖励了数百项科学或技术发明。至于其他各种科研奖项和发明专利，更是数不胜数。且不说那些专业性强、普通人记不住名字的物理学和化学发明，单从改变日常生活、已经写进教科书里的发明创造来看，仅在医学和医疗技术、交通运输、计算机、人工智能方面，就让我们普通人叹为观止。

按照每十年一个单元举例。

20 世纪 50 年代的重大发明包括：1950 年出现世界上第一次信用卡付账；这一年也发明了电视遥控器；同年阿根廷生物化学家莱洛伊尔（L. F. Leloir）发现糖核苷酸及其在碳水化合物生物合成中的作用；1951—1955 年美国科学家平卡斯（Gregory Pincus）发明了口服避孕药；1956 年美国数学家约翰·麦卡锡（John McCarthy）首次提出人工智能的概念；1957 年美国科学家佐尔（Paul Zoll）等成功将心脏起搏器应用于临床（佐尔被尊为“心脏起搏器之父”）；这一年苏联发射第一颗人造地球卫星；1958 年加拿大化学家约翰·波拉尼（John C. Polanyi）发明红外发光技术；这一年英国伊恩·唐纳德（Ian Donald）将超声诊断应用于临床；1959 年苏联探测月球获得成功。

20 世纪 60 年代的重大发明包括：1961 年苏联宇航员加加林（Yuri Alekseyevich Gagarin）第一个进入太空，美国实行阿波罗登月计划（到 1972 年止共 6 次登月成功）；1962 年美国发射第一颗商业通信卫星；1963 年美国医生斯塔泽尔（Thomas Earl

Starzl）实行第一次肝脏移植手术；1967年大规模集成电路计算机诞生；1969年美国宇航员登上月球。

20世纪70年代的重大发明包括：1975年化学家弗雷德里克·桑格（Frederick Sanger）发明了DNA快速测序法；1976年日本科学家利根川进（Susumu Tonegawa）阐明了抗体生成的遗传原理；1978年第一例试管婴儿在英国诞生；1979年全世界消灭天花。此外，20世纪70年代美国建立全球定位系统；1971年汤姆林森（Ray Tomlinson）开发出电子邮件；1975年比尔盖茨（Bill Gates）与艾伦（Paul Allen）创办微软公司；1976年沃茨尼亚克（Steve Wozniak）和乔布斯（Steve Jobs）创办苹果计算机公司；1979年夏普公司研发出手提式计算机。

20世纪80年代的重大发明包括：1981年日本研制出第五代电子计算机；这一年美国物理学家艾伦·古思（Alan Guth）提出了极早期宇宙的暴涨模型；1983年因特网正式诞生；这一年人工胚胎转移成功；1986年瑞士、德国的物理学家们发现临界温度超导材料。

20世纪90年代的重大发明包括：1990年，疟疾疫苗实验成功；这一年人类基因组计划正式启动；这一年哈勃空间望远镜发射成功。

21世纪第一个十年的重大发明包括：2000年法国实施基因治疗法首次获得成功；2001年科学家公布人类基因组图谱；这一年世界首只转基因灵长类动物在美国诞生；这一年美国新型艾滋病疫苗动物试验取得成效；同年美国发射“奥德赛”火星探测器；2003年干细胞研究取得一系列突破性进展；这一年科学家制

造出世界上最小的纳米电动机；这一年世界上第一个修补大脑的芯片问世；2004 年美国的“卡西尼”号飞船成功进入土星轨道；2006 年人类第 1 号染色体基因测序完毕；2009 年艾滋病疫苗研发取得突破；这一年世界最大的远红外线望远镜及宇宙辐射探测器升空。

21 世纪第二个十年的重大发明包括：2010 年人造细胞在美国的实验室里诞生；这一年“普朗克”卫星绘出首幅宇宙全景；这一年首架纯生物燃料驱动飞机试飞；这一年首次探测到暗物质粒子；2011 年最大的太阳能飞机首次跨国飞行成功；这一年日本研制出世界上最快的计算机；这一年美国研制出世界上第一束生物激光；2012 年第一种艾滋病预防药物在美国上市；这一年加拿大科学家开发出“人造大脑”；2013 年成功培育出人类胚胎干细胞；这一年首次 3D 打印出“活体组织”。

这七十年里，从大的方面看，人类有效控制了各种传染病，超声技术、核磁共振技术的应用，提高了医疗诊断，降低了死亡率。遗传学的发展，解释了人类体质和遗传的奥秘。空间技术的应用和拓展，提升了人类探索太空奥秘的能力。计算机的发明和迅速普及，尤其计算机网络技术的产生和软件的开发，把人类带入一个新时代。甚至当人们感受新发明带来的快捷时，这项新发明往往已经过时。从日常生活看，新能源和新材料的开发和应用，彻底改善了人的居住条件和交通运输条件。医学和医疗器械的发明减少了人类疾病带来的痛苦，并延长了人的寿命。互联网和智能手机的发明扩大了普通人生活空间，提高了生活质量。

七十年内，局部战争和自然灾害也在威胁人类生存。1949

年之后没有发生大规模的世界战争，但局部战争并未间断。各种小规模内战、动乱、政变和革命运动，导致难民流离失所，无家可归。地震、海啸、台风等灾难使无数人丧生。多条河流严重干涸，人类面临严重的淡水危机。科技改变了生活同时，也消耗着地球上的各种资源，破坏了环境。

七十年里，大多数国家的经济得到发展，一些欧美国家推行福利制度，建立社会保障体系，有效改善了下层民众的生活，发展中国家也经历了工业化和城市化，取得了经济成就。世界银行、国际货币基金组织、世界贸易组织、石油输出国组织等为解决全球难题，进行了有益的探索和实践。

七十年里，政治制度的进步和完善相对缓慢。国际政治格局的变动，并不是对每一个国家都有利。截至2019年，世界上仅有为数不多的几个大国能向全世界投放军事力量，控制重要的国际组织，有办法吸引世界各地的优秀人才工作。多数国家则处于被支配地位，未能分享全球化带来的好处。

世界史角度看中国历代经济变革

起初没注意到《历代经济变革得失》一书。偶尔看见吴晓波的粉丝和普通读者写的读后感，趁着空闲浏览了若干篇。我感兴趣的不是褒奖之词，而是他们的批评意见。原来粉丝们对偶像的作品很挑剔，这出乎我的意料，于是买来一读。

《历代经济变革得失》是十多年前（2013年）出版的作品，我买到的是浙江大学出版社2021年新版。作为历史教师，尽管自己研究外国经济史，但对中国史上的商鞅变法、刘晏理财、王安石变法，从内容到影响都熟悉。吴晓波所描述的一些细节，来自哪一本历史典籍，也是清楚的。不过，吴晓波的书还是吸引我从头到尾看了一遍。这本书既不是讲改革故事，也不是浮泛地高谈阔论，分明有作者的匠心在其中，有深入的思考在里面，甚至还能感受到吴晓波探究经济发展规律的雄心。

《历代经济变革得失》讲述经济改革史，从管仲施政到朱镕基改革，时间跨度两千多年，范围也不限于经济改革，而是涉及中国古代的制度架构、选官用人等等。书中最典型的是古今对照和中外对比。谈到管仲的改革措施，书中称为“尊重市场规律的国家干预主义”，使用的是现代经济学语言，但感觉概括得很到位。书中称管仲为古代版的“凯恩斯”，历史学者不敢这么讲，吴晓波的书中这样一说，颇有趣味，让人容易记住。商鞅的军功授爵制度，在历史学者笔下，不外乎“为秦国强大奠定了基石”，吴晓波却评价为“打造出世界上第一个平民社会”。这种说法是夸张了些，但确实是大胆的判断，容易给人留下深刻的印象。由于中国的历史太长，写古代经济变革的书往往到清末就打住了，近代、现代、当代的经济变革都要另辟篇章，或另立新著。在历史学界，研究王安石变法的专家可能一辈子不超出宋史范围，不会去研究民国的孔祥熙；研究改革开放史的专家，也很少去研究汉代的盐铁专营。吴晓波这本书，把改革开放和古代经济变革放在同一个体系中，大开大合地讨论，确实是少见的。这是让人羡慕的自选套路。

《历代经济变革得失》一书中详细讲了管仲变法、商鞅变法、王莽改制、王安石变法，其余的改革相对简略。用 22 万字的篇幅讲“历代”经济变革，如果不想变成“条线”结构的教科书，就只能求助于“个案和例证”。吴晓波讲管仲改革，先讲管仲的政策，接着说政策优势，再分析政策的本质（放活微观，管制宏观），然后提出管仲富国政策的要点（盐铁专营、鼓励消费、以商止战），最后指出管仲思想在后世被淹没的原因。这一讲有说服力，至少比专业著作中的管仲改革讲得精彩，有利于知识普及。对商鞅变法，吴晓波做概括和总结较多，篇幅上与管仲改革差不多，细节不如管仲改革那么生动。先是介绍主要政策，分出了不同阶段（以农立国、军爵制度、郡县制），指出商鞅的“强国逻辑”是强化中央集权。讲王莽变法，力求有新意，尤其把王莽与汉武帝时期的改革比较，指出在四个层面上的技术差异。这一讲内容还包括东汉初刘秀削夺世族豪强的失败，以及桃花源式的自给自足有没有可能的问题。讲王安石变法，从宋代立国背景和政治制度讲起，把王安石变法当作“最后一次整体配套体制改革”“改革标本”。凡是历史专业课上讲的王安石变法的信息，吴晓波都提到，专业学者的学术观点，吴晓波也提到了。这一讲也是书中精彩的篇章。

书中对汉、唐、明清都是按照朝代简略地讲，所以显得单薄。从网上的评论看，读者对吴晓波这本书的批评，古代部分主要针对明清这一讲。比如，明代张居正的“一条鞭法”是讲明代经济变革所绕不过去的。“一条鞭法”把田赋、力役和其他杂税合编为一条，统一按田亩核算征收，是一次不可低估的经济改革。在清朝，本来土地税、人头税依然是政府主要财政来源，康熙五十一年（1712 年）的“摊丁入亩”政策，废除了人头税，这是历史上重要的经济改革，而《历代经济变革得失》中也没有提及。读者指出这一点，恰恰说明他们熟悉中国经济史，也认真阅读了《历代经济变革得失》。

《历代经济变革得失》的读者多，提出的赞扬和批评很有水平。花时间浏览这些网评，也有收获。归纳起来，肯定并称赞这本书的观点主要包括：（1）这本书在普及和推广经济史知识方面功莫大焉。普通民众所了解的中国历史以政治史为主要框架，以改朝换代和政治变迁为主，经济和社会层面的演进过于简略，而小说和电视剧围绕着战争、宫廷、帝王秘史展开，很少涉及经济领域。《历代经济变革得失》正好弥补现有的缺憾。（2）吴晓波的书可读性强，文笔好，前前后后讲得很清楚，读完后有豁然开朗之感，尤其把古代的做法换成现代的语言，可供比较，也浅显易懂，有趣味。（3）对于经济学的外行来说，这本书简明扼要地廓清了一些模糊的经济学问题，确实增长知识。（4）从这本书可以看出，吴晓波对历代经济变革进行了认真思考，有不少观点和解释都有含金量。有网友说："吴晓波的厉害之处，是能化繁为简，单就所熟知的领域博古通今，将一个个历史事件串联起来，形成脉络，相互呼应。"

读者提出的批评（有些是建设性的批评意见）。概括起来主要包括：（1）"从内容上看，实证不足，逻辑生硬，惯于先下结论，研究不缜密，并不能当作严谨的历史著作来读"；"归纳和分析浅尝辄止，喜欢做浮于表面的简化，而且，有些结论很仓促，（至少是）欠考虑。"（2）这本书名为《历代经济变革得失》，应该是从经济学的角度来检讨中国历史上重要经济制度变革的著作，读完才发现，本书内容不能完全被书名所涵盖，改为《历代中央集权及与民争利的得失》才显得文题一致。（3）吴晓波的"两个观察和分析的工具"（"四大利益集团博弈法"和"四大基本制度分析"）是不严密的。"四大基本制度"（郡县制度、尊儒制度、科举制度和国有专营制度）在各朝代情况不一样，不能一概而论；至于"有产阶级和无产阶级"这种划分，用来解释复杂的历史演进是有问题的。（4）书中"明清闭关锁国，停滞五百年的说法站不住脚，是典型的用现代思维套用古代的现实"。

（5）书中出现了概念混淆，或者对典籍解释的误差（例如作者引用孔子的话来证明儒家讨厌管仲，曲解了原意），部分举例和引文也有待商榷之处。此外，还有人指出："时间跨度大，又限于篇幅，人物的立体感不够强。"

平心而论，一本书能引起读者的兴趣（哪怕是争议），就是有价值的书。吴晓波的《历代经济变革得失》具备读者们所说的那么多优点，完全可以称为"好书"。读者提出批评，提出建设性的意见，更是幸事。仔细琢磨这些批评意见，会感觉到读者的水平之高。如果下次再版时吸纳各方意见，修改和充实，这本书将会是值得收藏的著作。

我这个迟到的阅读者，欣赏吴晓波这本书的框架阔大、立意深远。我同意网友的看法，"四大利益集团博弈法"和"四大基本制度分析"不够严密；但我佩服吴晓波寻找观察点和分析工具的独特方法。无论古代还是现代社会，不存在独立于政治和文化之外的经济改革。《历代经济变革得失》探究的是经济变革的轨迹和背后的逻辑，然而，仅仅着眼于经济层面是不够的。这是非常简单的道理，问题在于如何操作才能既没有割裂历史整体性，也做到宏观和微观相结合。吴晓波提出"四大利益集团"和"四大基本制度"并贯穿始终，这种方法是有益的探索。至于这种方法的使用合理不合理，对经济变革的分析有帮助还是弄巧成拙，见仁见智，悉听公论。为了完成大框架的著作而劳思费神，翻阅资料，酝酿观点，斟酌文字，研究者兼写作者的努力一定是始于志趣，成于用心，终于坚韧。我不认识吴晓波，只读过他的两三本书（《大败局》(第1、2部)、《把生命浪费在美好的事物上》)。

从扉页上的“作者简介”中得知，他是财经作家，名气不小，还有《跌荡一百年》《浩荡两千年》等著作问世，气魄之大，让人肃然起敬。按常理，功成名就的作家，可以轻松赚钱，用不着再这样辛苦。不像我们这些大学教师，有科研任务，不做研究就有失岗位职责。吴晓波选择“历代经济变革得失”“浩荡两千年”这样吃力不讨好的题材，也在耗费他的生命，只是他认为这些研究对象属于“美好的事物”，值得去做。

除了理解该书作者吴晓波的匠心独运，我觉得还应明白他著述的深层追求。其一，以建设性的理性心态，“探索历史轨迹及可能的前途”。平常我们评判历史人物和事件都是马后炮式的，因为我们知道了“结局”，而历史人物在制定政策和推行改革时无法预料到结果。吴晓波所持的建设性的理性心态，对于探究历史变革非常重要。其二，对当代中国所经历的经济变革有一个清醒的认识。按照吴晓波的说法，最近30年的经济成就是历史上多次经济变革的一个结果（即2000年经济变革的一次合理性演进），但“仍有可能陷入历史的闭环逻辑”。《历代经济变革得失》就是要为现实的经济变革“提供一些基础性判断”，这是一个看似简单实则不容易达到的高度。无论如何，作者的世界史视角是值得肯定的。

东西方差异：比较康德和钱大昕的勤奋

早知上海嘉定有钱氏宗祠和钱大昕墓，还没来得及寻访。近日读完一本旧传记《钱大昕》，又买来钱大昕的《十驾斋养新录》。读钱大昕的传记时，竟然想起西方的思想家康德。他们是同时代人。钱大昕于1804年11月2日去世，同年2月12日，欧洲哥尼斯贝格大学退休教授康德辞世。钱大昕是乾嘉时期代表人物，有"一代儒宗"之誉；康德是近代欧洲著名哲学家，建立了批判哲学的体系。钱大昕非常勤奋，笔耕不辍，一生留下丰厚的著述，内容涉及的门类之多让人赞叹。康德也一样，终身钻研学问，思考不止，著作等身。

钱大昕生于1728年（雍正六年），出生地"望仙桥"在嘉定城西（嘉定当时属于江苏省）。钱氏是外来户，祖籍常熟，明代正德年间钱大昕的七世祖以上门女婿身份，从常熟来到这里。钱大昕的爷爷和父亲都是秀才，在本地教书，因此钱大昕开蒙较早。钱大昕15岁离开小镇到嘉定县城求学，当年考中秀才。1749年（乾隆十四年）钱大昕进入苏州紫阳书院，通读经书和史书。1751 年赶上乾隆皇帝南巡，钱大昕献赋得到赏识，被召到江宁参加乾隆亲自命题的考试，中甲等第二名。钱大昕被皇帝特赐为举人，1752 年进京，“入内阁票签房办事”。1754 年（乾隆十九年），钱大昕中进士，不久升翰林院侍讲学士。1769 年（乾隆三十四年）“入直上书房”，成为皇子的书法老师，此后参与编修《热河志》。钱大昕虽身在宫廷，但官位不高，仅担任过詹事府少詹事、右春坊右赞善、广东提督学政、河南和山东等省的乡试主考等。1775 年，47 岁的钱大昕回归故里，此后三十年潜心著述、讲学、授徒。

伊曼努尔·康德生于 1724 年，出生地是哥尼斯贝格（一译“柯尼斯堡”），当时属于东普鲁士。1740 年 9 月，康德考取哥尼斯贝格大学。从 1747 年起的七年时间里，康德在不同的地方当家庭教师，1754 年回到哥尼斯贝格。1755 年对康德来说是重要的一年，3 月发表《自然通史和天体理论》，4 月提出学位论文申请，5 月参加博士学位考试，6 月得到博士学位。此后若干年，康德简历中的主要内容是在哥尼斯贝格大学讲课、发表论文、出版专著。仅有的例外是，1766 年 2 月—1772 年 5 月康德担任图书馆的副馆长，1786 年被推选为大学校长。从履历看，康德曾被聘为埃尔兰根大学、耶拿大学教授，实际未接受两校之聘。康德的一生绝大部分时间在哥尼斯贝格生活，最后也病逝于故土。

对比可知，钱大昕的童年和青少年比康德快乐、顺利、幸运。15—26 岁是钱大昕关键的十一年。15 岁的钱大昕，生活和戏剧里的情节一样，得到主考官的赏识，在嘉定县出了名，被一位德高望重的人物——嘉定宿儒王尔达——相中，选为女婿。王尔达是王鸣盛——乾嘉学派另一位著名人物——的父亲，钱大昕成了王鸣盛的妹夫。在资阳书院读书时，钱大昕结识了王昶、曹仁虎、诸寅亮、吴泰来、赵文哲等学友，也拜访了吴派大师惠栋、老前辈沈彤，心情愉快，学问大长。进北京后，在翰林院与各门派的学问家共处，其中有硕学鸿儒，有青年才俊，经常一起探讨经史，明辨事理，钱大昕陶醉于这样的学术氛围中。钱大昕26岁考中进士，也慧眼识戴震（后来的皖派大师）。钱大昕在京结识了黄叔琳、秦蕙田等学问大家，而王鸣盛、王昶、纪昀、朱筠、翟灏也和钱大昕同科考中进士。钱大昕见世面多，交游广泛。康德则完全不同，他23—29岁之间主要靠自谋职业维生，生活单调平淡，没有钱大昕那么幸运。1747年康德在犹德申村一位牧师家里当家庭教师，1750年在奥斯德罗德给一位少校的孩子当老师，1753年在凯瑟琳伯爵家里当家庭教师。康德得到大学的正式教职很不容易。1756年4月为取得教授职位进行文化答辩，1770年3月才被授予哥尼斯贝格大学逻辑和形而上学编内正教授职务，此时康德已经46岁。这一年他出版重要著作《论感性世界和理智世界的形式与原则》。从1772年2月开始，康德酝酿写作《纯粹理性批判》，直到1781年5月《纯粹理性批判》才问世。1783年写作《未来形而上学导论》。1784年，康德60岁时，才购置了一所私人住宅。

钱大昕一生读书、著述、讲学，康德也是大学教师，致力于读书、思考、写作。钱大昕有中国古代士人的特点，勤学、坚韧、豪气干云；康德具有德国人的美德，忠诚、勤奋、酷爱秩序。钱大昕的著作有《廿二史考异》《十驾斋养新录》《元史艺文志》等（后人编订为《潜研堂文集》），也参与修订《音韵述微》《续文献通考》《续通志》《一统志》等书。康德的代表性著作是《纯粹理性批判》《实践理性批判》《判断力批判》《法的形而上学原理》《自然科学的形而上学基础》《永久和平论》等，可以列出一个长长的书目单。康德62岁时（1786年）被选为柏林科学院院士，70岁时（1794年）被选为彼得堡科学院院士，74岁（1798年）被选为西恩（意大利）科学院院士。康德72岁（1796年）结束教学工作，退休后发表《道德形而上学》，出版《逻辑》《自然地理》《教育论》等著作。

钱大昕的主要特点是博学，读书人标榜的“学富五车”，他当之无愧。钱大昕在史学方面的贡献很大，《廿二史考异》矫正了《宋史》和《元史》的很多错误。传记中说，钱大昕“刊定《元史》”，“改修《宋史》”，《廿史考异》“纠举疏漏，校订讹误，驳正舛错，优于同时其他考史著作”。至于他在金石学、音韵学、文字学方面的成就也是有目共睹的。不过，钱大昕的研究以文学、史学为主，涉猎音韵、舆地、金石、典制、天文、历算、诗词、书法等学问，精力还是有些分散。康德不一样，他集中力量攻克哲学上的难题，建立了一个独立体系。康德虽然也博学，但他除了哲学，对天文学和自然地理的研究，以及对历史、政体、教育的评论并不占很大份额。他的学问的“纵深”是无限的。

其实，不仅钱大昕，同时代的其他学者也是“杂家”。例如，惠栋著有《后汉书补注》《九经古义》《明堂大道录》《松文钞》等，涉及几门学问；王鸣盛著有《十七史商榷》《蛾术编》《耕养斋诗文集》等；戴震著有《孟子字义疏证》《声韵考》《考工记图》等；段玉裁著有《说文解字注》《六书音均表》《古文尚书撰异》《毛诗故训传定本》等，学问博而泛。至于与钱大昕同时代的翁方纲、余萧客、桂馥，以及稍晚的王念孙、王引之、凌廷堪、阮元等，以今天的学科标准看，他们每个人都涉猎多个学科门类，跨度很大。中国书本上的学问本就很深厚，他们又增加和丰富了书本上的学问。

再看与康德同时代的欧洲人的努力方向和成果。歌德在文学方面成就斐然，以戏剧《葛兹·冯·伯利欣根》蜚声德国文坛，以《少年维特之烦恼》风靡全球，而《浮士德》成为不朽著作，当然，他也研究自然科学。席勒（Johann Christoph Friedrich von Schiller）是诗人、哲学家、历史学家和剧作家，德国启蒙文学和"狂飙突进运动"的代表人物之一，《阴谋与爱情》《欢乐颂》《唐·卡洛斯》等作品影响深远。亚当·斯密（Adam Smith）研究经济学，写出《道德情操论》和《国富论》，尤其《国富论》的问世，标志着古典自由主义经济学的诞生，其学说影响了几代人。爱德华·吉本（Edward Gibbon）用一生精力写成一部《罗马帝国衰亡史》（六卷本）。费希特（Johann Gottlieb Fichte）受康德思想影响，却进行了不一样的探索，完成《全部知识学的基础》《自然法权基础》等论著，其中一些命题补充甚至超越了康德的观点。

钱大昕和他同时代的学者其精力所投入的领域，对比康德和他同时代的欧洲学者，差异还是很大的。泛泛地谈中西文化的差异，会模糊边界，使结论泛化，但具体到学者个人的比较，还是能看出价值取向、文化背景、政治环境的异同。

一般的看法是，乾嘉学派之所以埋头故纸堆，是因为雍正和乾隆时期大兴文字狱，读书人不敢谈论政治，不敢有自己的思想，只能把时间消磨在考据和训诂等学问上。这样的说法听起来是有道理的。问题在于，不谈政治，就只有钻研古字、古书一个选择吗？谴责清代诸帝对待读书人的残忍和野蛮，批评清朝钳制思想的罪恶的同时，忍不住想：读书人如果钻研天文学、化学、医学、数学、力学，清代统治者还会不会忌讳？如果探究苍穹奥秘，揭示人类认识世界的方式，探究经验和理性的关系，清代的统治者是否真的不允许？

康德从事科研的环境很宽松自由吗？并不是。哥尼斯贝格一会儿属于普鲁士公国，一会儿属于东普鲁士，康德在世时，哥尼斯贝格被俄国占领，康德还给俄国女皇写过谦恭地表示服从和忠诚的书信呢。康德晚年就宗教问题发表意见，也受到本国国王的申斥。普鲁士是专制主义国家，国王为维护君主统治，书报检查、言论控制并不亚于东方专制皇帝。

康德的生活规律一成不变，与康德体弱多病有关。为了能够保持身体的健康，他恪守自己制定的生活规则，持之以恒。康德设定的人生目标很简单，就是能够健康地活到高龄，并基本上实现自己的价值。钱大昕也体弱多病，但他有远大的人生目标，首先要出人头地，几次乡试落榜就觉得在乡邻面前抬不起头。和其他读书人一样，科举和仕途是钱大昕仅有的选择。钱大昕后来能在皇宫里出入，是让同辈羡慕、给家乡带来荣耀的事。

可以想象，如果钱大昕的官位是行政要职，他哪有时间研讨学问。升迁是合理的追求，钱大昕 47 岁弃官回乡，如果理解为他喜欢当教师、喜欢钻研学问，恐怕有些概念化。如果理解为他骨子里实际上有江南文人的“情绪郁结”，认同黄宗羲、顾炎武等人当年的气节，对清政府的统治不满但无能为力，以远离政治中心来表达无声的抗议，这倒是可以说得通。嘉定是清初屠城的地方，钱大昕写过《记侯黄两忠节公事》，表彰抗清斗争的领导人侯峒曾和黄淳耀等人。钱大昕并非不懂实务的书斋学者，他以考史论学来表达对清廷弊政的不满。钱大昕先走仕途，后来辞官回乡，我们可以问：他年轻时为什么认同科举和仕途呢？因为当时年轻，道路是规定好的；后来人生阅历丰富了，更关键的是书读得比别人多，看透了清朝政治体制，悟到了人生真谛，决定按自己的意愿安排生活。所以，他的选择也没什么不好理解。

在西方社会，仕途之外还有多条道路。庞大而枝繁叶茂的宗教机构需要大批懂得宗教知识的读书人。大大小小的城市崛起，需要各式各样拥有知识的人。各级司法机构、独立的律师事务所需要大批的法律人才。16 世纪后大学如雨后春笋般涌现，可以容纳饱学之士和科技人才，中小学教育普及面广，也需要大量的教师。商业和海外开拓，需要大批有胆略、有技能的人在市场、船舶公司、码头、车站、事务所、银行里从事业务。新开拓的殖民地需要的人才更多。

相比之下，钱大昕和他那一代学者，本着学以致用的目标，最终做的还是取之于书斋、放之于书斋的学问，最大的用途一是传授知识、教书育人，二是为学术积累作出贡献。康德和他那一代的欧洲学者看重的是提出有价值的思想，或者写出震撼人心的文学作品，改变人的观念。康德研究的是“确实符合人的需要的科学”，在思考宇宙问题时，把人的问题放在首要地位。他探究认识论和因果律，也探究人的困境与出路。康德的目标是教人认识世界、认识自身，免受愚妄和幻想的摆布，生活得更美好。康德的理论推导过程是复杂、琐碎、繁难的，但他的研究对象涉及道德、人格、自由，探讨的是真、善、美，并非遥不可及的命题。钱大昕那一代学者，即便如他们所愿，成为“圣贤”，也是依附于体制、奉君命行教化的儒者。钱大昕他们只属于一个时代，离开了那个时代，只是一个个历史人物而已。康德等学者则不仅仅属于自己那个时代，他们超越了时代，因而属于所有时代。

只属于一个时代，还是属于所有时代，似乎是命中注定。柏拉图、色诺芬、亚里士多德等人是贵族出身，或至少活跃于社会上层，不愁吃穿，没受过什么苦。他们不为生计奔忙，可以悠闲地仰望星空，思考“宇宙”“时间”“命运”等抽象问题。他们留下的是关于城邦政治、逻辑修辞、数字和运动的著述。孔子饿着肚子，屈原被流放，孙膑被挖掉膝盖骨，左丘明瞎了眼睛，韩非子被关进大牢，司马迁被处以宫刑，在“苟活”或忍辱蒙羞的状态下，他们也留下了诸多传世之作。后来的唐诗宋词，也有相当大的一部分是遭贬的官员、失意落魄的文人写下的。

如果说学问需要以经济生活为保障，以不忍受过度的艰辛为前提，那么乾嘉时期的学者们是达到了。从惠栋、王鸣盛、钱大昕，到段玉裁、翁方纲、余萧客、王念孙、阮元，没有一个挣扎在社会下层，没有一个受过屈辱或苦难，相反，可以称得上“盛世的骄子”。乾嘉时期不需要他们思考现实问题，社会上没有法律事务、高等教育、远程贸易、新兴银行、殖民方案等着他们去开拓。钱大昕、戴震、段玉裁在史册中耗费精力，他们的贡献只属于文献研究领域，不反映清代中期的社会矛盾，和那个时代的整体社会状况没关系，更谈不上喊出时代的心声。清朝的士大夫品茶吟诗，岁月静好，富人嫖娼赌博，底层百姓食不果腹，似乎就不在同一个国度、同一片天空下。传承古代圣贤的境界与使命，曾是钱大昕、戴震、王念孙等乾嘉学派代表人物尝试企及的目标，也是如今当代学者应当深思的命题。

时代转换的局部与整体

“时代”的变换或更替都是进行时态。近代的观念和叙事在现当代延伸并不奇怪。细究起来，“百年未有之大变局”是对国际局势的判断，而清末重臣李鸿章的“数千年未有之变局”则是对当时本国面临困境的判断。李鸿章的“变局”之说出自1872年和1875年的奏折中，两次都是奏请朝廷加强海防。例如，1872年的《复议制造轮船未可裁撤折》中的原话是“我皇上如天之度，概与立约通商，以牢笼之，合地球东西南朔九万里之遥，胥聚于中国，此三千余年一大变局也”。1875年的《筹议海防折》中提到“实为数千年未有之变局”。李鸿章所说的大变局，是指中国历朝都以北方和西北边疆安全防卫为重点，而鸦片战争以来清朝的威胁来自海上，弱于海防的大清遇到新的挑战。其实薛福成在1865年给曾国藩上书时就提出过“方今中外之势，古今之变局也”的判断，只是未引起注意。直到1894年中日甲午战争爆发后，朝野认识到“大变局”真的无法回避，而对于如何摆脱困境则束手无策。有识之士主张学习日本的“明治维新”，朝着立宪的目标努力。屡遭失败后转而学习苏俄，模仿十月革命的道路。

西方在近代的全面优势和示范作用潜移默化成为一种心理暗示，似乎不仿效欧美就难以发展，也无法进步。西方优势的逻辑和东方寻求解放和走向现代化的逻辑不同，却认可同一种客观趋势。或者说，东方国家以西方为参照看到了自己的劣势，西方国家以东方为参照强化了自己的优势。1918—1920 年出现过“西方衰落”的论调，因为一战造成欧洲的严重损失，“优势”不再。第二次世界大战结束后，资本主义经济恢复和发展，但由于旧殖民体系瓦解和第三世界力量出现，一定程度上打破了原有的欧洲中心地位和欧洲优势。20 世纪 90 年代之后西方优势论再度回潮。整体上看，目前这个时代在许多方面尚未出现全局性变动，至少真正的转折还未到来。

其一，经济层面上，国家之间的整体差距并未缩小。

当发展中国家进行工业化、城市化时，发达国家已经在向着“非工业化”（工业转移、工业升级、产业结构升级）、非城市化、城市扩散、信息化方向迈进。发达国家和发展中国家不在同一个跑道上。发达国家进行第二次现代化（从工业社会迈向知识社会）时，而发展中国家在进行第一次现代化。[①]20 世纪中后期，一些落后国家奋起直追，试图弥补差距，努力“与国际接轨”。然而，其中有的不顾客观条件超前发展，赶超战略失败；有的由于过高的发展指标导致社会经济紊乱，或者盲目投资建设造成巨

① 何传启：《东方复兴：现代化的三条道路》，商务印书馆 2005 年版，第 331 页。

大浪费；有的忽视社会各阶级的利益均衡，造成政治动荡；有的政府机构管理效率低下。许多发展中国家以各种形式积极奋进并追求发展，结果却为新的经济依附准备了条件。所以当代人总体还处在工业文明时代的世界经济体系中，经济差距缩小了，但并未出现超越，至少在2009年之前是如此。

其二，近代占优势的一方，现当代仍然保持着优势。

概而言之，西方优势并未整体丧失。资本主义国家多次经受经济危机和政治危机，依然保持经济和社会稳定。美国和欧盟等资本主义国家所主导的所谓新自由主义秩序，“通过不断刺激、奖励和确保那些相信它真正是人类发展顶峰的人的主导地位，来‘稳定’自己的主导地位”。而且，“随着世界上每个国家在功能上都依赖于资本主义全球循环，即使内部出现一处对于资本主义的分裂，那个裂口也很快会愈合”。已有学者论述过这种“修复”能力，比如“时间–空间修复”，通过时间延迟和地理扩张解决资本主义危机。莫里斯（Ian Morris）的《西方将主宰多久》及与之题目相近的书之所以引起人注意，是因为西方的优势地位目前仍不容忽视。其实这类著作实际探讨的内容是什么、得出的结论如何，未必有人细读，只要题材立足于东西方之间的对比，就是常新的话题。

其三，终结了一种霸权，出现了另一种霸权。

20世纪40—60年代，英帝国的殖民体系瓦解。美国的地位在20世纪中后期稳步上升。美国的崛起是有独特条件和历史机遇的，也有特殊的国际政治环境因素。美国史专家指出，美国在历史上有孤立主义传统，曾经“闷声发财”，不挑头。但美国自威尔逊总统以来抛弃了孤立主义，把美国的观念和制度向全世界推广。1991 年 1 月乔治·布什的《国情咨文》中提出了美国全球战略新构想，主张建立美国领导下的“世界新秩序”，理由是“在一个快速变化的世界上美国的领导不可或缺”；美国“是地球上唯一能够集结和平力量的国家”。克林顿（William Jefferson Clinton）和小布什（George Walker Bush）执政期间强调美国必须在全世界保持强大的力量，继续奉行全球战略。美国 2016 年后出现收缩战略，重提“美国优先”的政策选择，包括政治上的民粹主义，经济上的本土主义，贸易上的保护主义，国际关系上的新孤立主义。[①] 但从 2021 年起，美国宣称重新回归全球领导地位。在全世界有一大批经济体制、意识形态、政治体制相似或接近的国家，愿意奉美国为“舵主”，结成军事同盟或经济同盟，实现自己的利益。于是有人说，1991 年以来的美国类似于 19 世纪中后期的英国。客观地说，美国确实具备一些独有的优势。例如，美元是国际流通货币；美国有世界一流的教育水平；美国有在全球投放兵力的能力；美国有强大的制造业；美国能向全球提供一系列公共产品。

其四，从局部看时代，世界从未出现一致的步幅。

冷战时期的对抗以两个阵营对垒为标志，军事和政治活动凸显，而从 20 世纪 70 年代起，经济发展成为主旋律，到 90 年代初冷战结束，出现如奥托·岑皮尔（Ernst Otto Czempiel）所说

---

① 孙昊天、盛斌：《墙还是梯子？——美国在全球化进程中的价值冲突与特朗普政府的选择》，《美国研究》2019 年第 4 期。

的“社会化”和“经济化”。因为，“新的条件下危及安全的因素未必全来自外界，国内经济效率的提高和社会财富的公平分配等影响国家安全；冷战后军事因素逐渐退居次要地位，而经济的作用大大加强。相当多的国家认识到必须加入到以经济为基础，以科技为先导的综合国力竞争中去，才能取得发展和进步”①。21 世纪初则出现了“军事和政治重新抬头”的变化。自“9·11”事件后，全球反恐行动开始，以及近年来美国重返亚太，造成更多紧张局势。有些学者过分渲染“全球一体化”，实际上存在的现象是，世界上有一部分国家为自己的利益结成区域性的联合体，按照各自的逻辑采取行动。欧洲有自己的节奏或步伐，从欧共体到欧盟建立和欧元区形成是自己的选择。东亚地区具有相对独立性，日本经济曾经领先，后来中国经济强势增长并成为地区主导力量。中东地区则从没有和全球的“步调一致”过。世界大部分地区处于和平时，中东却战火不断。八个石油输出国是世界经济依赖的资源区，但整个地区的民族国家建立在分散的氏族部落、自给自足的农耕经济的基础上，所形成的伊斯兰国家也完全不同于西方民族国家。中东国家通过区域合作而加快发展，但受到战争和动乱的持续影响，始终未能摆脱困境。可以说，中东地区单独行进在自己的“时代”中。

如果把 1991 年前后的国际政治话语与 1918 年前后比较，就会发现，1918 年已有不少人判断：“民族自决天经地义，人类可

① ［德］奥托·岑皮尔：《变革中的世界政治：东西方冲突中结束后的国际体系》，晏扬译，华东师范大学出版社 2000 年版，第 90 页。

以一劳永逸地安居乐业”，“民族国家”和“民主制度”是万古不变的永恒真理。[①] 福山在20世纪80年代末提出的“历史终结论”，已不是新鲜的观点。即使把2019年和1979年作比较，也会发现20世纪70年代末期人们对未来的信心远远高于2019年。要对政体、国体和发展道路等问题的认识达到一致很难，但对于人类处于哪个时代，形成共识并不难。不过，全球范围内人类共生于某个单一的社会形态之下，这种可能性并不大。

总体来看，时代出现转折未必是良好时机的到来，相反可能要面对非常的境遇。现当代历史叙事延伸自近代叙事，表明历史似乎没有实质性的跃升或突破性的进展。21世纪中国处在世界舞台的显眼位置上，需要面对意料不到的挑战，“变局”也是亟待扭转的困局。时代转折一般由“划时代”的重大事件促成，如果后一个时代出现与前一个时代明显不同的特征，开始一种新的叙事，那才表明进入了一个新的时代。

---

① 雷海宗：《雷海宗杂论集》，天津人民出版社2016年版，第171页。

统治还是供养“天下人”

全球化并未达到“世界利益共享”，人类还是生活于不同国家。但“世界主义”的观念早已有之，只是在不同区域名称不同。中国古代的朝贡体系基于一种宏大的“天下”观。基督教有“基督教世界”，伊斯兰教有“伊斯兰世界”，都是超越国界的。西欧民族国家体系，听起来也是一个世界——资本主义世界，算是另一种“天下”。

人类共享同一个地球的资源，按理说应该有一种代表共同利益的诉求和共识，实则不然。悲观地看，世界范围内轰轰烈烈的反殖民和反霸权，未能彻底撼动 19 世纪以来世界利益随着强权意志变化的格局。苏联解体后的 30 多年里世界形势变化的情形，让人怀疑政治家和学者们对两极格局终结的好处的估计是不是过于乐观了？虽然全球化进入一个新阶段，似乎出现一致的全球性价值，比如世界公认的品牌、畅通的全球服务、出色的全球货物运输和人员流动、超大规模的跨国投资等，呼之欲出的共同价值理念以及国家间的战略协调似乎是顺理成章的趋势。但事实相反，不同民族国家、不同利益群体的冲突并没有消除，局部地区还出现愈演愈烈之势。这如何是好？

历史上的冲突主要是经济利益之争和控制权之争，除了这些，还涉及某种正确原则或者意识形态之争。只要是意识形态，通常都会提出一套构想，描绘出为人类提供更美好生活的图景。每种意识形态都是排他的，认为自己关于未来的宏大设想是最好的，而且一定能够变成现实。

资本主义生产方式打破了封建割据，统一了民族市场。一个现代民族国家需要满足经济发展的三个基本条件：明晰界定的产权；内在于市场机制中的完善的法律框架；代议制的民主宪政体制。像英国这样的国家，其民族意识中不仅包含对国家利益的追求，也包含实现个人的尊严和自由的追求，即通过“国家”来实现个人利益。意大利马志尼（Giuseppe Mazzini）构想的“民族的欧洲”，不同于威尔逊民族自决原则中的“民族”。以“民族意识心态和纲领的标准模式”自命的民族主义，基本上是领土性的，大多有明确的疆界。但随着移民的国际迁徙，出现所谓虚构的“民族”共同体的新形式。

二战后，美国占领军对德国进行改造，清算纳粹，让自由、民主与平等再次成为欧洲各民族的共识。苏美两大军事集团对垒迫使欧洲各国化解彼此宿怨，尤其法德之间实现了和解。从《巴黎条约》到《罗马条约》，拥有共同市场的六国以关税同盟的经济合作为平台，开始尝试构建一种新式的和平共同体。

19 世纪发展出的法国式民族主义高举理想主义的旗帜，把自由与人权理想传播到欧洲，带有民族利己主义的特征。德国式民族主义带着渴望统一的愿望，强调集体主义，对自由主义和民主主义关注较少。对那些无法准确解释其不满情绪来源的人而言，这样的民族主义尤其能替他们表达集体的愤恨：一切都是外国人的错。[①]

英国前首相布莱尔（Anthony Charles Lynton Blair）所作《为全球价值观而斗争》一文，称美国、英国等西方国家占领阿富汗和伊拉克的行动是“一场关于价值观和进步的斗争”，“如果我们要保护我们的生活方式，我们就别无其他选择，只能为之而战斗。这就意味着为了我们的价值观挺身而出，并不仅仅是在我们自己的国家，而是在全世界”。这显然是以普世价值掩盖利益争夺。

美国有利的地理位置、良好的安全环境，使美国有条件在对外关系中坚持道德主义。“美国例外论”认为美国独一无二，其使命是要拯救整个世界。受意识形态影响，美国外交的核心目标之一是在全世界传播美国式的自由理想，为此要按照美国的价值观和制度模式改造其他国家和国际秩序。[②]美国的政治人物把美国说成是世界秩序的领导者，声称要为世界树立典范。摩根索（Hans J. Morgenthau）说：“美国人并没有把意识形态仅仅作为掩饰真实意图的工具，其本身就是美国追求的目标。”美国人自信美国文化能够对其他国家产生积极的影响。美国的自由企业制度、自由贸易政策等随着扩张也要推广到全球。美国以自己的

---

① ［英］霍布斯鲍姆：《帝国的年代：1875—1914》，贾士蘅译，中信出版社2017年版，第180页。

② 王立新：《意识形态与美国外交政策》，北京大学出版社2007年版，第127页。

价值观和是非标准来衡量其他国家，尤其发展中国家的文化传统和政治生活，最终以美国式民主为样板，实现美国民主的“一统天下”。[①]

20 世纪存在意识形态和政治文化的冲突，例如欧洲大陆的民族主义、美国的自由主义、社会主义、伊斯兰教和国家政权结合的意识形态等。冷战结束后，意识形态的多样性并未消失，多极化本身就包括多种意识形态、价值取向的相互竞争。

按照伊斯兰教的教义，“伊斯兰世界”需要不断扩大，以归化异教徒。但一战结束后，英国和法国按照自己的意志划分了阿拉伯地区，并“制造出”一系列依附于英、法的新国家。表面上看，英国和法国帮助阿拉伯人取得独立和解放，实际上却是破坏了阿拉伯民族主义梦想。有些不该合并在一个政治版图之内的民族，被强制合并在一起；而整个阿拉伯民族却被分成许多林立的小国。现有的阿拉伯国家与阿拉伯民族主义者的理想相去甚远。历史遗留问题为这些国家之间后来的边界和领土争端埋下祸根，疆域划分、制度移植、殖民压迫导致了严重的民族矛盾和教派冲突。把阿拉伯国家强行推入国际化轨道，对这些国家的市场化、贸易国际化发展有双重作用，短期的成效和长期的损害并存。阿拉伯社会处于自然经济占主导地位的阶段，在分散的部落、自给自足的农耕经济基础上建立和扩大国内商品市场是一个难题。经济上的依附所导致的一种情况是依赖西方的援助，另一种情况就是处于不平等的贸易秩序中。同

① 王晓德：《美国文化与外交》，天津教育出版社 2008 年版，第 70 页。

时，阿拉伯国家的民族认同和国家认同并不是一个简单的对应关系，中东国家长期以来一直在国家民族主义与跨国民族主义之间徘徊。

古代中国接受众多藩属国的朝贡，自己作为宗主国处于中心地位。1840年以前，中国的朝贡体制和“天下主义”未被怀疑过。不平等条约把中国推入欧洲主宰的世界体系中，中国在近代成了世界的边缘而不是“天下”的中心。自19世纪与欧洲资产阶级民族主义短兵相接之后，一个半世纪的艰难曲折反倒让国人清醒了许多。列宁论证说：“资产阶级民族主义和无产阶级国际主义是两种不可调和的、敌对的口号，分别对应整个资本主义世界的两大阶级阵营，并且在国家问题上是两种不同的世界观。”另一方面，列宁也说：“社会主义的目的不只是要消灭人类分为许多小国家的现象，消灭一切民族隔绝状态，不只是要使各民族接近，而且要使各民族融合”，“只有经过所有被压迫民族完全解放的过渡阶段，即他们有分离自由的过渡时期，才能导致各民族的必然融合”。沃勒斯坦（Immanuel Maurice Wallerstein）说，马克思主义一开始并不是作为一种民族发展的意识形态被提出的，也不是注定只能以这种狭隘的方式来理解，未来有可能达到一种新的意识形态的公式，达到一种新的扬弃，从而可以建立一个更民主、更平等的世界。

生物学上的“鲸落”，是指巨鲸预测死亡并自沉深海，哺育并供给一个新的生态系统。这并非由于巨鲸的伟大情怀，而应该是一种必不可少的回馈。因为巨鲸的成长和生命维持需要吞噬无数的弱小生命，其掠夺性也是巨大的。一个庞大的世界强国的形成和壮大，以及维持庞大体量时需要积累的全球资源、吸收的全球人才、占据的全球市场等，也是不可估量的。待这个世界强国形成，在运行中扶弱小国家，维护世界和平，承担更多责任，应该是合理的。倘若不能让“天下人”满足基本生活需求，世界强国何以维持？

企业成败的重要史料和价值判断

从我们这代人身边飘逝的岁月，给我们留下了什么记忆？这是偶尔会从我心头掠过的疑问。20 世纪 80 年代的文学热、90 年代的下海潮、21 世纪头二十年的房地产热，我都有深浅不一的记忆。反映最近几十年历史的书，让人眼前一亮的文字不多。偶然翻到吴晓波的《大败局》[①]，不由得惊叹：秦池酒、延生护宝液、三九胃泰、三株口服液、太阳神、健力宝、华晨汽车、亚细亚商场、西部软件园，这些都是我们曾经日常听闻的名称。那个年代，我们就在这些令人厌倦的广告词中穿行。遗憾的是，这些品牌都消失了，大多数没有留下凝固的痕迹。《大败局》是非常难得的历史记录。

---

① 吴晓波：《大败局》（Ⅰ、Ⅱ），浙江大学出版社 2019 年版。

《大败局》的史料价值

《大败局》基于企业案例，数据信息源自调查、采访和官方媒体等第一手资料，所以其史料价值是毋庸置疑的。同时，因为《大败局》对企业的成败有深入分析和评判，作者还尝试追寻“失败基因”，所以事实判断和价值判断都具备。从这个意义上说，《大败局》的意义不限于史料价值。《大败局》的题材是企业史，实际上也是经济史和社会史，其中暴露的问题往往与政治制度和文化背景密切相关，反映的是一个激情澎湃、色彩斑斓的大时代。

《大败局》写失败，而“失败”在作者笔下包含多重含义。作者认为，“失败”是一个过程而不仅仅是一个结果。正因为要探究那些企业的危机是如何发生、如何蔓延的，企业家们是怎样陷入危机的，所以作者丝毫不放过每个细节、每个关键信息。展现在两本书中的企业失败故事既耐读也发人深省。

《大败局》初版之后相隔六年才撰写第二部，并于 2007 年出版，于是就有了《大败局》(Ⅰ)、《大败局》(Ⅱ)的区分。《大败局》(Ⅰ)重点讲了 10 家企业的疾速腾飞和黯然收场，《大败局》(Ⅱ)也讲了 9 家企业的盛衰。作者在几乎每一讲的后面都穿插两三个案例，合起来，两册书共讲到三四十家企业的事迹。《大败局》(Ⅰ)中讲的 10 个案企业失败案例，主要是 20 世纪 90 年代发生的事情。《大败局》(Ⅱ)中讲的 9 个案企业失败案例，企业的起点也在 90 年代，成为知名企业大多数是在 2000—2006 年之间，走向衰败则更晚一些。

吴晓波所写的这 19 家企业，主要可分为六类：一是生产饮料和白酒的企业，二是生产保健品的企业，三是家用电器类企业，四是电脑硬件和软件（包括各种“软件园区”）类企业，五是汽车企业，六是房地产企业。

第一类中，曾经风光无限的是“健力宝”集团和秦池酒厂。作为饮料的“健力宝”出名早。1984 年广东三水酒厂李经纬厂长推出的运动型饮料“健力宝”，成为中国奥运代表团首选饮料，被日本媒体称为“中国魔水”。1987 年“广东健力宝有限公司”成立，成为全国运动会赞助商，名声大噪。1997 年，公司总部迁到广州，斥巨资建“健力宝大厦”。健力宝一度成为“中国驰名商标”，饮料行业全国第一。2001 年健力宝经营业绩下滑。2002 年张海出任集团董事长，张经纬被罢免全国人大代表资格。2004 年张海被免去董事长兼总裁职务（2005 年被拘留）。秦池酒厂原本默默无闻，姬长孔担任厂长后两次（1995 年、1996 年）参加中央电视台举办的广告竞标，因成为“标王”而出尽风头，但两年后（1998 年）就销量大减，姬长孔离开秦池酒厂。

第二类中，飞龙集团、三株集团、“太阳神”和三九药业集团一度红遍大江南北，其中三九药业集团还把广告投放到国外。飞龙集团总部位于沈阳，当年的新闻中不断提到“沈阳飞龙”。这个企业以生产保健品起家，开发的“延生护宝液”家喻户晓。1991 年轰炸式的广告投放、1994 年的旺盛销量，使企业负责人姜伟名利双收。但 1995 年企业出现问题，到 1997 年负债额巨大。1999 年 2 月“伟哥开泰”上市，4 月被国家药监局查处。三株集团的知名品牌是“三株口服液”。企业位于济南，由吴炳新和儿子吴思伟创办。公司 1994 年成立，1996 年销量激增，引人注目，1997 年开始向医药、精细化工、生物工程、材料工程、物理电子、化妆品行业跨界拓展，吞下 20 多家制药厂。1997—1998 年官司不断，1999 年销售近乎停止。位于东莞的“黄江保健品厂”于 1988 年改名“太阳神”，生产“生物健”等保健品，企业负责人是怀汉新。1993 年“太阳神”的营销额达 13 亿元。不久，企业向着石油、房地产、化妆品、电脑、边贸、酒店等产业扩展，投资巨大。1994 年声名鹊起，1995 年销量下跌，1997 年怀汉新辞去总裁职务。三九药业集团（深圳）是军队系统下属的南方药厂，1996—2001 年之间并购了 140 多家地方企业，扩张为全国最大的中医药企业。出租车灯箱广告、明星代言、纽约曼哈顿广场的“999 三九药业”霓虹灯广告都是这个公司首创。集团总经理兼党委书记赵新先被称为“国有企业资本运作的第一人”。2003—2004 年，企业不断遇到问题，赵新先的许多“大手笔”搁浅。2004 年赵新先被免职，2005 年被拘捕。

第三类中，爱多品牌企业、科龙集团是佼佼者。“爱多”起初是家电公司，1995 年在广州成立，创始人为胡志标。1995 年参加中央电视台竞标，成为电子类第一名。但好景不长，1999 年企业遇到问题。科龙集团由原来的“珠江电冰箱厂”改组而成（1994 年），“科龙”是新创的品牌。珠江电冰箱厂成立于 1984 年，曾荣登全国电冰箱销量第一的宝座。1997 年科龙集团实现营业收入和盈利的高峰，1998 年与华宝集团联合。集团的总裁先后有潘宁、王国瑞、徐铁峰、顾雏军，经历王国瑞的“科龙革命”，顾雏军的“顾氏新政”，2002—2003 年扩张，南昌、合肥等地建立格林柯尔科技工业园。2003 年顾雏军被中央点电视台评为“2003 年中国经济年度人物”。2005 年顾雏军被拘捕，科龙股份被转让给青岛海信集团。

第四类中，史玉柱创办的巨人电脑公司（深圳、珠海）、宋如华创办的托普电子科技公司成立较早（1991 年、1992 年）。后来，史玉柱由电脑扩展到保健品、药品等行业，1995 年史玉柱登上《福布斯》榜且位列第八。1997 年初陷入债务危机，不久企业就垮了。宋如华则大胆创新，于 1997 年开始搞“西部软件园”，制造软件园神话。宋如华的公司一度成为四川省政府重点扶植企业之一，宋如华本人当选为“四川十大杰出青年”。1999—2002 年托普在全国开建了 27 个软件园。2003 年托普的危机全面爆发。2004 年宋如华辞去董事长、总裁职务。

第五类中，吴晓波的书里只讲了沈阳的华晨集团。华晨的前身是沈阳金杯客车厂。从 1995 年起，仰融接管这个客车厂的管理权，开发出新型的“海狮”牌小客车。1993 年华晨上市，更名为“华晨集团”。从 2000 年起先后与宝马、通用、三菱等国际知名公司开展合作。2000 年 12 月，第一代“中华”牌轿车在沈阳下线。2000—2001 年华晨的事业达到高峰。2002 年，华晨集团被划给辽宁省政府，仰融出走美国。

第六类中只讲了北京玫瑰园和天津的顺驰房地产企业。北京玫瑰园是北京昌平区开发的别墅区，1992 年 12 月投资建设，称“飞达玫瑰园”（中国飞达房地产公司承建），董事长刘长明。1993 年香港利达行（邓智仁创办）购买了玫瑰园的开发权。1999 年 6 月玫瑰园低价拍卖，希森集团（梁希森）购下了别墅项目。顺驰房产的起落过程是这样的：1994 年孙宏斌在天津创办顺驰房地产销售代理公司。2000 年孙宏斌一举拿下天津两个热门地块，打出了名声。2000—2003 年顺驰在天津开出 60 家连锁店，办起了房地产服务网。此后进军北京，并走向全国。2006 年初，顺驰被曝出负债 46 亿元。9 月，顺驰转让股权。

除上述六类企业外，在股票、互联网两个热门行业中，吴晓波共讲了三个失败的例子。其一，1992 年唐万新和唐万里等人注册成立新疆的德隆实业公司，专门从事资本市场的股票运作。1996 年总部迁往北京，在新疆、沈阳、湖南有分公司，称“德隆系”。1996—2001 年德隆获利总额 52 亿元。2004 年德隆全面受挫。唐万新被逮捕后，德隆集团被肢解。其二为中科创业（深圳）。1999 年，康达尔公司和康达尔 A 股变更为“中科创业”，一度操纵股市，影响很大，2002 年“中科案”被公开审理，相关人员被判刑。其三，北京瀛海威科技公司于 1995 年成立，张树新任总裁。1997 年与微软公司结成战略伙伴关系，瀛海威全国大网开通，用户剧增。1998 年 6 月亏损严重，张树新被迫辞职。1999 年企业重组，由兴发集团全面掌控。

《大败局》还讲到制造业和商业企业，典型的是“铁本”钢厂和亚细亚商场。铁本钢工厂位于常州，是戴国芳在 1996 年成立江苏铁本铸钢有限公司。2003 年戴国芳上了“中国富豪榜”，铁本项目加码到 840 万吨级，工程预算 106 亿元。2004 年铁本被调查。2006 年铁本破产清算，戴国芳被拘押。亚细亚商场则要风光得多。1989 年郑州的亚细亚商场正式开业，王遂舟是负责人。1990 年商场的营业额达到 1.86 亿元，1992 年声誉达到顶点，王遂舟当选“第三届全国杰出十大青年”，不久成为全国人大代表。1993 年 3 月成立“郑州亚细亚集团股份有限公司”，走连锁经营之路，在全国各地开分店，复制亚细亚商场模式。1997 年 3 月王遂舟辞职，亚细亚商场后来逐渐衰落。

至于牟其中创办的南德公司，不知道应该归在哪一类。南德公司的起点是 1984 年在重庆创办的中德实业开发公司。1987 年牟其中在海南注册“南德经济集团”，用罐头、皮衣等换苏联的飞机。1994 年成立“南德集团股份有限公司”，牟其中任董事长。1995—1996 年达到企业高峰，1999 年牟其中入狱。

上述这 19 家企业的平地而起，往往有不同的路径，而败落的方式也各不相同。比如，有的“走上连锁经营的不归路”，有的盲目追求速度，追求多元化经营，因过度扩张而解体；有的几乎是“一夜崩盘”，有的属于野蛮生长，早就潜伏着危机。它们失败的共同点是，忽视了经营管理最基本的原则，失去了对管理本质的把握，企业家内心的欲望膨胀。

在社会转型过程中，企业崛起和失败的例子屡见不鲜，《大败局》所记录的只是其中很小的一部分。吴晓波自述，他“始终怀着一种尊重而虔诚的心情来面对每一位在风雨中前行或跌倒的中国企业家”①。平心而论，“在应当由他们承担责任的那个年代，他们发动了一场最具激荡力的企业革命，他们的使命与他们的命运，决定了一个民族的进步，他们的悲剧也成为一个国家进步史的一部分”②。书中的几个非常典型的案例，例如，托普（宋如

① 吴晓波：《大败局》（Ⅰ），浙江人民出版社 2001 年版，第 11 页。

② 同上书，第 12 页。

华）、顺驰（孙宏斌）、三九药业（赵新先）、华晨（仰融）、巨人公司（史玉柱）等，其创办企业的过程、一飞冲天的气势、豁然倒塌的苍凉，就像情节夸张的电视剧。几乎每一个失败故事都能写一部书。

对企业“失败基因”的分析和判断

说《大败局》具有史料价值，显然只是肯定了其中一个层面。吴晓波在书中每讲完一个案例后都有分析，甚至和其他相似的或相反的案例比较，作出自己的判断。书中还有不少地方夹叙夹议，针对具体问题表达作者的见解。这些或大或小的判断，合起来在序言中有提炼和概括。

在《大败局》（Ⅰ）中，吴晓波把十家企业的“失败基因”概括为三点：第一，普遍缺乏道德感和人文关怀意识；第二，普遍缺乏对规律和秩序的尊重；第三，普遍缺乏系统的职业精神。在《大败局》（Ⅱ）中，吴晓波有一些新思考。比如，他认为“失败基因”之一是“政商博弈”的败局。具体而言，其一，产权明晰化过程中的政商破裂，其二，宏观调控中的利益分野，其三，地方利益竞争格局中的牺牲者。“失败基因”之二是创业“原罪”的困扰。“失败基因”之三是职业精神的缺失。具体而言，其一，违背了商业的基本逻辑，其二，企业家内心欲望的膨胀。①

显然，第一种判断主要涉及企业家素质和经营企业的方式方法。可以理解为，这些企业迅速崛起和短期内垮掉，都有着相似或相同的“内因”。第二种判断则涉及企业成败的“内因”和

① 吴晓波：《大败局》（Ⅱ），浙江人民出版社2007年版，第2—9页。

“外因”。事实上，在中国经济变革和社会转型期间，早期的创业者和稍后的创业者面临的环境就不一样。《大败局》(Ⅰ)中的企业家中，“草莽英雄”居多，而《大败局》(Ⅱ)中的企业家普遍在知识、能力和视野方面都高出许多，有清华才俊、大学副教授、军医、博士、发明家等等。

吴晓波通过研究发现，在胡志标、姬长孔、戴国芳、吴炳新等企业家中，绝大多数的个人品质和道德无可挑剔，有的甚至自律到了苛刻的地步。他们生活俭朴，不讲究吃穿，不讲究排场，为人真诚，性格豪爽，做事认真。他们也是“理想主义者”，“他们中的一些人更算得上是狂热的民族经济捍卫者”[①]。然而，他们在推广产品时夸大其词，随心所欲，漠视市场规则，给竞争对手设局使诈，不留余地。他们奉行成王败寇的逻辑，有的人以“不按常理出牌”办成大事而洋洋自得，毫不顾忌法规和道义，他们获利的前提往往是破坏市场秩序，从而乱中取胜。

在“爱多：青春期的错觉”这个案例结尾，作者解读“一夜崩盘”现象，提到“制度设计的原因”“市场环境的原因”“职业人格的原因”。针对市场环境因素，作者有感于过去几十年里太多明星企业的旋生旋灭，指出：“它们一方面以一种百无禁忌的勇气创造和放大了市场需求，成就了一段充满激情的创业神话；另一方面，它们的百无禁忌也极大地破坏了市场的道德规则，使如今的中国市场仍是一个流淌着无限商机却始终缺乏秩序感的竞

① 吴晓波：《大败局》(Ⅰ)，浙江人民出版社 2001 年版，第 7 页。

斗场。”[①] 作者还提出“秩序重于利益”的观点（不同于吴敬琏先生的“制度重于技术”）。

同样在“爱多”案例中，吴晓波有一个深刻的评论：“中国民营企业的成长史一再地证明着这样一个原理：对一家新兴企业来说，在度过了市场开拓阶段之后，阻碍其成长的重大威胁便是对财务缺乏适当的关注和没有正确有效的财务系统。一家没有稳定而有效的财务保障体系的民营企业，就好比一辆没有保险带和安全气囊却在高速公路上超速疾驰的汽车，企业的发展越快，在市场上的成功度越高，其缺乏财务前瞻性的危险就越大。”[②]

《大败局》（Ⅰ）所要表述的重要观点是：“中国企业家要真正成为这个社会和时代的主流力量，首先必须完成的一项工作——一项比技术升级、管理创新乃至种种超前的经营理念更为关键的工作，那就是塑造中国企业家的职业精神和重建中国企业的道德秩序。”[③] 一个可能的结论是，一代草创型企业家相似的“职业人格缺陷”是造成他们被集体淘汰的终极原因。

无论如何，随着市场开放，国外知名品牌进入，市场日趋规范，以及网络时代的到来使得知识更新速度加快，中国企业的激情年代终结，进入了理性复归的年代。用吴晓波的话说，“任何一家企业不能仅仅靠一个创意或者一则神话取得成功；知识、理性已经成了新经济年代最重要的生存法则”[④]。

---

① 吴晓波：《大败局》（Ⅰ），浙江人民出版社 2001 年版，第 97 页。
② 同上书，第 87 页。
③ 同上书，第 9 页。
④ 同上书，第 6—10 页。

不过，在新的环境下，企业也以另一种方式编写“成王败寇”的剧本。例如，曾是大学副教授的宋如华，创办企业之后本来想当个实业家，但不久就迅速转型为资本大玩家。他的野心其实是被“环境”所诱导、所鼓励。宋如华胆子变大，敢于让“西部软件园”遍地开花，是因为一个尚在空中的“西部软件园”让宋如华醍醐灌顶，“他突然发现，中国商业的游戏规则实在非常神奇，有时候，你辛辛苦苦做好一个产品，不如在某个夜晚喊出一个新概念，财富的聚与散往往随着大势的摇摆而动。他意识到，财富钟摆已经摇到自己的面前，此时若不及时伸手，将遗恨终生”①。

吴晓波指出：“这些企业失败的前提是存在一个独特的商业环境。法制总是在完善中，冒险者往往需要穿越现行的某些法规才能成功，企业家不可避免地遭遇商业之外的众多挑战。”②同时要看到，“我们至今缺少对一种简单而普适的商业逻辑的尊重，缺少对公平透明的游戏规则的遵守，缺少对符合人性的商业道德的敬畏”③。

在这个意义上，甚至不能过多地苛责那些敢为人先的企业家。按张维迎教授的说法，“企业家是创造经济奇迹的人”。他们的财富观、时间观、人生观、乡土观、人才观确实与众不同，也有别于传统观念。企业家认为盈利是天经地义的，他们不讳言钱，具有冒险精神、创新能力，勇于承担风险。企业家按照订单

① 吴晓波：《大败局》（Ⅱ），浙江人民出版社 2007 年版，第 280 页。
② 吴晓波：《大败局》（Ⅰ），浙江人民出版社 2001 年版，第 8 页。
③ 吴晓波：《大败局》（Ⅱ），浙江人民出版社 2007 年版，第 6 页。

生产，使用别人的技术规格而保质保量生产出产品，本就已经很不容易，关键在于，他们不满足于现有的市场需求，能够看到消费者都不明白的需求，从而创造新的需求。而且，社会对企业的要求也是创造效益，没有效益的企业，无论拥有如何先进的管理、技术、理念或企业文化，都称不上是好企业。因此，草根起家的企业家从来不肯放过任何一个成长的机会，只关心利益而不计后果，似乎也是注定了的。

可做范本的经济史研究

李伯重先生享誉海内外，在经济史领域的贡献有目共睹。我既无缘聆听先生教诲，也无能力评判先生著作，只是一名忠实的读者。我书橱里保存着先生的四篇论文的复印件，纸质发黄，页边上早年阅读时标识的小字已模糊。当时复印的论文不止这些，其中一部分在多次搬家中遗失了，只剩四篇。因为我曾经一字一句读过，且通读不止一遍，如今不用仔细翻看这些资料，都能想到每篇文章的篇幅长短、结构和内容安排，以及主要的观点。

《楚材晋用：中国水转大纺车与英国阿克莱水力纺纱机》发表于《历史研究》(2002 年第 1 期)，其主要观点两句话可以概括:（1）世界上最早发明和使用的水力纺纱机是元代中国的水转大纺车，而不是英国的阿克莱特水力纺纱机;（2）元代水转大纺车未能像阿克莱特水力纺纱机那样引起一系列重大科技和社会变革。可是，这篇文章的论证没那么简单，因为需要解答一系列的问题：水转大纺车的制造过程、使用情况及其推广范围是怎样的？制造和使用这种水转大纺车的知识是否西传到欧洲？如果传到欧洲，那么对以阿克莱特水力纺纱机为代表的同类机器发明是否产生了推动作用？既然水转大纺车的发明和应用比较早，为什么没能促进中国南方发达地区纺织业的发展？

李伯重先生在论文中说，撰写此文之前他就关注中国人制造的水转大纺车，写过探讨这种纺纱机在明清两代是否得到推广使用的论文（例如《水转大纺车及其历史命运》）。《楚材晋用》一文则集中讨论水力大纺车这一重大技术发明在中国和英国有何不同的结局，以及为什么有这样的结局。通过大量的史料梳理和实证分析，《楚材晋用》得出了三个基本结论：一是元代中国的无名工匠首先发明和使用了水力纺纱机；二是阿克莱特水力纺纱机和中国的水转大纺车之间未必有直接承继关系，但前者受到水转大纺车设计图样和机械知识的启发和影响是可以肯定的；三是同种发明产生了完全不一样的结果：元代以后关于使用水力纺纱机械的记载较少，但人力驱动的大纺车直到清代后期仍然在一些地区使用，这种发明创造没有引起技术改进和大量仿制；而阿克莱特水力纺纱机发明出来之后不仅在当时就迅速地普及，而且促进了其他发明如哈格里夫斯（James Hargreaves）的“珍妮”纺纱机和克朗普顿（Samuel Crompton）的“骡机”等应运而生；新型纺纱机提高了纺纱的效率，促进了织布机的改进。至此，这一连串的学术问题得到了圆满的解答。

《“选精”、“集粹”与“宋代江南农业革命”》一文发表于《中国社会科学》（2000 年第 1 期），副标题是“对传统经济史研究方法的检讨”，显然重点是讨论研究方法。这篇文章否定了中国历史上出现过“宋代经济革命”的说法。既然否定国际学界的这一说法，就要提出站得住脚的理由。李伯重先生认为，“宋代江南农业革命”只不过是一个“虚像”而已，之所以得出宋代“经济革命”的结论，是研究方法有问题。

李伯重先生质疑“宋代江南农业革命”说，是基于他自己多年研究江南经济作出的判断。如果真有所谓“宋代经济革命”，那么首先应表现为宋代江南地区的“农业革命”。根据他的研究，宋代的江南从经济成长方式上看虽然有若干重要进步，但并未出现可以称为“革命”的重大变化。于是，疑问就来了：研究经济史的学者不少，就算宋代经济史研究者的判断有误，难道研究前后朝代（唐代、明代、清代）经济史的学者也看不出来这种误判？借用吕思勉先生的话说，“普通的学理，谈学问者亦多能见之，绝无举世皆愚陋，一二人独明智之理也”。这就需要李伯重先生提出很有说服力的证据。

《“选精”、“集粹”》一文的篇幅很长，首先讨论“宋代江南农业革命”是否成立，经过两个层面的分析，证明“宋代江南农业革命”并不成立；接着分析经济史研究中“选精法”的使用及其效果，再分析“集粹法”的具体运用。结论是，使用这两种研究方法得出了“宋代经济革命”的“虚像”。那么“选精法”和“集粹法”为何会导致“虚像”？李伯重先生指出，这两种方法的主要错误都在于，将某一或某些例证所反映的具体的和特殊的现象加以普遍化，从而使之丧失了真实性。文章并没有就此打住，而是进一步强调：这一类研究方法的错误使用，绝不仅限于宋代经济史研究，也不限于文中提到的学者。众多包括他本人在内的中国经济史研究者，都曾经使用过或者正在使用这些方法。

读到《“选精”、“集粹”》一文结尾，感觉其“打击面”有点大。确实，这篇文章发表后产生了很大反响。李伯重先生为了回应国内外学者针对此文而提出的主要意见，集中作答，并就如何改进经济史的研究方法阐发了他个人的看法，形成了另一篇文章，题为《历史上的经济革命与经济史的研究方法》，发表于《中国社会科学》(2001 年第 6 期)。

这篇文章的内容分两部分。第一部分辨析几个重要理论概念，比如近代以前中国的“经济革命”、宋代江南的农业变化与农业劳动生产率、经济史上的技术进步及其与经济变化的关系。第二部分讨论经济史的研究方法问题。文中比较了历史学方法、经济学方法、其他学科的方法，以及各种方式的适用范围、相互关系，还提出“史无定法”。李伯重先生认为，史学家只有敞开胸怀，努力向其他学科学习，不断改进研究方法，才能使历史学在挑战面前立于不败之地。

李伯重先生的另一篇文章题为《英国模式、江南道路与资本主义萌芽》，发表于《历史研究》(2001 年第 1 期)。文章第一部分先分析“英国模式”及其重要性，再分析英国模式的普遍性与特殊性。第二部分讨论“江南道路”与英国模式是相符还是相悖？结论是英国模式不适用于明清江南。接着讨论明清江南出现近代工业化的可能性。第三部分回到“资本主义萌芽”理论，对已有的各类观点逐个检视，提出自己的看法。

《英国模式、江南道路与资本主义萌芽》一文讨论的题材在今天已不新鲜，但李伯重先生的研究方法和得出的结论一点也不过时。此文的观点之一是，西欧道路以英国模式为主，其核心即工业革命体现的经济变革；这种模式有其特殊性，即使在欧洲也不具有普遍意义。其二，中国的资本主义萌芽理论建立在英国模式基础上，这一理论的研究陷入困境，实际上是套用英国模式的结果。其三，通过对英国模式和中国明清江南模式的比较发现，倘若没有西方入侵，江南几乎不可能出现英国式的近代工业革命。其四，以往的西欧道路对中国历史具有普遍意义的说法并未经过验证。作为一种经济成长理论，资本主义萌芽理论自身存在着严重的缺陷。

李伯重先生的论文中，堪称范本的不止这些。比如，《从"夫妇并作"到"男耕女织"——明清江南农家妇女劳动问题探讨之一》(1996年)、《"男耕女织"与"妇女半边天"角色的形成——明清江南农家妇女劳动问题探讨之二》(1997年)、《"江南经济奇迹"的历史基础——新视野中的近代早期江南经济》(2011年)，以及新近发表的论文《相似与相异：19世纪初期江南与荷兰经济史比较研究》(2024年)，都是分量很重、质量很高的学术论文。

读李伯重先生的论文，不由让人感叹：自己接受学术训练时，老师要求要有"宏观"的视野、"整体"的史观、"综合"的方法，如今作为研究生导师，也在告诫学生应该这样，但将这些要求贯穿于实践，写出好文章，实在太难了。在史学专业化的时代，科研工作的步骤，始于确定选题，而后了解研究现状，搜集资料，选择研究方法，经过一番辛苦和煎熬，形成学术观点，最终完成论文写作，这是阶段性和整体性相统一的过程。对研究者而言，一篇论文完成并发表后，是否具有长久的生命力，要经过时间的检验。像李伯重先生这样知名的学者，不仅好几本著作成为经典，连单篇论文也可当范本，在学界只是极少数。古人所说的“见贤思齐”，在我看来，只是一种激励上进的愿望。“思”了无数遍，既无法追赶，也难以“看齐”，只能把具体的某几篇论文或某几本著作当作标杆，多研习多思考。毕竟如李伯重先生在一次采访中所言，“大家要看的是你的成果，不是身份”。

海关估价规则问题的微观研究

尽管自己仅研究中东国家的经济和贸易，但在阅读经济史经典著作时还是重视世界范围内的多边贸易体制及相关问题。我发现，各类贸易史著作无论多么厚重，数据多么翔实，着眼点大多都在于贸易额的增加和减少，或者贸易体制本身的国别差异。如果读贸易实务一类的书，得到的又是指南性质的内容，不是我所需要的。我想了解贸易过程中的具体运作，但不限于实务和案例，而是希望读到有一定的理论和深层判断的内容。比如海关估价的依据标准，具体规则有哪些差异，为什么有差异，这些规则是如何执行的，遇到问题如何解决。某天见到徐珊珊律师的著作《多边贸易体制下海关确定成交价格的法律问题》[①]，从网上查了目录框架后，认定是我所需要的，于是立即购来阅读。

据徐珊珊在论著的序言中介绍，国内学界从法律角度集中研

---

① 徐珊珊：《多边贸易体制下海关确定成交价格的法律问题》，法律出版社2009年版。

究多国贸易体制的成果还是不少的，尤其 2001 年中国加入世贸组织之后。只是这类研究的成果较多涉及反倾销、反补贴方面的规则。海关估价规则的研究薄弱，主要原因一是法学研究者无法获得行业协会或者商会对海关估价规则的反馈（包括批评等），二是海关系统之外的研究人员很难搜集到必要的资料。尽管海关估价规则在跨国贸易中非常关键，但现实生活中普通人大多并不知道它，而从事贸易研究的专家们又常常忽视它，所以，这项研究作为博士论文选题其实是冷门的。

徐珊珊的研究不是仅仅把海关估价规则当作技术性规则，而是从理论层面进行探讨。海关估价广泛影响进出口的利益，这是不言而喻的；更重要的是，世贸组织海关估价的首选方法，即“成交价格法”，不适用于包括中国在内的发展中国家。为什么不适用以及如何解决，这也是亟待讨论的现实问题。从根本上说，海关估价规则问题的研究应该是理论和实践相统一的，而这样的要求也决定了研究的难度。

《多边贸易体制下海关确定成交价格的法律问题》一书的结构是按照问题设置的。第一部分通览国际贸易中海关估价的各类方法，以及运用这些方法的依据、缘由和意义，属于理论层面的梳理。该书的研究就是以此为参照系来审视世贸组织海关估价的实践案例。第二部分从问题入手，探究“成交价格法”的复兴，以及隐含困境的根源。第三部分探究发展中国家执行“成交价格法”的具体情况，以及解决争端的办法。第四部分探讨摆脱困境的出路，这一部分篇幅较长，分三章讨论美国、加拿大、欧盟等发达国家的具体措施，包括界定实体概念、设计执法制度、重构司法审查标准等。在此前提下，指出发展中国家解决困境的具体办法和出路。

《多边贸易体制下海关确定成交价格的法律问题》的贡献之一是解答了核心的理论问题。作者指出了发展中国家在实施“成交价格法”时遭遇困境的根源，认为“成交价格法”虽具有便利贸易的优点，但存在较高的实施条件——低关税和较高的反瞒骗能力。症结在于，发达国家有条件实行“成交价格法”，而发展中国家在执行中会陷入困境。贡献之二是对海关估价的实际问题提出了新的观点，提供了可参考的解决办法。基于对造成困境的根源分析，论著就如何帮助发展中国家在不具备实施条件的情况下摆脱困境提出了合理的建议。

具体而言，论著中所讨论的法律问题，如有关《海关估价协议》的世贸组织争端解决的焦点、美国协调关税与所得税之征收的特殊安排、“市场价格法”与“成交价格法”的区别与联系、美国相对完善的海关估价法律制度，再深入一步就是学术问题。例如，从美国角度看，历史时期对外贸易中曾以“出口价格”“外国价格”或“美国价格”作为首选的海关估价方法，那么为什么要把“成交价格法”写进《海关估价协议》？从欧洲角度看，“成交价格法”并不是新的海关估价方法，西欧工业国家的贸易中早就实行过，后来又放弃了，那么为什么在东京回合谈判中“突然”复兴？换言之，最初持反对意见的欧共体为什么改变立场？从发展中国家的角度看，为什么“成本价格法”会在贸易中带来困境？作者对此进行了深入细致的研究，贸易史背景、法律文本分析、系统的推理、清晰流畅的称述缺一不可。

这部著作也顺便解答了一些疑惑。比如，有人认为，“成交价格法”的缺点就是不利于反瞒骗；有人认为，发达国家之所以能顺利实施“成交价格法”，依靠的是进口商的自觉；这些观点都是源于没有完整理解“成交价格法”的目的和条件，是表面化的认识。还有人认为，价格瞒骗状况出现上升趋势，与采取何种海关估价方法无关。徐珊珊的研究结果否定了这种说法。又如，在论著第二章的结尾处，对“成交价格法”执行的条件与本身的优缺点，作者“较真”地进行了辨析，郑重地指出：发展中国家出现执行困难，欠缺的是实行“成交价格法”的条件，而不是“成交价格法”本身的不足；因为就实现某种目的而言，“条件”是应当尽量获得满足的，而“不足”则是应当被改进和解决的。此处的论证有理有据，令人信服。

作为一本法律论著，其最终的价值还是实践和应用。问题的关键可归结为：“成交价格法”不代表发展中国家的利益，而发展中国家又很难改变它。一个触及问题本质的解决方案是从“成交价格法”规则内寻找便利贸易与保护关税的“平衡点”。而这如何做到？作者切入的角度是，成交价格中的实体概念是如何被界定的？其真实性和准确性是如何通过执法制度来保障的？法院对海关估价案件的审查标准是否有效地控制了海关的权威性？于是，作者在第四至六章从这三个角度展开研究，得出了结论，提供了尝试性的解决方法。作者的研究立足于大量的海关税案例，这些案例涉及美国、加拿大和欧洲发达国家。例如，美国的实付与应付价格、买方佣金、特许权费、海关调查权和裁量权、重新审理标准等。

作者指出，包括中国在内的发展中国家可以在三个方面有所作为：第一，正因为成交价格概念的界定有分歧，也是保护主义的领域，发展中国家可以借鉴经验，利用概念中的弹性和模糊之处，对成交价格作出有利于取得真实信息，或者有利于保护关税的解释；第二，通过设计执法制度，可以保护关税或使海关获得真实准确的价格信息，例如通过协调应税价格与存货成本的信息，可以打消进口商的瞒骗动机。第三，对海关估价案件不进行“重新审理”而限制司法复审的深度，可以维护海关适用成交价格法的权威，以此来保护关税。简言之，以“界定实体概念”“设计执法制度”“重构司法审查标准”三种方式，能够帮助发展中国家通过“规则内游戏”逐渐走出困境。

从出版时间看，《多边贸易体制下海关确定成交价格的法律问题》一书出版距今已有十多年了。或许如今海关估价规则的研究已有了新的成果，但这本论著因其理论、方法、案例分析的统一，学术价值和社会意义经得起时间考验。

第四辑

经济学家的世界史研究

经济学的研究对象是人类经济世界，而人类社会每天都在发生着巨大的变化。何况，经济和社会、制度、文化密不可分，因此经济学本身跟随时代不断改变。经济学家和历史学家一样关注世界，研究世界历史的规律。历史学家思考国家和民族命运，经济学家则重视商品价格和统计数据，也许殊途同归。不管学科领域的差异大小，其中思想的影响力都不能低估。正如歌德所说，“一种思想往往能改变整个世纪的面貌，而某些个别人物往往凭借他们创造的成果给他们那个时代打上烙印，使后世人永远不忘，继续发生有益的影响”①。

“历史重要性”和“经济重要性”

诺贝尔经济学得主小罗伯特·卢卡斯（Robert Lucas Jr.）在大学里学的是历史学专业。为什么走上研究经济学的道路呢？因为他从历史发展中看到了经济因素的重要性。1995年的诺贝尔经济

---

①［德］爱克曼：《歌德谈话录》，朱光潜译，译林出版社2021年版，第180页。

学奖授予小罗伯特·卢卡斯，是表彰他发展和应用了理性预期假说，改变了宏观经济的分析方法，加深了人们对经济政策的理解。一般的评价是：卢卡斯的新古典主义理论和理性预期假设，深刻影响了宏观经济学的研究。可见他的贡献并不在研究经济史。

经济因素的任何变化都会影响到其他因素。史学家把世界历史划分为不同区域或国别，而经济学家研究货币、劳动力或对外贸易时，就不能这样切割。比如，历史学家研究现代爱尔兰的历史时，不必考虑古代日本的历史，可经济学家研究利率和利润时就不能不研究工资水平。不过，经济学和历史学关系紧密。雷·坎特伯里（E. Ray Canterbery）说："数学把严谨带入经济学，但历史让经济学免于被数学的僵硬压垮。"

奥地利经济学家米塞斯（Luduig Heinrich Edler von Mises）判断："有一种力量推动着洞穴时代艰难地寻找食物的野蛮人，一步一步地进入现代工业时代，这种力量，正是储蓄和资本的积累。这种发展变化的开路先锋，则是这样的理念：应当创造某种制度框架，从而能够按照生产资料私人所有原则，保障资本积累的安全。通往繁荣之路的每一步都是储蓄的结果。"①概而言之，在经济学家看来，"尽管经济发展没有固定模式，世界各地的文化发展也千差万别，但是，免受饥饿、疾病及自然灾害之苦都是人类共同的愿望。"②

① ［奥］米塞斯：《官僚体制·反资本主义的心态》，姚中秋、冯克利译，新星出版社 2007 年版，第 137 页。

② ［美］萨缪尔森、［美］诺德豪斯：《宏观经济学》，萧琛等译，华夏出版社 1999 年版，第 4 页。

19世纪德国的经济学家威廉·罗雪尔（Wilhelm Georg Friedrich Roscher）是德国经济学的旧历史学派创始人。他在经济学研究中强调历史的方法是基于这样的认识：（1）国民之经济学绝不单纯是致富术，而是企图分析人类、判断和控制人类的一种政治科学；（2）所谓国民绝不只是现在活着的许多人的单纯集合，不能只满足于观察和分析现代的经济关系，对于以前的各个文化阶段也要做同样的研究；（3）从复杂的现象中找出其本质的合乎规律性的东西是困难的；（4）历史的方法绝不轻率地赞成或非难某一特定制度；（5）国民经济的生活和动植物界一样，要经过幼年、青年、成年和老年时期，而每个国民的进化都要受三种主要经济要素（自然、劳动和资本）的支配。威廉·罗雪尔著有《国民经济学体系》(五卷本)、《历史方法的国民经济学讲义大纲》，还有经济思想史著作《16、17世纪英国国民经济学说史》《德国经济学说史》《殖民、殖民政策、移民》等。

2008年诺贝尔经济学奖得主保罗·克鲁格曼（Paul Krugman）认为，某些历史性偶然因素是形成国际劳动分工的一个重要因素。在决定什么地方生产什么产品的过程中，历史因素常起着关键作用。例如，规模经济会使得某个产业在该产业发源地发展壮大起来。

剑桥大学教授、韩裔经济学家张夏准（Ha-Joon Chang）对历史的重要性作出肯定。他认为历史的重要表现在：首先，历史影响当下。人们自以为了解的历史会影响人们的决策。其次，历史还迫使人们质疑一些理所当然的假设。复次，历史能够凸显经济理论的局限。最后，我们之所以读史，是因为道德责任——我们应该尽量避免拿民众做“活体实验”。他指出：“研究历史没法让我们完全避免犯错，但在制定能够影响民众生活的政策之前，我们应该尽力从历史中吸取教训。”①

我们是如何从历史走到今天的？这个话题很常见。若从新航路开辟算起，或者以斯塔夫里阿诺斯（Leften Stavros Stavrianos）《全球通史》的1500年为近代起点，实际上探索的是资本主义的发生发展史。资本主义史在历史学者眼里有不同的阶段划分，不需赘述。张夏准是这样划分的：1500—1820年是资本主义的黎明；1820—1870年是工业革命时期；1870—1913年是自由经济的全盛期；1914—1945年是大动乱年代；1945—1973年是资本主义黄金年代；1973—1979年是过渡期；1980年至今经历新自由主义的起落。

经济学家的经济史研究

按照一般的理解，历史学家和经济学家都会研究经济史。其实，历史学家中研究经济史的不如研究政治史和文化史的受人关注。因为经济史涉及农业、手工业、税收、贸易等琐碎问题，不像研究朝代更替、金戈铁马的战争那样有震撼力。

经济学的教科书中指出，美国经济学家罗伯特·福格尔（Robert Fogel）提升了经济史的学科地位。“福格尔的研究让人们看到，经济史有命题、有观点、有概念、有分析、有对比、有精确计算的‘科学’分析，因而有了基本的尊严，可以和其他经

---

① ［英］张夏准：《每个人的经济学》，李佳楠等译，广西师范大学出版社2020年版，第34页。

济学分支学科平起平坐。”[①] 福格尔长期在芝加哥大学任经济学教授，曾是经济史学会会长、社会科学史学会会长、美国经济学会会长，他也是1993年的诺贝尔经济学奖获得者。福格尔获奖的理由是：在经济史研究中创新性地使用经济理论和量化方法，解释经济和制度变迁。

福格尔也被誉为“经济史学的集大成者”。还有一种评价是：“福格尔对经济史学的贡献引起了一场革命，吸引了一代经济学家投身研究经济历史问题。”福格尔的学术贡献，一是美国19世纪的运输革命研究，二是南北战争前美国的奴隶制研究，三是历史人口学研究。福格尔著有《美国经济史的重新解释》《铁路与美国经济增长：经济计量史论文集》《苦难的时代：美国奴隶制经济学》《第四次大觉醒及平等主义的未来》等。福格尔提出“反事实假定法”，或者叫“反事实推论法”，以及“间接度量法”。福格尔还提出“社会节省”的概念并付诸应用。比如，传统观点认为，美国19世纪大规模的交通运输系统对经济发展有决定性的影响，而福格尔设计了反事实的推演和对比，发现铁路对于美国GDP增长的影响不到3%。结论是，铁路对19世纪的社会节省的贡献不多，远赶不上运河的贡献。

福格尔对奴隶制研究的结论也和传统观点不一样。按传统观点，美国奴隶制是一种低效率的生产方式。福格尔及合作者通过研究后提出，奴隶制是一种剥削制度，但奴隶制之所以在美国历史上长期存在，是因为其效率高，且获利能力强。福格尔另一项

① 赖建诚：《经济史的趣味》，浙江大学出版社2011年版，第44页。

创新工作是对历史人口学的研究，主要集中于营养和健康的变化与经济、社会和人口统计行为之间的关系。

1972 年诺贝尔经济学奖得主约翰·希克斯（John Hicks）的《经济史理论》，主要内容包括市场的兴起，城邦和殖民地，货币、法规和信用制度的发展，君主的财源，农业的商业化过程，劳工市场的变化，工业革命的历史等。约翰·希克斯把人类经济活动的历史区分为两种类型，即自由放任或集中干涉，在上述各个专题的阐述中贯穿了他的观点。当然，约翰·希克斯的主要贡献是创建微观经济学中的一般均衡理论，也创建了宏观经济学微观化的理论。希克斯的《价值与资本》一书建立了关于商品、生产要素、信任和货币的完整的均衡模型。他对福利经济学的研究有巨大贡献。

经济学家为穷国研究经济

经济学在 20 世纪诞生了一个分支学科叫“发展经济学”，主要研究落后的农业国家或发展中国家如何实现工业化、摆脱贫困，研究对象就是发展中国家的经济发展问题。

为发展经济学作出贡献的经济学家有很多，其中引人注目的有三位诺贝尔经济学奖得主，一是纲纳·缪达尔（Gunnar Myrdal，1974 年获奖），一位是阿瑟·刘易斯（Sir Arthur Lewis，1979 年获奖），一位是阿玛蒂亚·森（Amartya Sen，1998 年获奖）。

缪达尔是瑞典学派的创始人之一，也是发展经济学的先驱人物之一。他提出“循环积累因果原理”，重视社会制度研究。缪达尔的著作《经济理论发展中的政治因素》《美国的困境：黑人问题与现代民主》《经济理论与不发达地区》《世界贫困的挑战》。缪达尔的学术成就中，“循环积累因果理论”是研究经济发展问题的一种独特方法。他认为，从动态角度审视社会经济会发现，经济中各要素存在着相互的循环积累因果关系；社会经济的各个要素的常态不是均衡，而是循环往复地相互影响和具有累积效应地不断运动。循环积累因果理论也用于分析发展中国家的经济发展问题。作为发展经济学的先驱，缪达尔于1968年出版的三卷本的《亚洲的戏剧：南亚国家贫困问题研究》影响很大，对发展经济学具有推动作用。

阿瑟·刘易斯出生于英属西印度群岛（现为圣卢西亚），在英国伦敦经济学院学习经济学，分别于1937年、1940年获得经济学学士学位、经济学博士学位，并留校任教。阿瑟·刘易斯自20世纪50年代中期起研究发展中国家的经济，主要经济贡献在于提出“二元经济”理论模型。他指出，贫困国家在发展初期，传统部门因隐蔽性失业存在几乎无限供给的劳动力；现代部门中非熟练工人的实际工资水平只要略高于传统部门的平均收入，那么传统部门的劳动力就会源源不断涌向现代部门，资本利润得以不断扩张；传统部门中的人口红利逐步被现代部门吸纳，原有经济发展模式下经济增速逐步放缓。

印度经济学家阿玛蒂亚·森被誉为“穷人的经济学家”“多元文化兼容精神”的倡导者。他是第一位获得诺贝尔经济学奖的亚洲人，也是获奖者中唯一来自发展中国家的学者。他发展了社会选择理论，贡献主要在经济学领域，如修正了“理性”在经济学上的最优化，引入“个人选择”丰富了公共选择理论，解决了

“投票悖论”和“阿罗不可能定理”等。

张夏准也探究“为什么贫困和不平等可以控制”的问题。他说，即使政府解决了信息不对称问题，有办法制定好的政策，也可能会由于缺少人力和资金而没法落实到位，尤其是在相对贫穷的国家。一国的经济自由跟它的政治自由并没有明显关系。许多独裁政权实施非常自由市场的政策，而许多民主政权，比如斯堪的纳维亚国家，税收高，管制多，因此经济自由度低。张夏准的看法是，经济发展的关键是一个国家生产能力的整体提升。“当一个经济体生产能力低下，只有自然资源或只能依靠廉价劳动力时，这个经济体就不仅是收入低，而且连产品未来会贬值多少也不能确定。”① 当前，由于生产资料所有权的不平等和经济模式的转变，富人恒富、阶级固化、流动性低的现象日益严重。一定程度的不平等也许是社会发展的必然，但当前主要国家内部和国家之间收入不平等的程度导致民粹主义兴起，保护主义抬头，社会不稳定加剧。

研究历史上的制度变迁

道格拉斯·诺斯（Douglass North）1993 年获得诺贝尔经济学奖的理由是，在经济史研究中创新性地使用经济理论和量化方法，解释经济和制度变迁。他和福格尔都是新经济史研究的先行者，他的研究扩展了经济史研究的边界，为人们理解经济史提供了新思路。诺斯所著《经济史中的结构与变迁》《制度、制度变

① ［英］张夏准：《每个人的经济学》，李佳楠等译，广西师范大学出版社 2020 年版，第 183 页。

迁与经济绩效》《1790—1860 年的美国经济增长》《美国过去的经济增长与福利：新经济史》《制度变迁与美国经济增长》等，一看著作名称就是经济史范畴的。

诺斯的主要贡献是建立了“制度变迁理论”，具体包括产权理论、国家理论和意识形态理论三个方面。他的产权理论认为，产权对于经济增长有着重要的影响，清晰的产权能够促进经济发展，但人类并不总是能够建立起有效的产权制度，因为历史上经济衰退的时间长于经济繁荣的时间。他的国家理论认为，统治者会从自身效用最大化的角度制定有利于统治集团而无效率的产权结构。他的意识形态理论认为，意识形态是降低交易成本的一种手段，通过外部力量界定产权就是无效率的，需要意识形态来规范人们的行为。意识形态使产权执行的效率得以提升。

其实，研究制度问题的经济学家还有很多，例如米塞斯，他著有《官僚制度》《反资本主义心态》等。他指出，“欧洲的极权主义，是官僚体制在教育领域占了上风的产物。大学为独裁者铺平了道路”，“批判意识的消失，是维护我们文明的大敌。它使江湖骗子更容易糊弄人民。一个醒目的事实是，受教育的阶层比没有多少文化的人更容易受骗。极权主义最热情的支持者，都是知识分子，而不是目不识丁的粗汉”。①

把政党政治和经济周期联系起来

威廉·诺德豪斯（William D. Nordhaus）是 2018 年的诺贝

① ［奥］米塞斯：《官僚制度·反资本主义心态》，姚中秋、冯克利译，新星出版社 2007 年版，第 77、94 页。

尔经济学奖得主。诺德豪斯本是环境经济学的开拓者，也从政治经济学角度研究美国经济周期，提出“机会主义周期理论”。同时，诺德豪斯与萨缪尔森（Paul A. Samuelson）合著的教科书《经济学》享誉世界，为公众所熟知。

诺德豪斯的“气候–经济综合评估模型”很复杂，外行人不容易看懂。他建立的“机会主义周期理论”是在1975年发表的论文《政治经济周期》中提出的。简单地说，就是“政党政治会对经济周期产生显著影响”。或者说，“组成政府的政党和官员都是理性自利的经济个体，其机会主义行为是引起经济周期波动的重要因素之一”。

所谓机会主义行为，其实是资本主义国家政治选举中常见的现象。执政党和在任官员为了下届连任，在选举之前想办法吸引选票，例如采取财政扩张等方式刺激经济，而在选举之后再进行政策紧缩，弥补赤字，抑制通胀。因为选民往往是短视的，只关注物价和失业率等经济表现，以此决定其投票意向。换言之，定期选举和政党操纵导致经济出现周期性的扩张和收缩，使经济呈现出明显的政治周期。

“碎片化”与社会经济史研究的深化

新时代有新命题，历史学这门古老的学科也面临目标定位和价值取向的选择。可以肯定的是，历史学求真和致用的基本目标不会变，历史书写中的正义良知不应该变，历史学研究者的神圣使命不能变。当然，历史研究要回应社会的需求，应对新的挑战。例如，如何让传统课题的研究焕发生机；如何在中国史研究中放眼世界，在世界史研究中突出中国意识；如何在历史大视野中把握具体问题，如何验证历史研究中的事实判断、价值判断与因果判断；如何产生史学精品，形成学术思想。

不过，各方面因素的变化，常常使研究者面临一些困惑：对人类社会发展过程中的宏大叙事应该进行建构还是解构；是直面还是回避社会发展中的失误与灾难；是深入揭示事件因果关系，探究历史发展的规律，还是着力于新社会史、新文化史的“碎片化”题材，在整体性、综合性的研究之外寻找路径；是为了丰富历史题材而从文学和神话学、民俗学那里找资料，还是着眼于史事的诠释、史料的分析，提高自己的史识。具体而言，与“碎片化”问题伴随的还有历史作品的表达和呈现方式问题，比如，是用数字化计量化的图表结构，还是侧重传统的叙事方式。又如，历史研究中是选择投身于大课题、大项目，还是坚持个人学术理路的逻辑推进。这些困惑所涉及的价值取向问题直接关系到历史研究目标的实现。

“碎片化”研究与整体性研究

历史研究中，题材的“碎片化”是正常的，因为历史学研究对象是过去发生的所有事件和过程，研究内容和题材包罗万象。“碎片化”的研究往往意味着领域的拓展，也是研究内容的深化和细化。历史研究中的政治史、军事史是大题材，关乎朝代更替、大国兴衰、社会剧变，而经济史、文化史、社会史、民俗史的研究关乎普通人的衣食住行、婚丧嫁娶、喜怒哀乐，基本上都是具体的现象或细微的律动。

在价值多元化的时代，文化史、新文化史、社会史、性别史等的研究成果带来了新鲜气息。我们确实看到文化史、新文化史的研究对象已很琐碎，甚至有点离奇。如果说食盐、棉花、蔗糖、香料、水井盖、磨盘的研究能让人产生新奇感的话，那么，小偷、妓女、文身、乳房、内衣、澡堂等的研究，则让普通阅读者忍不住怀疑其研究价值和意义。

细碎和宏大是相对而言的。相对于佛教的生死大问题，具体的某次瘟疫和流行病是小题材；但放在医疗社会史中，各种各样的疾病、屡禁不止的毒品、城市垃圾和污秽处理的方式、点点滴滴的医疗技术革新和失误，都是很关键、很重要的题材。相对于帝国崩溃和制度变迁，社区纠纷、警察抓小偷、幼儿教育都是不起眼的小事，但放在城市史的区域或阶段性研究中，一次械斗、一个警局、一所小学也不是无足轻重的。

历史学研究中最能显示功力的是“以小见大”。如果从细碎的题材入手，揭示社会组织演进、制度兴废、人类进步的根本动因或影响因素，当然是值得赞赏的研究成果。新文化史题材中的身体史、性文化史、色情史等研究，若能揭示人类文明进程中某些关键的环节，或者对人类某些观念的塑造作用，并且有理有据，合乎史学研究规范，同样值得肯定和赞赏。这样的研究其实需要花费很大的工夫考索。

真正的问题不在于题材的“碎片化”，而在于选题立意和研究方法的偏差。比如，过分夸大某些符号、某些并不普及的现象对历史发展的影响，或对某种世界观的塑造。又如，为了吸引眼球而渲染逸闻趣事，以通俗化为借口，无视历史学应有的严谨性。

近几十年来的世界史研究中，与“碎片化”研究并存的是大而全的研究。比如全球史、人类史、世界文明史、跨文化交流史等等。从积极的方面看，这一类研究往往立意高远，旨在揭示人类历史的总趋势、人类社会形态演进的特征、人类文明的相互交流与冲突，因而主题宏大，视野开阔。从消极的方面看，靠单个研究者的力量几乎无法实现对“人类”“全球”“世界”的把握，一般要诉诸集体合作和分阶段、分专题的研究，然后进行整合，完成鸿篇巨制。可是，这样的“整体性研究”在形式上能达到宏观和整体，却不够精细，得出的结论往往阔大有余，高度可喜，却很难切中要害。

真正稀缺的“整体性”“系统化”研究，应该是“中观”的、传统的。既不像新文化史的题材那么琐碎，也不像全球史那么宏大；既不是为了突显“新”而剑出偏锋，也不是抱残守缺的“旧”，而是把“人”“民族”“国家”当作基本的研究单元，探讨社会形态演进过程中的主要线索、基本特征、发展规律。从题材来讲，部落、社群、婚姻、制度、律令、官僚阶层、市民生活、宗教组织、礼仪、建筑、绘画、文学、哲学等是研究的重点。从研究方法来看，经济学、社会学、政治学、心理学的方法要借鉴，计量学、生态学、生物医学、地理学、传播学等的方法或成果也可借用，但离不开传统的史料梳理和分析，以及事件的描述和结论的提炼。

在整体性研究中，历史研究的功能和目标仍然是考订历史事实，总结历史经验教训，揭示历史发展规律，把握历史发展大势，完成历史研究的传世之作。具体而言，升平之世的社会发展和进步的经验要总结，衰乱之世的深刻教训也要吸取；历代治国理政的成败得失要揭示，朝代更替和国家兴衰的内在逻辑也要探寻；人类历史演变的一般规律要探索，各个民族发展道路的独特性也要比较研究。应当持续不断地挖掘历史上的制度变迁和思想转折，而生产力与生产关系的理论、社会形态、历史前进的动力问题等，也必须有学者付出艰辛努力进行研究，愿坐冷板凳，十年磨一剑。

基于史料的“整体性”与理论高度

以前“书到用时方恨少”，现在“书到用时方恨多”。针对如何尽可能全地搜集史料，曾产生了专门的学问——史料学。19 世纪德国兰克学派的科学史学反映了当时史料学达到的高度。德国留学归来的傅斯年在历史语言研究所创办时说“上穷碧落下黄泉，动手动脚找材料”。这都表明史料搜集和整理的不易。以现在的标准看，古代史官记载的实录和史家编纂的史书，总体只是留下了官方政事梗概，缺少有关民间生活细节的文字资料。以文字形式记载或保存下来的史料总是不全面的，发生过的事情很多，能记载下来的相对少；针对某些事件或某些人物，赞扬的方面记载得多，则往往掩盖的信息也多；有时恰恰相反，负面的记载多，正面的被遗漏了。即使第一手资料如家谱、墓志铭、传记之类，有些可能反映当时人的一般状况，有些未必能反映。古代留下的如何经商、如何治水的格言一类，更不能反映当时的社会状况。因此，传统史学工作者的任务，就是把历史事实考证清楚，减少模糊和错误记载。对史学研究者的要求也非常高，要正直、对历史有敬畏感。

19 世纪以来的历史可依据的资料变得丰富。除档案、文件、宣言、条约、政令、著作、笔记之外，还有新的载体如报纸、期刊、摄影图片、文物等等。资料过于丰富，反而难以选择和取舍。现在有先进的仪器，声音、图像、纸质文字、电子文稿等都可以原封不动地留下来。想要国外资料，电脑鼠标一动，网络资源随手可得。

网络技术给史学研究带来很大方便，尤其是智能化的数字处理便于海量信息的输出和筛选。数字技术、人工智能在各个阶段的影响不一样，起初只是史料存储方式的变革，电子化的史料搜集和管理实现了永久保存。后来的网络技术拓展了史料搜集整理的范围，加快了处理速度，实现了量化分析。现阶段，数字技术已经实现自动检索、半自动检索，从多个可检索文献数据库中获取信息，甚至用智能技术研读史料，把跨时空的历史人物和事件勾连起来，加工处理之后，做出初步的判断，甚至定性分析。

如果说现在的历史研究也需要史料功夫的话，现在需要的是挑选、梳理、鉴别的能力。因为史料之丰富、获取资料的手段之先进，今天的历史研究者应该是非常幸运的。同时，过于丰富的史料和历史信息也给研究者带来很大的挑战。历史学家必须对研究对象和题材作出选择，否则无法下手。历史学家汤因比（Arnold Joseph Toynbee）曾举例说，“假如一个人掌握了某一天全世界所有报纸，假如报纸上字字都反映真实发生过的事，假如这些事情都很重要，那他还是写不出不遗漏任何事实的关于这一天的历史。不得已，还要作出选择，突出其中一些事，贬低甚至舍弃另外一些事实”①。这样一来，单个研究者所做的工作往往属于零敲碎打，相对于庞大的史料，也是另一种“碎片化”，甚至会陷入纷繁史料和海量信息的汪洋大海。

客观存在的历史事实并不会自然地或必然地成为历史学的研究对象。19 世纪的史学家坚持“让事实自己说话”，20 世纪以后，史学家们很少再相信让事实自己说话，理由是历史事实早已消失。说某件事情有意义，某件事情无意义，某件事情有价值，某件事情无价值，都是出于史学家的判断。史学理论家古奇

① ［英］阿诺德·汤因比、［英］G. R. 厄本：《汤因比论汤因比》，沈晓红、王少如译，上海三联书店 1997 年版，第 14 页。

（George Peabody Gooch）指出：“历史知识只有当他们引导人们对未来形成正确的估计时，才有价值。”① 这就涉及历史认识论层面的问题。

章学诚说的“高明者多独断之学，沉潜者尚考索之功”，这句话并不是说，一部分擅长于考据的人做考据，擅长于理论的人做判断，而是两种功夫都需要。历史研究中事实判断的部分，要运用一切科技手段搜集最完整的资料，纸上信息与考古实物相参照，尽最大可能还原历史细节。历史研究中高屋建瓴的判断，要尽可能综合运用和借鉴多学科的理论，做到客观与主观的统一、事实与理论的统一，既合乎逻辑又合乎历史学规范。

正如王学典所说，近几十年来历史研究在知识点上实现了刷新，积累了雄厚丰富的具体研究成果，又出土了大量简帛资料，但是，未能同步地进行大规模的综合概括和理论抽象，从而无法形成历史理论。显然，堆砌的材料和细碎事实不经过研究者的选择和判断，不经过“抽象”，难以宏观地揭示历史发展规律。历史理论探究的是人类社会形态，人类社会发展的规律，以及历史发展的动力、主线、基本脉络、终极目标等问题。有的学科、理论可以设定一套概念、范畴、术语，脱离时空去演绎和推理，但历史理论不能使用纯科学的方法。无法“推理”，自然就无法构建出宏大的理论框架。

之所以强调马克思主义历史理论，是因为马克思主义历史理论的核心是社会有机体和社会结构理论，揭示社会各要素之间的

① 何兆武：《历史理论与史学理论》，商务印书馆 1999 年版，第 274 页。

相互制约和普遍联系，具有整体性思维。在历史学研究中，事实判断和价值判断都重要，各有其价值。做足史料功夫、厘清模糊的史料、发现新的史料、校正一些史料错漏，都是贡献。价值判断需要理论思维，需要高度和深度。高度和深度从哪儿来，通俗地说就是：站得高、看得远、说得透。并不一定要求每一项研究有理论高度，但必须考虑每一项研究在整体史中的位置。

整体综合的研究不排斥学术自洽

最近40多年是我国历史研究的一个繁荣阶段。因为国家高度重视，各方面投入持续增加，研究条件和学术环境不断改善。除了规模大、周期长的大型综合性项目，如“夏商周断代工程”“中华文明探源工程”“国家清史纂修工程”“边疆历史与现状综合研究项目”“《（新编）中国通史》纂修工程”“抗日战争史专项工程”等，每年的国家社科基金重大项目立项也逐渐增长。再加上教育部和国家其他文化部门委托的重大项目，各类重大招标项目和重大课题数以千计。不同研究方向每年都有若干项“文献搜集、整理与研究”，包括多卷本的国家通史、思想通史、艺术通史、建筑史、报刊史等，一些冷门绝学也专门立项，获得国家支持。

同时，应该认识到，历史研究也需要精雕细琢和个人创见。研究者的知识基础、专业素养、情趣和境界、自得和自洽，都是不可或缺的。所谓“自洽”，简单地说就是按照学术自身的逻辑推演，可以证明自己的研究结论至少不矛盾或者无差错。科学研究的客观基础本身就是遵循自洽性的。对历史学而言，研究者要有自得，要持之以恒、持之有故，即按照学术和专业的逻辑决定研究方向和研究题材，选择研究方法，并兼顾学术成果呈现方式的个性和特色。历史上乾嘉学派代表人物在社会稳定时期"两耳不闻窗外事"，靠个人的勤奋，在文、史、哲、音韵学等多方面深入钻研，就是典型的例子。惠栋、王鸣盛、戴震、钱大昕、段玉裁、翁方纲、余萧客、王念孙、王引之等，每个人都有自己独特的学术追求和研究路径，而且大多博学多识，著作等身。戴震、钱大昕等人都参与修撰地方志的"集体合作项目"，但其学术成就的个人特色还是明显的。

现代学者陈垣、顾颉刚、钱穆、陈寅恪等都有自己做学问的学术路径。当时并没有课题指南一类的东西先做什么后做什么，使用什么方法，达到什么目标，都取决于学者自己。陈垣的著述从《元也里可温教考》《开封一赐乐业教考》《火祆教入中国考》《摩尼教入中国考》，到《元西域人华化考》《基督教入华史略》等，都是沿着自己的学术理路展开的。顾颉刚考辨古史，按今天的标准也是"碎片化"，但他开创了历史地理学和民俗学研究，而研究领域的拓展往往随着自己的兴趣和研究的需求而变动。钱穆的学术目标是弘扬中国传统文化，所以他的代表作《先秦诸子系年》《中国近三百年学术史》《中国思想史》《宋明理学概述》《中国学术思想史论丛》都是有理路可寻的。陈寅恪学术研究的独特性就更不用举例了。

并不是说大课题、团队协作不能产生精品。那些大型学术工程，团队协作得好，学者责任心强，对于文献搜集整理方面的贡献是非常大的。当然，也有一些大课题质量不高。要么是申报立项时研究团队仓促拼凑，要么是研究过程的组织管理不到位，要么是具体的任务承担者未能尽力，有损历史学的专业规范，降低了研究成果的品位。对于历史研究而言，最终目标是产生学术精品，即经得起时间检验、经得起学界评判、经得起读者挑剔的成果。精品不在于题材大小。大课题做得好，是精品，小题材的研究做到精致，也是精品。北京大学朱孝远教授在一次演讲中专门谈到"精品"与题材大小的关系。他举例说，梵高画的向日葵、齐白石画的虾、陈寅恪写的柳如是，和那些大题材相比很不起眼，但他们做到极致，就跨越了时空，达到审美效果而成了精品，就是这个道理。

学术精品的产生和学术思想的形成过程中，独立研究、深入研究和持续研究必不可少。问题意识、研究方法、史料的运用、史学工作者的修养等，在历史学边界内的衡量尺度是一致的，也是无情的。对每一个历史研究者来说，了解研究现状，确定选题，搜集资料，选择研究方法，提炼思想，形成学术观点，完成论题的写作，每一个环节中基本理论和规范都是绕不过去的，没有任何捷径可走。

至于具体的价值选择，可以钻研古史，厚积薄发，也可以着眼于新文化史，先做小题材的研究，运用现代科技手段搜集和整理史料，快速拿出成果来。既可以潜心做传统历史理论的继承工作，也可以借鉴其他学科的理论与方法，在历史研究中作出创新性的贡献。例如，选择做社会形态的研究，可以慢慢提升理论高度；选择历史时期的制度建设与国家治理为研究对象，可以按照专题研究的思路和规范做出成绩。所以，强调学术自洽是必要的。至于更大的主题，如文明的交流互鉴、各国发展道路的比较研究等大跨度的综合比较研究，还需要了解世界大局，体现世界眼光，需要花的功夫、做的准备更多，可能适合以大课题、大项目的形式，通过集体努力来完成。

结语

新时代的客观需要和历史学研究者观念的转变造成的各种问题与困惑，并不是难以解决的。题材的“碎片化”不是问题，只要不依据片面的判断而曲解历史即可。整体性研究需要做足史料功夫，实际上也依赖有价值的“碎片”，才能达到理论的高度。大课题研究有其优势，学人沿着自己的学术理路做研究，同样不影响出精品。只要不盲目照搬外国理论，盲从外来观点，尊重前辈学者的研究成果，在继承的基础上创新，无论是分析历史现象，评价历史人物，还是对历史上的重大问题做判断，都会得出客观的结论。

在这样一个世事纷繁复杂、信息瞬息万变的时代，对历史研究者也是一场大考验。原以为 20 世纪发生的大事已经是惊天动地，战争和冲突的因果难以条分缕析，谁能料到，21 世纪初的两个十年，世界变动幅度和总的发展趋势扑朔迷离，更难把握。先进与落后、开放与封闭、强大与弱小，已经显得模糊难辨，地区差异之大超乎想象。大量“说不清道不明”的错综复杂的信息，呼唤历史学家揭示根源和真相，给出有根有据的、系统的答案。

古典经济学研究者的西方文化观

王冬妮是斯坦福大学毕业的古典经济学博士。在阅读王冬妮那本名为《市场之外的古希腊经济制度》的英文著作之前，就得知她正在写一本“好玩”的关于古希腊的书。2020年5月中信出版集团出版的《了不起的古希腊》得到读者的好评是情理之中的。至少我一点不感到惊诧，甚而期望有这样的结果。承蒙信任，她在书稿还没有完成时就把前几章的电子版发给我看，我有幸作为她所说的为数不多的“亲友团和关系户”中的一员，先睹为快，当时颇有几分激动和兴奋。王冬妮博士说她做梦也不会想到自己有朝一日能写成一本带有创意且面向大众的通俗历史读物。

《了不起的古希腊》写的是古希腊的神话、历史、文学，题材本身并不新颖，奇特的地方是这本书的表达方式，让整天埋头撰写注释篇幅几乎超过正文的学术论文和为了完成课题项目劳思伤神的老少学者很是羡慕。有人在微信群里上传《了不起的古希腊》的照片并对作者表示赞赏时，我忍不住说了一句无关痛痒的话：王冬妮不需要申报课题，也不需要统计 C 刊论文篇数，结果引来大家关注，产生两种截然相反的看法。一种看法是，即使我们没有科研考核的压力，也照样写不出来；另一种看法是，国内的科研考核体制下，大家没心思去写通俗的希腊故事之类的书，因为写成这样的书是不算“科研成果”的，谁若学王冬妮的路子恐怕连饭碗都保不住。其实我这个“挑起事端”的人并没有固定的见解，倒是认为两种看法都有道理。写不写得出来，取决于作者的综合素养和知识积累，也取决于没有任务和压力时从容的心态。对我个人而言，即便没有科研考核的压力也写不出《了不起的古希腊》。

《了不起的古希腊》以希腊神话开场，从克洛诺斯、瑞亚、宙斯的故事展开，接着就是荷马史诗中的题材，希腊联军远征特洛伊，奥德修斯返回希腊途中的奇遇，然后讲到梭伦（Solon）、庇西特拉图（Peisistratos）、米太亚得（Miltiades）、地米斯托克利（Themistocles）等历史人物，把希腊古典时期的经济和文化也在希波战争的叙述中穿插介绍，第六章单独讲希腊的诗歌、悲剧、演说。书中所涉题材与行文结构相对常见。要让了解古希腊史的人从书中发现新意，让普通读者产生兴趣并留下一定的印象，是一件有点出力不讨好的事。要让学习过世界历史的人感兴趣，就得有一些特色；对于缺少希腊史知识的人来说，有没有兴趣了解这些久远的外国事物取决于多种因素，不是你的书好就必然吸引他。怎样才算“好书”呢？首先要好读，吸引人，这就要善于讲故事，把平淡的故事讲得跌宕起伏、情节离奇，要设置悬念，用语奇崛，叙事略带夸张，又不能故弄玄虚，当然，深入浅出到什么程度，确实不好把握。王冬妮也替读者着想，觉得现代网络上的信息铺天盖地，能坐下看书是令人动容的“世间景观”，因而，她讲故事的节奏明快，文字力求精练，叙事尽量流畅，避免用冷僻的专业术语，所举的例子贴近生活，甚至用风趣幽默的语言来拆解复杂概念。为了避免情节的拖沓和啰嗦、文字的晦涩难懂，她确实是花了很多心思的。

《了不起的古希腊》好看好读，语言文字和表达方式的作用不可低估，但读完之后能否给读者留下深刻印象，就要取决于内容。用王冬妮自己的话说，书中“既有神话的天马行空，历史的荡气回肠、扣人心弦，也有文学的楚楚动人、凄美伤感，还穿插着对经济和军事体制的分析和讨论”。在接受三联中读的访谈时，王冬妮说：“它是一本让你提着剑，骑着马，一路奔腾穿梭在历史时空里，带你去亲眼目睹古希腊人的喜怒哀乐和古希腊社会的兴衰成败的书。”这样的介绍吊足了胃口，不过，更关键的还在于两点：第一，反映古希腊真实的历史信息和学界已有的研究成果，尤其是尊重无数前辈学者的研究成果，让了解古希腊甚至对古希腊着迷的读者不觉得她是满嘴跑火车。第二，带给读者全新的阅读体验，让读者在阅读之后不仅仅记得书中的某些情节、某些金句，最好是能引起思考，包括对社会、时代或人性本身的思考。王冬妮在访谈中说到，“她的宏伟的目标”是通过对社会、时代或人性本身的思考，让古希腊融入阅读者的血液，成为读者往后生命的一部分。这就取决于阅读者本身的修养、知识储备、情趣和价值取向，不是作者和作品所能决定的。

说古希腊文化是全人类的文化营养品也许有点夸张，但至少可以说，古希腊的历史和文化让世界范围内一代代文化人着迷，任何一个放眼世界的民族都不可能无视或漠视古希腊的存在。常说“学问是天下之公器”，那么，讨论古希腊也是天下之公论。不同历史时期都有“希腊迷”终其一生探究古希腊，不断刷新对古希腊的认知。21 世纪的任何一本学术的或通俗的著作，都是以前辈的研究成果为基础，博采众家之说的“再创作”。学者和作家可以发挥自己的写作特长，展现自己的个性，但尊重历史事实，并原汁原味地传播古希腊人馈赠后人的珍贵遗产，吸纳、展示和交流前辈学者的研究成果，就已是功德无量了。这其中自然包含着学者和作家的责任、道义和理想信念。

《了不起的古希腊》涉及希腊早期神话，也涉及真实存在过的人和事，还涉及古希腊文学家、艺术家、史学家、哲学家留下的作品。那些人物有血有肉，有灵魂和尊严，那些历史事件跌宕起伏、情节曲折，那些作品或手法高妙，或思想深刻，或荡气回肠，对于普通的爱好者和研究者来说，弄明白其中一个领域就已难能可贵，谁敢上至神话下至希腊经济、政治、文学、艺术“通吃”？在广度和高度方面，王冬妮立起一个标杆。她是真心喜欢并多年积累，有扎实的学术基础，才敢如此舞刀弄棒十八般武艺都派上用场，且腾挪有度、挥洒自如，看得我这样的业余希腊史学习者眼花缭乱。

话说回来，古希腊哲学、文学、艺术代表古代人类文明的巅峰，有关古希腊的学问大多数是高雅学问，谈论古希腊的往往是衣食无忧的有闲阶级，研究古希腊的必然是精通古典语言文字的专业人士。清末民国时期大量引入西方的文化，知识界开始“言必称希腊”，但那时毕竟救亡图存的需求高于一切，从西方借来任何东西都被当作克敌制胜的武器，希望取得立竿见影的效果，没有机会从容地摇着蒲扇，品着好茶，耐心研读希腊哲学或希腊剧本。如今社会安定，交通便捷，信息畅达，文化普及，有闲钱、有闲暇、有闲心的人所占比例增加，按理说，可以探究世界史各种文明的来龙去脉，毫不费力、轻松愉快地了解和掌握西方文化明源头的各种信息，有才学之士甚至可以和西方文化界展开对话并同台交流。

阅读《了不起的古希腊》时，不同的读者可以各取所需。有的人颇具浪漫情怀，喜欢对照中外历史，估计他会在书中发现古希腊与古代中国有那么多大同而小异的地方。古希腊人也有侠肝义胆，却又不是唐朝侠客那种“仗剑执笔走四方”。古希腊人所向往的精神自由，和庄子说的自由不是一回事。古希腊人也琢磨政治伦理范畴的事，和墨子、荀子有一样的焦虑。不过，古希腊人光着身子参加比赛，古代中国人不敢那么做。古代中国人的戏剧和古希腊的戏剧差距相当大。在读者中，也有的人喜欢希腊神话，一提起希腊神话故事就眼里放光。有的人喜欢谈论柏拉图、亚里士多德，或者张口《克力同》闭口《范畴篇》，在他们眼里也许还嫌《了不起的古希腊》不够高深。

我读《了不起的古希腊》会粗略浏览前四章，越过第五章，直奔第六章“才情绝代”，一字一句地阅读王冬妮对萨福（Sappho）的诗和索福克里斯（Sophocles）的悲剧的解读，反复品味古希腊悲剧的深层意蕴。一则因为前几章我很早阅读了电子文稿，二则对希腊神话和希腊历史有所了解，那些内容比较熟悉。可是第六章吸引我读了不止一遍。希腊悲剧中《希波吕托斯》《安提戈涅》《美狄亚》的情节我早就知道，但从没有细细思量。要说一读就停不下来，对我来说就是这一章了。觉得不过瘾的是，希腊诗歌讲得太少，萨福的诗、品达（Pindar）的诗，要是能多讲一些更好。至于希腊的演说，王冬妮只是浮光掠影地扫视了一下。尽管王冬妮说，"在人文的想象国度里我们无须被地域或语言所束缚"，但其实语言的束缚还是明显的，除非像她那样长期生活于西方世界并对希腊原文熟练掌握。我们从中文的翻译中要凭借自己的知识基础和想象力才能猜度，以前真的很难体会这些悲剧所反映的古希腊文化的内涵，现在随着年龄和阅历的增加以及长期从事世界历史教学和专业阅读，算是云里雾里地感知到了遥远的古希腊作家的大致的理念。

没有和其他阅读《了不起的古希腊》的读者交流过，不知道这本书是否能帮他打开一个全新的古代世界，或者在各类大众历史作品中算不算独特的样本，是否丰富了自己的认知和体验。王冬妮在访谈中说这是她的最大愿望。到我这里，阅读《了不起的古希腊》的第六章丰富了我对古代希腊的认知，也使我获得对西方文化精髓的初步触碰和体验。我以前给学生讲世界古代史时也简要地讲过希腊三大悲剧作家，对俄狄浦斯、美狄亚、普罗米修斯、希波吕托斯这些剧中人物并不陌生，粗略地翻阅过探讨古希腊悲剧精神的常见书籍，但总体上还是浅层次地记住了剧情和人物而已。王冬妮的文字翻译、内容把握和阅读引导，让我真正体验到古希腊悲剧摄人心魄的力量。

走进哪一个专业领域也许是主动选择的，但与怎么样的人和怎么样的作品“不期而遇”，真的要碰运气。回顾走过的路，我在许多方面运气很差，但碰到好书和遇到高人的运气出奇地好。我的书架上有不少书籍我都能讲出我和它们之间的“奇遇”，遇到高人的经历更是我津津乐道的谈资。尽管自己博士阶段研究近代中东经济史，这几年花时间最多的是研究晚期奥斯曼帝国史，但我对古希腊的关注和不经意间所受的影响还是不少。国内研究希腊政治制度的晏绍祥、研究古希腊民族的“语言达人”徐晓旭、研究神话的王以欣、翻译古希腊经典史学著作的徐松岩，都是我的师兄，稍稍关注一下他们的研究成果，就比别人对古希腊知道得多一些。通过井玲发起的“希腊万人迷”微信群所举办的数百场讲座，让我有幸聆听胡继华、庞国庆、寇方墀、刘国鹏、任军锋等希腊研究者的精彩讲述，就算蜻蜓点水式地读一点、听一点，也足以熏而陶之，近而染之，默而化之。而认识王冬妮后，阅读她的《了不起的古希腊》更是近水楼台，能深度阅读和感悟希腊悲剧，觉得庆幸而感佩。

我也了解到，王冬妮在《了不起的古希腊》之后还有进一步的计划和期许。她所假想的读者对象或受众群体“是与自己息息相关的平等的公民，共同对这个世界的走向、对过往的传承负有责任的一个群体”。她看重历史作品的长久价值，看重其现世意义。期待王冬妮博士的更多著述面世。

低头拉车与抬头看路

那年放暑假前的一天，杨军来到上海大学文学院的教师工作室，带着他新出版的译著《虚构的以色列地：从圣地到祖国》，这是他早说要送我的。我也把自己出版的两本书给他，他说声谢谢，就装进背包里。杨军翻译的著作有好几本，此前给我送过两本，我自己买过一本，手头就有了他的四本译著。我当时建议，翻译的工作可以暂停，写几篇文章，申请一个课题，尽快评职称；不能只顾低头拉车，还要抬头看路。他说他已想好了，不再接翻译的活儿，一心一意为评职称做准备。我询问他，著作《以色列新史学研究》是否完成，出版社已经催了，他说马上完稿，只剩最后一点“尾巴”。

那个暑假里，杨军独自去某地旅行，此后就没有消息了。开学之后，熟悉杨军的同事互相说起，都表示担忧，不敢相信会这样，却无能为力。新的学期里大家在校园里脚步匆匆，忙着各自的事，或者说，每天做的事情淹没于平淡生活中，浑然不觉。日子久了，不再有人提起他。偌大一个单位，谁来了，谁走了，水波无痕；几千万人的城市，谁来这里长期生活，谁是短暂过客，无人留意。

转眼到2019年的年底。忙碌之余，阅读杨军翻译的新书。《虚构的以色列地：从圣地到祖国》一书的作者是以色列人施罗默·桑德（Shlomo Sand），原书2012年出版，杨军的译著是南京大学出版社2019年4月出版的，有24.3万字。这本书影响大，因为所写的内容引起强烈争议。作者在这本书之前已出版了《虚构的犹太民族》一书。至于他的《我为何放弃做犹太人》所表达的立场则更明确，更直白。作为一名学者，施罗默·桑德还有《知识分子、真相和权力：从德雷福斯事件到海湾战争》《词语和土地：以色列知识分子和民族主义神话》等学术著作。《虚构的以色列地：从圣地到祖国》从结构形式看，“导言”先讲故事，“结论”以一个寓言来表达，“后记”也是一个故事，正文的四章却是严谨的论述，引证翔实，逻辑严密，以理服人，思辨性强。

“导言”所讲的是“我”作为一名年轻士兵在军队的经历。其间目睹以色列的士兵虐杀一位巴勒斯坦老人，“我”感到震惊，第一次怀疑长久以来接受的政治宣传。“结论”中的“青蛙和蝎子的悲哀故事”，用以揭露以色列人领土扩张的本质。“后记”讲一个名叫谢克·穆万尼斯的村庄的消失。村庄的阿拉伯居民被以色列人驱赶，这里连同附近的其他阿拉伯村庄都变成了以色列统治区。作者工作过的特拉维夫大学和博物馆等，就建立在阿拉伯村庄的废墟上。作者期望，特拉维夫大学应立一块匾，纪念谢克·穆万尼斯的村民。

在长达31页的“导言”中，施罗默·桑德讲完故事之后回应了《虚构的犹太民族》一书引发的质疑和批评，重申自己的立场，并辨析了一些概念如“犹太人民”“以色列地”等。对于《虚构的以色列地：从圣地到祖国》的写作缘由，施罗默·桑德说：“之所以写这本书，我主要是想解构犹太人对以色列地的‘历史权利’概念，解构相关的民族主义叙事……从这个角度看，本书努力想要批判犹太复国主义的以色列体制的官方史学，在此过程中追踪逐渐萎缩的犹太复国主义重大范式革命的后果。”①

该书涉及宗教学、地理学、政治学、经济学和历史学等多门学科的术语，在各章的论证中引用的史料范围较广，转述并分析各家的论点，信息量很大。想译好这样一本书，需要深入了解古代犹太史和现代以色列史。如果对其中的历史事件细节和犹太宗教知之不多，仅仅照着字面含义对译，估计没法顺畅地用汉语呈现原著风格，翻译的难度可想而知。杨军长期研究以色列史，去以色列做过访问学者，对犹太经典也是熟悉的，加上他的耐心、细致，故而能准确、传神地把桑德的著作用流畅的汉语表达出来，供中国读者阅读和了解。

此前杨军翻译的《卢比孔河：罗马共和国的衰亡》，其特点也是文笔流畅，可读性强。这本书的著者是英国的汤姆·霍兰（Tom Holland），原书出版于2004年，杨军翻译后由中信出版集团2016年3月出版，共29万字。随手翻开这本书的任何一页，

① ［以色列］施罗默·桑德：《虚构的以色列地：从圣地到祖国》，杨军译，南京大学出版社2019年版，第30页。

都很快会被吸引。我曾问过杨军，是他翻译得好还是作者的文笔本来就好。他说，“人家作者写得好”。他说太喜欢原著了，接到翻译任务后，花费时间不算多，就全部译出来了。这本书开头的译文我印象很深：“公元前 49 年……1 月 10 日。太阳早就落到亚平宁山脉的那一边。黑暗中，第 13 军团的士兵们排好了行军队形。夜晚寒气袭人，但他们已习惯于各种恶劣天气。八年来，他们冒着严寒，顶着酷暑，追随着高卢总督经历了一场又一场血战，直到罗马世界的尽头。离开北方的蛮荒之地，在这一刻，面对着一个完全不同的边界，他们迟迟不前。前方是一条窄窄的小河。军团一边是高卢省，远处的另一边是意大利，那边的道路通向罗马。踏上那条路意味着入侵。13 军团的士兵突破的将不仅是省界，他们也将触犯罗马人最严厉的法律。事实上，它意味着内战的开始。不过，从军团战士向边界行进以来，他们对灾难性的后果心知肚明。现在，他们跺着脚暖和暖和身子，等待号令兵召唤他们行动——扛起武器前进，渡过卢比孔河。”①

汤姆·霍兰的这本书，从恺撒作出决定的一刻写起，实际上要讲述的是罗马共和国最后半个世纪的内战。书中简要追溯了罗马从王政时代到共和国的早期历史，也勾勒了罗马的扩张，包括布匿战争、马其顿战争、米特拉达梯战争等历史事件，重点阐述的是共和国的内政。在共和国晚期，涌现出一大批叱咤风云的政治人物，提比略·格拉古（Tiberius Gracchus）、盖约·格拉古

① ［英］汤姆·霍兰：《卢比孔河：罗马共和国的衰亡》，杨军译，中信出版集团 2016 年版，第 1 页。

（Gaius Gracchus）、马略、苏拉、加图（Marcus Porcius Cato）、西塞罗、庞培、克拉苏、恺撒、布鲁图斯、屋大维、安东尼、雷必达（Marcus Aemilius Lepidus）等。最为惊心动魄的内战是马略和苏拉的权力斗争，恺撒与庞培的内战，屋大维与安东尼的战争。整本书篇幅适中，语言简洁，故事曲折，而杨军的翻译水平高，能满足读者口味。自从这本书上市，获得较高赞誉，网上能查到不少评论。

和这本书一样吸引读者的是《庞贝的生活与艺术》一书。由于文字清爽明快，读起来非常轻松，加上书中有丰富的插图，很适合大众阅读。《庞贝的生活与艺术》其实是一本旧书，著者是德国的奥古斯特·毛乌（August Mau）教授，反映其长期研究庞贝的主要成果，原著为德文，第一个版本是英文版（1901 年初版），英译者是弗兰西斯·W. 凯尔西（Francis W. Kelsey）。有的版本把著者和译者放在一起，读者以为是合著。其实，介绍庞贝城的书不少，但旅游概览式的书籍多，考古报告式的书也有，真正有学术价值也有文学趣味的书还是罕见的。奥古斯特·毛乌教授多年致力于庞贝的研究，他亲自到庞贝考察并住在庞贝废墟，同时利用考古成果，对比检视档案资料，在考古期刊发表过多篇考古报告和论文。奥古斯特·毛乌教授合作和独著的德文和意大利文作品有《庞贝》《庞贝和北维苏威火山湮没的地方》《庞贝装饰壁画史》等。《庞贝的生活与艺术》百余年来以多种文字出版发行，但在我国一直没有中文译本。杨军译著的价值是不言而喻的。这本译著属于上海三联书店出版的“城市史译丛”系列之一，篇幅达 40 万字，2014 年 12 月出版。

杨军早年翻译的书，我手头有《近代欧洲的生活与劳作（从15—18世纪）》。这本译著也由上海三联书店出版，有36万字，2008年1月出版，是“上海三联人文经典书库”系列之一。《近代欧洲的生活与劳作（从15—18世纪）》原书初版于1926年，是欧洲经济史研究领域有影响的著作。作者是法国的G. 勒纳尔（G. Renard）和G. 乌勒西（G. Weulersse），他们撰写的欧洲经济史著作民国时期就有中译本。在《近代欧洲的生活与劳作（从15—18世纪）》中，沿着时间线索，按国别阐述和评析西班牙、葡萄牙、尼德兰、英国、法国、意大利、德国、奥地利-匈牙利、斯堪的纳维亚国家、波兰-俄国的经济和社会革命，结论部分概括1500—1800年欧洲工业史的主要特征，并横向比较主要大国的发展和趋势。虽然一个世纪以来欧洲经济史著作层出不穷，但《近代欧洲的生活与劳作（从15—18世纪）》还是经得起时间的考验，仍称得上西方经典著作。这部著作的译介工作非常必要，而高水平的翻译尤其为知识界所期待。

杨军的硕士和博士两阶段都是在复旦大学历史系就读的。他本科读的是英语专业，英语水平有过专业训练。对于历史学，他是真正地喜欢，忍不住去做翻译，也是发挥特长。新时代的翻译工作与清末民国时期大不相同，但严复所说的“信、达、雅”仍是一个高标准。译文准确，忠实于原文，没有信息遗漏，不随意增减，这个要求已不低。译文还要不拘泥于原文形式，符合汉语习惯，通顺明白，要做到更不容易。而选用得体、传神的词语，追求译文的古雅和凝练，难上加难；至于追求“文采斐然”似乎是超高的要求了。从我手头的这四本译著看，杨军的翻译忠实于原文，又不囿于原词原句，从两种语言之间的转换已上升到两种不同文化的转换，颇见翻译之外的文史功底，因而能做到叙述通畅、文字凝练、语气平和，看不出生硬翻译的痕迹，难能可贵。

其实，我也在期待杨军的专著《以色列新史学研究》，不仅仅因为这本书是我鼓动他写的。三年前世界史学科得到上海市的经费资助，可以出版专著。我问他有没有书稿要出版，他说正准备写，于是我把他的著作纳入社会科学文献出版社的出版计划，等待他完成书稿。我觉得，杨军喜欢深入思考，更擅长讲思想史和学术史。对于以色列的历史学著作，他有自己独到的看法。以色列新史学这一题材对于我们来说是全新的领域，颇为期待。国内没有出版这方面的著作，相关的论文也不多见，杨军的著作若是完成，其学术价值不言而喻。

本文以《执着的译者与流畅的译作》的题目发布于 2020 年 6 月 26 日“澎湃新闻”网之“私家历史”栏目。

探索中东经济和政治问题

黄民兴教授多年研究中东问题，探究历史时期中东以至整个西亚北非的经济变化、制度兴废、国家盛衰，既有丰硕的科研成果，又积累了重要的研究经验。黄民兴教授的学术道路反映了国内地方高校的世界史学科“创业”与“守业”的艰辛过程。

作为他的学生，概括和总结他几十年来的学术成绩，是为了掌握他倡导的研究方法，理解他所走的学术道路，当然，主要是为了鞭策自己。

(一)

黄民兴教授是 1978 年恢复高考后的第一届大学生。在西北大学历史系学习的四年里，他勤奋用功，打下了专业基础，也提高了外语能力，应届考入本校世界近现代史专业攻读硕士学位。1984 年 12 月毕业留校任教。1988 年，他所学的专业取得博士授予权点，他在职考取博士，成为第一批就读于本专业的博士生，也是国内第一批中东研究的博士生之一。为什么选择了世界史，按照黄老师自己的说法，是因为在中学里从未接触过世界史，大学里第一次听世界史课，就被丰富而新奇的内容所吸引。在考硕士之前，他已经了解到，独立较晚的第三世界国家存在许多研究的空白，于是确定报考亚非拉国家研究方向，准备研究战后亚非拉经济。当然，彭树智先生的影响力和感召力也是重要的。导师彭树智先生希望他进入中东研究领域，恰好和他的兴趣一致，从此确定了后来的研究方向：地区国别史（中东史）。

从黄民兴老师早期发表的文章和参与合撰的著作看，他的研究领域一是阿富汗史，一是沙特阿拉伯史。前者建立在硕士毕业论文《1953—1963 年达乌德执政期间阿富汗的经济、社会与外交》的基础上，后者是博士学位论文的研究选题《沙特阿拉伯人力资源发展研究》。之所以选择“沙特阿拉伯的人力资源发展”这样一个较为冷僻的领域，是因为他在博士学习期间获得了教育部提供的赴英留学机会，到英国埃克塞特大学进修，而该校以对海湾六国的研究著称。后来，黄民兴老师的研究扩展到以色列工党研究、伊拉克研究等，中东的政治、经济、外交、宗教、民族问题等均有涉及。

按照黄民兴老师的文章发表时间、著作和课题完成的顺序，可以列出一个很长的单子。当然，学术研究并非以数量定高低，无须罗列全部论文论著。仅仅以我阅读黄民兴老师论文和著作的印象和感受，以及对他的学术研究的理解，可以把他的学术研究之路分为三个阶段。从 1984 年成为大学世界史教师，到 1997 年他指导的第一位硕士生毕业，以及当年 10 月他赴埃及开罗大学进修，这算是一个阶段，即学术起步阶段（从 26 岁到 39 岁）。从 1998 年遴选为博士生导师（次年招收第一位博士生），到 2008 年完成两个项目（重大项目的子课题和教育部一般项目）是第二个阶段（40 岁到 50 岁）。这一阶段，学术研究取得丰硕成果，全部精力用于教学和科研，持续培养研究生和博士生。这十年自他门下毕业的硕士和博士有 30 人。2008 年到 2023 年是第三个阶段（50 岁到 65 岁），主要特点是学术视野开阔，学术活动增多，也是收获学术荣誉的阶段。

在第一阶段，黄民兴老师参与合撰的著作和编写的教材近 10 种，如彭树智主编的《二十世纪中东史》《阿富汗史》，闫瑞松主编的《以色列政治》，黄民兴老师均完成其中多章的撰写工作。此外，《中东画卷——阿拉伯人的社会生活》《伊斯兰教与中东现代化进程》《沙特阿拉伯的国家与政治》《中东国家和中东问题》《世界现代史教程》《古今中外争鸣集粹》等书中，他都有或多或少的参与，撰写了其中一些章节。

学术研究方面，黄老师发表了大量关于阿富汗、沙特、以色列的文章。阿富汗史研究的主要成果，涉及达乌德（Mohammed Daoud Khan）第一次执政时期（1953—1963 年）阿富汗与苏美的关系、1919—1973 年的阿富汗妇女运动、阿富汗君主制民族主义、阿富汗的伊斯兰原教旨主义与抵抗运动等（论文发表于《西亚非洲》《中东研究》《西北大学学报》，转载于《国际政治》等）。沙特阿拉伯的研究，涉及社会经济（劳动力市场等）、福利制度、高等教育、妇女地位、现代化、与欧洲国家的关系等，共计有 20 篇论文。（如《论沙特阿拉伯现代人力资源的形成及其特点》《沙特阿拉伯的特殊教育的发展》《高等教育在沙特阿拉伯社会经济发展中的作用》《论沙特阿拉伯劳动力市场的特点》等）。

以色列史研究的主要论题包括：工党统治时期（1948—1977年）以色列政教关系的特点、以色列价值观念的演变、以色列妇女社会地位的演变、劳工犹太复国主义的特征。（如《工党统治时期（1948—1977）以色列价值观念的演变》《试论作为民族主义的劳工犹太复国主义的特征》等）

第二阶段的成果首先是博士论文《沙特阿拉伯——一个产油国人力资源的发展》的出版。另著有《佩雷斯——中东和平进程的推动者》一书，还出版《中东国家通史·伊拉克卷》《中东历史与现状十八讲》。其次是研究领域的拓展，伊拉克、土耳其、古代西亚、宗教、民族主义等成为新的研究范围。

研究成果中，对伊拉克史的研究有一系列论文，除了1996年已发表的《1900至1941年伊拉克民族主义的发展》，还发表了5篇文章，论题涉及伊拉克民族构建问题的根源及其影响，什叶派的历史、现状与伊拉克重建，分析伊拉克重建的阶段和问题，萨达姆·侯赛因的复兴社会主义思想，等等（如《伊拉克民族构建问题的根源及其影响》、《什叶派：历史、现状与伊拉克重建》）。原来的研究对象阿富汗史，这一阶段也有成果，涉及阿富汗的外交政策尤其是中立外交、阿富汗问题的历史根源、阿富汗民族国家建构的阶段和特征等（如《阿富汗的传统中立及未来外交政策》《近现代时期的阿富汗中立外交》《试析阿富汗民族国家建构的阶段和特征》）。这一阶段获得立项的课题有："阿富汗问题的历史剖析"（国家社科基金，2002年）、"中东现代化研究"（教育部社科规划项目，2002年）、"当代中东局势发展及我国战略对策研究"（国家社科基金重大项目，2004年）的子课题"当代中东的民族宗教问题与恐怖主义研究”“后冷战时期的中东政局与地区冲突研究”。

尤为突出的是，这一阶段撰写并发表了多篇选题宏大、立意高远的论文，如《试析中东现代化的特点》《论 20 世纪中东国家的民族构建问题》《试析中东文明的多源性与统一性》《20 世纪阿拉伯民族主义的特点》《关于上古中东帝国的几个问题》《试论 20 世纪中东君主制的变迁》《关于现代化问题的再思考》《复杂性科学与中东研究》。在我看来，这些文章最能体现黄民兴教授多年的学术积累和深入思考，写这类主题宏大的论文并非人人可为。

第三阶段，黄民兴老师获得立项的重大课题引人注目，一是“战后亚洲主要国家间领土纠纷与国际关系研究”西亚地区卷，为教育部人文社会科学研究基地重大招标课题（2008 年）；二是国家社科基金重大项目“文明交往视野下的中亚文明史研究”（2014 年）；三是“阿拉伯文化史”得到国家社科基金后期资助（2016 年）。

这一阶段黄民兴教授的论文按题材可分为三大类：第一类是关于中东国家的边界和领土问题，如《中东国家边界领土纠纷的民族主义诠释》《中东国家领土与边界纠纷的安全视角分析》两篇；第二类是土耳其问题研究，如《历史的轮回与帝国情结——战后土耳其外交的三次转型与“阿拉伯之春”》《中东变局以来土耳其境内的难民问题探析》；第三类关于传统中东国家的研究，包括巴勒斯坦民族主义、巴勒斯坦的教育、阿富汗问题的由来、阿富汗社会结构的变化、约旦的圣战萨拉菲主义、伊拉克与中国的关系等等（如《试论巴勒斯坦民族主义发展的阶段及特征》

《1979年苏联入侵以来阿富汗社会结构的变化及其影响》《世纪震荡：阿拉伯世界政治震荡的原因和前景》《从民族国家构建的视角分析当代中东国家的社会整合》《再论中东剧变的背景、发展和主要特点》)。

单从论文的发表情况看，第三阶段的论文数量不如第二阶段多，也没有《复杂性科学与中东研究》那样宏大的文章。不过，这一阶段培养的硕士生和博士生的数量比第二阶段多。

（二）

对一个学者而言，衡量其水平的标准是学术贡献。黄民兴教授的导师彭树智先生有远大的抱负：撰写中国自己的中东国家通史。黄民兴教授30多年来做的研究中，第一阶段主要是协助彭树智先生实现这个愿望。他承担了《中东国家通史·伊拉克卷》的写作任务，撰写了伊拉克从古至今的历史（包括中伊关系史）。此前他对阿富汗和沙特已有研究，在此基础上抱着浓厚的兴趣，投入对伊拉克史的研究。现代伊拉克建国较晚，地处中东的心脏，是经济文化相对发达的共和制国家，和处于中东边缘、社会经济落后、长期实行君主制的阿富汗不同。研究伊拉克史，为他后来进一步研究阿拉伯民族主义、民族构建、中东国家现代化奠定了基础。在此前后，黄民兴老师还参与了“伊斯兰教与中东现代化”等课题的研究（《伊斯兰教与中东现代化进程》后来出版并获奖），参与撰写《二十世纪中东史》中有关战后中东经济、社会、文化、民族问题和民族主义的章节，当时他还在读博士。《二十世纪中东史》后来被推荐为全国研究生教材，《中东国家通史》获得国家级和省级奖励。

更值得重视的，还是他学术起步阶段的重要成果——阿富汗研究和沙特阿拉伯研究。

黄老师研究阿富汗史是一个水到渠成的过程。以硕士论文所选择的“1953—1963 年达乌德执政时期”的研究时段为基础，前后延伸，还翻译了不少阿富汗史的英文和法文资料，其中对美国学者路易斯·杜普雷（Louis Dupree）的《阿富汗现代史纲要》全文进行了翻译。由彭树智先生领衔、黄民兴等人合著的《阿富汗史》(1993 年出版)，是国内第一部研究阿富汗的历史著作。

研究沙特阿拉伯缘起于博士论文选题，重点是对这个独特国家的人力资源的研究。在中东的君主制国家中，沙特阿拉伯是面积最大的一个国家，社会经济基础较差，但它是一个产油国，石油生产和人力资源的发展对该国的社会经济有举足轻重的意义。黄老师的选题是有远见的，而关于人力资源的研究，除了他的那本《沙特阿拉伯——一个产油国人力资源的发展》，国内至今没有第二本相同题材的著作出现。由于这本著作是在地方高校的出版社出版，印刷质量不高（字号小、行距小），未能引起学界注意。其实，黄民兴教授的这部著作和相关的 20 篇系列论文，密集地讨论了沙特阿拉伯的高等教育和人才培养、妇女地位问题、社会福利制度的特色与优势和劳动力市场发育情况，也从更高的角度探讨了沙特阿拉伯国家的现代人力资源形成，以及这个国家的现代化水平和特点。黄民兴教授认为，沙特阿拉伯人力资源发展的道路，既不同于西方国家，也不同于其他发展中国家，它的独特性表现在这样几个方面：（1）沙特的资本充足，无需从农业中筹集基金就能同时发展其他产业和行业，劳动力的部门转移模式也和其他国家不同；（2）沙特阿拉伯部落制基础上的行政机构不健全，经济基础和管理水平落后，国家的人力资源政策也比较特殊，例如，输入一定的外来移民，即以富裕资本换取外来劳动力，补充国内人力资源的不足；（3）人口稀少，基础教育薄弱，职业教育落后，20 世纪 70 年代之后才获得较快发展；（4）传统文化的制约。经过深入研究，黄民兴教授提出沙特人力资源的发展史对第三世界国家的重要启示：人力资源远比资本重要，人力资源的落后影响经济现代化的步伐；充裕资金使用不当，不仅是资金的巨大浪费，还会对人力资源的发展起副作用。

综观现有的研究，黄民兴教授的领域涉及中东经济、社会、政治、历史、国际关系、文教等领域，甚至上古史和中古史等方面。显然，他带着浓厚而广泛的兴趣，本着“一分耕耘一分收获”的信念，严于律己，多年坚守中东史阵地。他既关注理论，确立较高的目标，也着眼于个案研究，一步一个脚印。

黄民兴教授对中东史有多方面的研究，要一一列举其具体的学术观点并不容易，但对一些重大问题，他的评论和判断都是值得重视的，可以举几个例子：

其一，黄民兴教授对现代化问题有独立的思考，他认识到现代化标志着人与自然关系的重大变化，也标志着人与人的关系（人际关系）的重大变化，意味着经济意识形态对政治意识形态的超越，以及现代国际关系的改变。现代化是一个历史概念，可以理解为，现代化阶段是生物和人类进化的一个阶段；或者具体而言，始于西欧并把整个世界卷入现代化浪潮，是西方优势的扩展，现代化的概念也是西方线性发展历史观的反映。更重要的是，现代化意味着社会系统复杂性的进一步发展，而现代化与文化之间存在密切关系，表现为不同的地域模式。显然，现代化又不同于全球化（在时段、内容、分析架构和包容性方面存在差异）。对于中东现代化的特点，黄民兴教授总结为七个方面：（1）中东是第三世界现代化最先开始的地区之一；（2）中东国家在民族建构上面临着重重困难；（3）以两世兼重为特点的伊斯兰教对中东的现代化进程产生了极其深刻的影响；（4）君主制的现代化是中东现代化的重要类型；（5）频繁的战争对现代化的严重破坏；（6）石油对中东经济社会的深刻影响；（7）中东的现代化起步较早，但其发展迟缓，成效不明显。

其二，对于20世纪中东国家的民族建构问题，黄民兴教授认为，从民族构建的角度看，伊斯兰传统的社会政治体制和思想有其自身的特点；土耳其等国进行了初步的现代化改革，传统的伊斯兰制度出现裂缝；两次世界大战之间中东地区多数民族国家的疆界基本确立，而各国的社会变迁为国家政权提供了政治基础；第二次世界大战后中东民族构建的发展主要表现在政治、社会经济、文化和国际层面；战后中东国家的民族构建取得了重大成就，但各国依然带有传统伊斯兰体制的痕迹，其民族构建进程遭遇了重大挫折；中东的民族构建之路仍然漫长而曲折。

其三，关于“阿拉伯民族主义”，黄民兴教授认为有六个主要特点：（1）从思想特征和政治实践上看，“阿拉伯民族主义”属于文化民族主义的类型；（2）“阿拉伯民族”的概念经历了一个逐渐扩大的发展过程；（3）“阿拉伯民族主义”的主要和共同的目标是争取民族自决，而在独立后的政治、经济、社会发展和对外政策方面存在重大分歧，并表现出阶段性特征；（4）“阿拉伯民族主义”与“国家民族主义”、“地区民族主义”和“教派主义”之间存在着复杂关系，阿拉伯民族的统一和合作因而受阻；（5）“阿拉伯民族主义”与伊斯兰教和“泛伊斯兰主义”之间也存在着复杂关系；（6）战后“阿拉伯民族主义”在目标上出现多元化，经济合作迟缓。

与此相关，黄民兴教授还对20世纪中东君主制的变迁有深入研究，通过对战后初期伊拉克、外约旦、沙特阿拉伯、也门、阿曼、伊朗、阿富汗、埃及、利比亚、摩洛哥、科威特等君主制国家的考察，分析了各自的特点和共性，提出了有价值的结论。

其四，对于“中东文明”，黄民兴教授指出，首先，中东文明是多源的。原因如下：中东地处欧、亚、非三大洲之间的地理位置及其单一的物产促进了贸易的发展；中东历来是民族入侵和迁移频繁发生之地；从语言和民族角度看，创造中东古代文明的民族主要是闪族、操印欧语言的民族和其他民族共三类；埃及和两河流域是古代中东的两大文明中心，受其影响周边发展起若干小文明，而在文明交往的推动下先后建立了若干跨三洲的大帝国，产生了三大一神教，最终形成了中东文化圈，这表明“中东文明”的统一性。

此外，黄民兴教授根据新的史料和观点，讨论了有关上古中东帝国的几个被忽视的问题。指出：古代帝国是社会经济、中央集权、军事技术和组织、文明交往发展的后果，而不仅仅是军事征服的后果，它们的寿命一般并不短；所谓亚述帝国“残暴论”是不符合事实的；古代中东帝国频繁地发动对外战争，主要与争夺商路和防御外敌有关；帝国政治体制的重要内容之一，是城市长期保持了自治地位；所谓居鲁士和亚历山大“解放”巴比伦的说法，只是后世统治阶级和史学家的臆造，并非真有其事。

（三）

黄民兴教授早年的追求是“探索未知的世界”，他的学术道路就是探索之路。探索，一是研究领域的继续拓展，二是向更深的层面钻研，或达到理想的学术高度。

黄民兴教授培养的硕士和博士中，几乎每个学生都在朝着不同层面探索，研究选题涵盖了中东各个国家，也扩展至中东经济史、城市史、社会史、妇女史等领域。经济史研究例如，《中东经济现代化的现实与理论探讨》（冯璐璐，2006 年）、《工业文明的挑战与中东近代经济的转型（1809—1938）》（王三义，2005 年）、《摩洛哥王国的经济调整与政治改革研究》（相艳，2007 年）、《理想与现实的较量——当代伊朗伊斯兰秩序下的经济变迁研究》（韩建伟，2010 年）；城市史比较研究例如《中东伊斯兰城市研究》（车效梅，2004 年）；社会分层研究例如《现代伊朗社会转型中的中产阶层研究（1925—2009）》（张超，2015 年）、《现代土耳其社会分层研究》（甄华杰，2016 年）、《当代阿拉伯国家社会结构与社会分层研究》（詹晋杰，2009 年），教派研究例如《从边缘到中心——黎巴嫩什叶派政治发展研究》（李福泉，2008 年）、《当代伊斯兰“中间主义”思潮研究》（周丽娅，2012 年）、民族国家构建研究例如《也门现代民族国家构建研究》（苏瑛，2016 年）、《叙利亚现代民族国家构建研究》（王霏，2014 年）。此外，还有内政、外交、教育、女性主义、民族主义、现代化进程、阿拉伯史学等研究，如《青年土耳其党及其执政实践研究》（陈利宽，2017年）、《塞浦路斯问题研究》（何志龙，2003年）、《以色列议会选举制度研究》（雷钰，2004年）、《当代中东国家边界与领土争端研究》（谢立忱，2009年）、《第二次世界大战后的美国中东政策研究》（樊为之，2007年）、《美国在阿拉伯世界的民主外交研究》（白若萌，2013年）、《埃及近代以来教育发展与埃及现代化》（李阳，2002年）、《近代以来阿拉伯民族的觉醒与“王政时期”泛阿拉伯主义运动研究（1798—1958）》（闫忠林，2007年）、《中东伊斯兰国家的外交理念与实践》（李卫华，2006年）、《1900—1981年的中东女性主义与民族主义关系研究——以埃及、伊朗为例》（邢桂敏，2008年）、《美国的中东南亚穆斯林移民身份构建研究》（范文娟，2015年）、《约旦现代化进程研究》（李茜，2016年）、《阿拉伯史学的起源》（梁道远，2017年）等。

培养硕士和博士进行学术研究，尤其博士生选题的价值是显而易见的。首先，拓展了研究领域，填补了一些具体领域的空白点。比如塞浦路斯问题研究、中东城市研究、摩洛哥王国的改革研究、中东国家边界与领土争端研究、中东女性主义研究、阿拉伯史学的起源研究等。黄老师那一代的学者还没顾得上涉猎，他的弟子们分头去做了，每个选题就是一次新探索，每一本博士论文就是一部题材独特的新专著。其次，黄民兴教授在专题研究和理论探索上也多有引导，例如中东近代经济的转型问题、中东经济现代化的理论问题、中东国家的社会分层研究，以及宗教思想的研究等。

当然，黄民兴教授自己并没有停留于原有的高度，而是不懈地探索。比如他尝试用复杂性科学（Complexity Science）研究中东问题，把当代中东问题放在一个新的视角下，用全新的方式解读。复杂性科学是一门新兴的横向学科，主要研究复杂系统（又称复杂适应系统，“Complex Adaptive System”）和复杂性。黄民兴教授选取了三个点作为“试点”，一是“海湾地区社会和政治的自相似问题”，二是“当代中东经济政治强烈的他组织色彩”，三是“伊拉克复兴党作为政党与生物系统的类似性”。

具体来说，海湾地区的部落制国家，例如沙特阿拉伯、科威特、阿曼、巴林、卡塔尔、阿联酋，其部落社会结构具有“自相似”的特征，这对整体社会组织和政治运作有什么影响？有哪些内在机理？为什么血缘关系、集体荣誉在这些部落社会受到高度推崇和尊重？个人生存和社会管理的难度在何处？这些问题都可以用复杂性科学加以研究。在这些国家，王室的家族政治、国家通过部落形成统治的政治网络，可以作为特例来观察和判断，但综合各国的情况，又能得出一般的结论。至于第二个观察点，当代中东经济政治强烈的“他组织色彩”，则是另一个层面的问题。比如，国家干预经济即是“他组织”。中东地区的外源式现代化，就是国家干预推动了现代化的迅速发展，但也造成了许多弊端，如国营企业的低效率、企业结构的不合理、工业产品竞争力低下等。“他组织”结构可能妨碍经济的发展，但经济发展的结果也证明，必要的国家干预是应该的，问题是干预的方式。政治上的“他组织”现象，情况有些类似，指的是“委任统治”造成的疆界划分的随意性，加之本地区缺少担当领导职责的社会力量，从而对民族国家的构建造成困难。西方的政治和文化输入中东后，打破了其原有的“复杂系统”，新的“自组织”结构的形成过程延长，并伴随着混乱和动荡。而第三个观察点是把“伊拉克复兴党”作为一个复杂性系统，因为这个政党类似于一个生物系统。其特点是，在某个特定的时期迅速膨胀或迅速缩减，即伊拉克政治研究中所谓的“经历演化创造的爆发期和大面积的灭绝期”。这个政党的特殊之处在于其兴衰演化的过程似乎就像生物种群一样，呈现为一条纺锤形曲线（如果能够获得完整的资料，就能够绘出这样的曲线）。

黄民兴教授这种研究方法是否可取，见仁见智。可以不同意这种研究法，也可以批评这种方法，但不管怎么说，用复杂性科学研究中东问题是一个大胆而有益的尝试。

（四）

中东国家的发展是一个区域性问题，研究者或侧重于研究“共性”，或侧重于研究“差异”。中东问题的形成，是因为中东各国历史渊源、地缘政治、宗教因素、文化构成、国际地位等方面有“共性”，但中东国家之间的“个性”又是明显的。作为黄民兴教授的学生，我的看法是：从整体来考察中东这个区域，似乎仅能说明中东地区为什么和世界其他地区不一样，但不能说明中东为什么有这样的差异。国别的、宗教的或文化的具体问题，似乎仅能说明特质和内在差异，不能解释某个特质为什么在甲国是阻力，而在乙国是动力。从经济角度看，中东地区在历史时期从未形成一个经济整体（现当代更不是）；从政治角度看，第一次世界大战和奥斯曼帝国崩溃造成的中东地缘政治格局变动，既是中东民族国家的疆域划分、主权范围和政治制度确立的前提，也是民族矛盾、宗教纷争、领土争端等诸多问题的根源。结论是，中东各国一开始就没有站在同一起跑线上，也没有健康、顺畅的外部环境。这是受导师的研究思路和学术观念所启发。

黄民兴教授多年来的研究中，有的选题是从“现代化”角度研究中东，有的是从“发展”的角度研究中东，有的只是针对具体问题的解读。虽然“发展”与“现代化”所涵盖的领域几乎重合，但“发展”与“现代化”的差别在于，前者的重点是强调过程，后者不仅包含着过程，也代表着一种理想。实际研究中，现代化研究和发展研究一般各有侧重。这几年学界似乎已不再关注“现代化”，但并不是因为现代化问题已经解决了。至少在中东地区，现代化问题仍是学术研究的一个核心课题。

经常说，要揭示中东问题的根源，应当借助经济学、政治学、社会学等学科的理论与方法。黄民兴教授的研究，着眼于对中东民族国家的多元发展模式的剖析，比如中东地区的主要发展类型、多元发展模式的根源和条件、中东国家发展中的经验教训等。这一视角的研究所涉及的问题包括：20 世纪的中东社会结构如何？地缘政治变迁对各民族的影响有多大？经过对不同阿拉伯国家的比较研究之后，如世俗化程度和教育发展情况的比较、资源优势及利用情况分析、政策因素或制度因素的分析，能得出哪些结论？一部分发展滞后的中东国家的出路何在？黄民兴教授站在学术前沿，借用多学科的方法，多年来为中东研究做出的努力，以及取得的成果，夯实了中东研究的基础，不仅实现了彭树智先生早年的愿望，而且在开拓领域、提升研究水平方面有较多的建树。国内的中东史研究，彭树智先生是创业者，黄民兴教授这一辈是守业者，其使命是“继往开来”。显然，守业者的任务除了坚守，还需要开拓，否则这份基业难以发展和兴旺。从这个意义上说，黄民兴教授的学术道路具有导向性：他的路子宽，弟子和再传弟子的研究区间就大，他的路子窄，后来者就难有大的发挥。黄民兴教授凭借其兴趣、能力、禀赋，加上他的勤奋、认真、严谨，经过三十多年的坚守和开拓，奉献出了丰硕的科研成果，积累了珍贵的研究经验，为后来者铺设了一条通向学术高地的宽广道路。

“准备期”与“成熟期”

在中国社会科学院世界历史所做访问学者期间，李春放研究员是我的合作导师。2010 年 8 月下旬，我去位于东厂胡同的世界历史所报到，第一次和李春放老师见面。以前粗略地读过他的著作《伊朗危机与冷战的起源》，也浏览过他研究伊朗伊斯兰革命的论文，却从未谋面。我访学仅有半年，每周能见李春放老师一次，平时联系多以电话和电子邮件为主。当时我忙于完成自己的课题，李春放老师和我谈论的话题主要在我的研究领域，很少涉及他的著作和文章。我结束访学后不久，李春放老师也退休了，我们一直没有中断联系。我记得李老师说，他退休后被单位返聘过一段时间，继续从事他钟爱的科研工作。大约四五年前，得知李春放老师意外受伤，行动不便，一直在恢复中。前些日子给李春放老师发信息，收到了回信，了解到他的近况，得知他康复有望，我心里仍然惦记。暑假里，手头没有紧迫的任务，重新读了一遍李春放老师的著作，也下载了他全部的论文和译文。细读一遍后，顺便做了一些梳理，形成这篇短文。

（一）

李春放老师是四川宜宾人，生于1950年。他是恢复高考后第一届本科生，1977年至1982年就读于西南师范学院英语系（今西南大学外语学院）。本科毕业后当英语教师，三年后考取了硕士研究生（1985级），就读于西南师范学院历史系，1988年毕业，论文答辩在云南大学。再过了六年，他考取外交学院国际关系专业的博士，具体就读时间是1994年至1997年。他的硕士生导师是罗洪彰教授。他的博士生导师是外交学院的石磊教授和黄文镛教授，获得的是法学博士学位。读硕士期间他和王林聪（现为中国社科院西亚非洲所副所长）、祝曙光（现为苏州科技大学教授）是同学。李春放老师读博士时已经44岁，博士毕业47岁。李春放老师在四川省委第二党校工作过，后来调入中央编译局。50岁之后再次“跳槽”，离开中央编译局，进入中国社会科学院世界历史所。李春放老师和我在一起的时候，很少提及他读硕士和博士的经历，或者工作调动的细节。大多数信息是我从西南大学徐松岩教授那里获知的。李春放老师只对我说过，教学和科研是很难兼顾的，因为做好教学工作需要耗费大量时间和精力。他自己对专职做科研人员很满意。尽管他出版专著《伊朗危机与冷战的起源》时已50岁出头，职称才是世界历史所的副研究员，但他奋斗的激情始终旺盛，在人才济济的社科院世界历史所成为研究员，足见他的实力。他的研究领域包括世界现代史、国际关系、伊朗问题，以及市场社会主义问题等，满腔热忱地投身于学术问题的深度探索。

李春放老师的著作《伊朗危机与冷战的起源》入选2000年

“东方历史学术文库”，2001 年由社会科学文献出版社出版，也获得中国社会科学院优秀科研成果三等奖。李春放老师完成的另一本著作是 2012 年由江西人民出版社出版的《全球国际体系的演进》，这是中国社科院世界历史所筹划的多卷本《世界历史》的“国际关系卷”，是全套书的第 24 卷。

李春放老师的文章涉及的领域，一是伊朗研究和世界史研究。代表性成果有《论伊朗巴列维王朝的覆灭》《论伊朗现代伊斯兰政治模式》《1945—1947 年的伊朗危机》《苏联决定从伊朗北部撤军的原因——杜鲁门给斯大林的“最后通牒”及其他》《论南罗得西亚单方面宣布“独立”的原因》，以及短论《同强权博弈：谋略 · 胆量》。

二是关于市场社会主义的论文。代表性论文有《市场社会主义的现代化批判》《社会主义的外交》《马克思恩格斯到列宁：无产阶级世界革命战略的演变》《马克思是市场社会主义者吗？——当前西方学术界关于市场社会主义的辩论中的一个问题》《市场社会主义的现代化批判》《市场社会主义的源流》《市场社会主义的主要代表人物及其观点》《关于二三十年代社会主义经济计算大辩论的解读与反思》《简论传统政治文化和政治现代化》。

三是关于社会主义及市场社会主义的译文若干篇。例如，布鲁斯 · 考德威（Bruce Caldwell）的《哈耶克与社会主义》、P. K. 巴德汉（P. K. Bardhan）、J. E. 罗默（John E. Roemer）的《市场社会主义思想轨迹》、萨姆 · 普利（Sam Pulley）的《民族国家持久不衰的政治经济学》、约阿吉姆 · 希尔施（Joachim

Hirsch）的《福特主义与后福特主义——当前的社会危机及其后果》，还有1998年发表于《国外理论动态》的《美国学者伯扎克谈一种新的社会主义》一文。

（二）

《伊朗危机与冷战的起源（1941—1947年）》一书是李春放老师在其博士论文基础上扩充而成。博士论文题目是《1941—1947年大国与伊朗的关系》。冷战起源问题是热门课题，而1941—1947年伊朗危机和冷战起源密切相关。该书除了历史背景的回顾，主体内容有六部分：危机的开端，即1941年盟军进驻伊朗；盟军战时在伊朗的合作与龃龉；1944年伊朗石油危机；1945年走向阿塞拜疆危机；1946年伊朗危机以及1947年盟军撤出伊朗；危机的结局分析。该书把1941—1947年的伊朗危机作为研究冷战起源问题的案例之一，透过这个历史事件洞察多方面的问题，例如近东冷战的历史渊源，战时英、苏、美三大国在伊朗的明争暗斗，斯大林战后初期对近东的政策，杜鲁门主义的由来等。

作为一本国际关系史专著，其主要分析层次是主权国家，仅在具体问题的论述中涉及伊朗内政。作者力求始终站在现实基础上，不从概念出发解释实践，而是从实践出发来解释概念的形成。用他的话说：“具体来说，在国际政治中不是从意识形态出发来解释主权国家的实际利益和国际行为，而是从主权国家的实际利益和国际行为出发来解释外交形态的形成。作者力图把1941—1947年的伊朗危机置于当时中观和宏观的历史背景之中，置于国际政治体系演变的历史进程之中，以期尽可能全面真实地展现历史的原貌。”[①]

1941 年盟军进驻伊朗，这一举措在当时引起争议。后世的国际关系史研究者更是花费很大精力对此进行争论，焦点是英、美和苏联有没有各自的阴谋，是不是侵犯了伊朗的主权。当时的伊朗民族主义者对此持否定态度，伊朗政府也期望得到盟军的保护。李春放老师此处花费的笔墨很多，从当时处于非常时期的国际局势，盟军进驻伊朗的目的，英、美、苏出兵理由是否成立，伊朗政府是否同意等层面，逐个分析。李春放老师得出的结论是：“尽管英美联合出兵伊朗从国际法角度看是破坏了伊朗的中立，侵犯了伊朗的主权，伤害了伊朗的民族感情，但此举是在世界人民及爱好和平的民主力量与法西斯侵略势力做殊死斗争的紧要关头采取的非常措施。这一措施保证了英、美经由伊朗向苏联进行军需补给的运输线的安全畅通，有利于当时反法西斯斗争的大局，对反法西斯战争的胜利起到了积极作用，因此也符合包括伊朗人民在内的进步人类的根本利益，并最终加速了伊朗的民族独立进程。”[②] 对于有争议的细节，例如，英、美军队的动机，美军进驻伊朗是否通知盟国并征得同意，是否缔结条约，以及苏联 1946 年从伊朗撤兵的原因等等，著作中也有逐项的评析。

《伊朗危机与冷战的起源（1941—1947 年）》一书对 1941—1947 年伊朗危机各个阶段进行了纵向的综合考察，同时，从横向对 1946—1947 年的阿塞拜疆问题和土耳其危机进行对比，立

---

① 李春放：《伊朗危机与冷战的起源（1941—1947 年）》，社会科学文献出版社 2007 年版，第 7 页。

② 同上书，第 94 页。

体地审视伊朗危机与冷战起源的关系。其中，把 1944—1947 年的伊朗危机单独作为“特写镜头”，对伊朗与大国的博弈、石油争夺的本质、斯大林本人的态度改变等核心议题进行重点分析，指出问题的症结所在。方法上开合有度，结论也显得入情入理。这样的研究也使我们认识到，1944—1947 年近东危机（伊朗危机和土耳其危机）对战后东西方关系产生了巨大而深远的影响。首先，暴露了东西方之间在战后世界秩序和国际安排问题上的严重分歧；其次，事实上拉开了冷战的序幕。李春放老师概括为：“东西方冷战肇始于近东，近东冷战发轫于伊朗。冷战始于东西方对近东战略资源和战略要地的争夺，对伊朗石油的争夺点燃了冷战的导火线。”[①] 此外，危机有助于西方制造冷战舆论和制定冷战政策，加速了全面冷战的来临。

《伊朗危机与冷战的起源（1941—1947 年）》的价值首先是在老课题上开拓了新领域，使用了新材料，提出了新的观点。在近代伊朗外交中，往往利用国际矛盾特别是大国矛盾来维护伊朗独立和国家利益。李春放老师结合历史事实对此进行了深入剖析，对礼萨·汗（Reza Khan）外交战略的动机和得失的分析尤为深刻。正如刘竟研究员的评价：“本书冲破了过去国际上一般只研究 1946 年伊朗危机或 1945—1946 年伊朗危机的范畴，将 1941—1947 年伊朗危机作为一个整体来研究。具体来说，是放在二战时期和战后初期国际政治体系动荡和复杂的背景下进行研

① 李春放：《伊朗危机与冷战的起源（1941—1947 年）》，社会科学文献出版社 2007 年版，第 396 页。

究的。同时强调全球视角和第三世界角度，反对研究中的‘西方中心论’和‘苏联中心论’。”安维华教授的评价是：“本书无论是对国际关系理论的研究还是对国际关系史的研究，都具有重要的参考价值，它的出版将对这两方面的研究起促进作用。”

（三）

在《论伊朗现代伊斯兰政治模式》一文中，李春放老师先从“霍梅尼主义”着眼，理清其内涵。文章中指出，“霍梅尼主义”是伊斯兰主义、平民主义和第三世界主义的融合，也添加了某些政治现代主义，因而是一种内容庞杂的思想体系。“霍梅尼主义”诞生于伊朗特殊的社会历史条件（包括伊朗现代化的挫折），它是由激进派教士领导的政治社会反抗运动的意识形态，是具有伊朗特色的现代伊斯兰主义。伊朗伊斯兰共和国宪法规定的“伊斯兰共和制”又是怎样的一种制度呢？它是以伊斯兰信仰为基础的政治制度。伊斯兰教十二伊玛目派是伊朗的国教。根据宪法，人民享有言论、出版、结社和集会等自由，但不得违背“伊斯兰的基本原则”和危害“伊斯兰共和国的基础”。作为伊斯兰革命的产物，这个国家的政权由革命中涌现出来的激进派教士领导，各级政府组织机构由他们控制。具体的政治实践中，内政、外交、经济、教育都有特殊的使命和任务。李春放老师的原话是：“内外政策带有强烈的霍梅尼主义的意识形态色彩，其基调是激进的伊斯兰化。国家政治体系的伊斯兰化是整个社会伊斯兰化的先决条件。”[①] 具体手段包括清洗旧政权的军政要员，建立忠于伊斯兰

① 李春放：《论伊朗现代伊斯兰政治模式》，《历史研究》2001年第6期。

革命准则的新的国家机器。统治措施包括恢复伊斯兰传统刑法、使多妻制重新合法化等等。外交政策同样伊斯兰化，即所谓“既不要西方也不要东方，只要伊斯兰”。敌视西方尤其是美国，也反对苏联及苏联阵营的国家，同情和支持第三世界，主张泛伊斯兰主义，梦想建立“世界伊斯兰政府”，宣称向世界各地输出“伊斯兰革命”。经济体系伊斯兰化的方式是推行国家主义或曰伊斯兰国家社会主义。国家经济“建立在系统和健全的计划基础之上”。具体措施包括没收财产，大企业收归国有，“革命法庭”将没收的各种宗教基金会的巨额财产转交给新成立的一些政治基金会。教育系统以保障整个社会伊斯兰化及其延续为目标，主要措施是在师资方面以忠于霍梅尼主义的教士取代世俗知识分子，在教育内容上以伊斯兰主义取代君主主义和东西方“文化帝国主义”。

这篇文章重点是对伊朗现代伊斯兰政治模式的评析。李春放老师有如下判断：以霍梅尼（Ruhollah Khomeini）为首的激进派教士集团在伊斯兰革命后建立的奇特的伊斯兰神权共和制，迥异于现代的东西方政治制度。伊朗现代伊斯兰政治模式的独特性在于具有鲜明的两重性：既带有鲜明的传统主义特征，又有明显的现代主义特征，将看似水火不相容的两种政治价值取向（传统主义与现代主义）奇异地结合在一起。伊朗的伊斯兰经济模式实际上是国家社会主义与传统瓦克夫制、私有经济的混合体。伊斯兰是目的，经济只是手段。这种经济模式不符合复杂的现代化经济发展的客观规律。因此，伊斯兰政治经济体制中存在深刻的内在矛盾，如传统主义与现代主义的矛盾，其核心是神权与人权的关系。伊朗的新政权在本质上是神权至上，政教合一。宪法又规定国家事务的管理“必须”以通过“选举”和“公民投票”所表达的“舆论”为基础，这至少意味着人民应享有自治权。

这篇文章的结论是，伊朗推翻了巴列维王朝的君主制，建立了共和国，实现了真正意义上的民族独立。革命后建立的神权制带有一定的政治现代主义因素，不能简单地全盘否定。作为伊朗现代化进程中各种复杂因素相互作用的结果，它既有进步的成分，又有落后保守的成分；既有适应现代化的成分，又有不适应现代化的成分，但整体上对伊朗社会的进一步现代化有阻碍作用。

《论伊朗巴列维王朝的覆灭》一文是李春放老师精心打磨的文章，内容丰富，观点鲜明，信息量很大。巴列维王朝的突然覆灭一时成为世人眼中的“难解之谜”，于是出现各种解释。李春放老师这篇文章以分析“难解之谜”开篇，针对四类观点逐个评析并提出自己的看法。第一类解释是所谓“阴谋论”：国王是美、英等外国势力与霍梅尼共同策划的阴谋的牺牲品；第二类解释是所谓“伊斯兰解释”：国王是“反伊斯兰的”压迫者，他被笃信伊斯兰教的革命群众推翻不足为奇；第三类解释强调政治经济因素的重要性。具体而言又有四种看法：（1）支持巴列维王朝的保守主义者认为国王的现代化改革步伐太快；（2）反对巴列维王朝的自由主义者认为国王的现代化改革步伐太慢；（3）有的学者持结构主义观点，称推翻国王的伊斯兰革命之所以爆发不是因为现代化改革太快或太慢，而是因为政治发展和经济发展之间不平衡或脱节；（4）一些伊朗左翼人士认为，20 世纪 70

年代中期伊朗的经济衰退和依附式资本主义的失败促使许多工人积极参加反对国王的运动，从而敲响了君主制的丧钟。第四类解释可以称为“多因说”，持论者是许多政治学家和伊朗问题专家。

李春放老师认为，第一，“阴谋论”过于牵强；第二，把国王的垮台纯粹归因于现代化改革太快或太慢都失之偏颇；第三，仅仅从结构主义的角度来诠释伊朗国王倒台或君主制覆灭可能失之简单化；第四，“多因说”的解释力较强。因为，“伊斯兰革命的根源涉及经济、政治和文化因素，涉及历史的原因和紧要关头的举措，也涉及国内社会进程和国外的事态发展，不能归结为任何一个方面”，“但在这样复杂的问题上要避免简单罗列或泛泛而谈，提出较有说服力的解释，对于研究者来说无疑是一个既困难而又有吸引力的挑战”。①

文章在实质性的分析中分为“根本性的困境”“白色革命”“酝酿中的风暴”“王朝寿终正寝”几个部分。从过程到结果，从史实到各家的论点，李春放老师都做了细致且逻辑严密的“掘进式”的研究。让人信服的论点主要包括：第一，巴列维王朝的君主制在政治功能上面临现代化的任务，在政治权力结构上却坚持传统主义；巴列维王朝的两代君王积极致力于现代化，在法律上是现代立宪君主，在实际权力运作上却几乎与传统专制君主无异。第二，土耳其凯末尔革命在反传统主义方面远远超过伊朗国王的白色革命，大多数海湾君主国的现代化步伐都落后于巴列维

① 李春放：《论伊朗巴列维王朝的覆灭》，《世界历史》2002 年第 1 期。

王朝统治下的伊朗，但凯末尔政权和大多数海湾君主国的政权却比较稳定。通过比较就可以看出伊朗现代化的特殊性和复杂性，以及自身的困境。第三，在白色革命后期，巴列维王朝的君主专制达到登峰造极的程度。国王不但高居伊朗政治体系之巅，而且完全控制了伊朗的政治体系。一切重要决定都源于国王，他的意志就是法律，军队、萨瓦克、内阁、复兴党和官员不过是供其驱使的臣仆。为了保持绝对的控制和消除对王权的潜在威胁，国王对文武大臣“分而治之”，使其相互牵制，竞相邀宠效忠。这样就形成系一国之命运于国王一身的政治局面。第四，使白色革命后期的伊朗政局具有潜在的爆炸性的第一个因素是“一段时期经济高度繁荣后突然下滑”，第二个因素是国王的专制官僚现代化所带来的严重问题激化了社会矛盾，第三个因素是伊朗社会政治文化传统的反抗性和革命性，第四个因素是以乌勒玛为首的传统势力对专制王权构成日益严重的威胁。保守的白色革命未能打断传统社会的脊梁。国王拔掉了农民革命的引信，却捅了传统势力的马蜂窝。第五，巴列维国王个人素质和霍梅尼之间存在差距。国王掌握着强大的国家机器并得到美国的支持，危机期间国王不乏机会控制政局或至少保住巴列维王朝。然而，穆罕默德·礼萨·巴列维（Mohammad Reza Shah Pahlavi）生性懦弱，却又妄自尊大，好大喜功；他贪恋专制权力，却又怯于在危机时亲自动用铁腕，也缺乏敏锐的政治洞察和远见。在危机期间，这位国王实行的是一种自相矛盾的政策：既实行自由化政策，又试图抱着专制王权不放；面对自由化政策释放出来的政治参与诉求，在妥协和镇压之间犹豫不决，频繁地寻找和惩罚替罪羊。结果，反对派越来越激进，国王越来越众叛亲离。当意识到局势的严重性时，国王完全丧失了统治的意志。伊斯兰革命的领导人霍梅尼意志坚强、目标明确、政策和策略灵活而精明，表现出惊人的政治才能和超凡的政治魅力。总之，巴列维王朝突然覆灭是各种复杂因素相互作用的结果，也包括个人因素等等。

《苏联决定从伊朗北部撤军的原因》一文的副标题是“杜鲁门给斯大林的‘最后通牒’及其他”，此文指出：归根到底，苏联当时决定从伊朗撤军是一些因素综合作用的结果，其中最主要的因素是伊朗巧妙而成功地利用国际压力，特别是以联合国为代表的国际舆论的压力，迫使苏联软化其立场。美英的强硬态度、伊朗适时地在石油问题上作出的让步也是促使苏联撤军的重要因素。对于苏联来说，继续拖延撤军的代价，如国际舆论的压力、对苏联更广泛的对外政策利益和反帝反殖民形象的损害、与美英等西方大国矛盾的激化，超过由此带来的利益。因此，以撤军和在阿塞拜疆问题上的让步来维护苏联“在欧洲和亚洲的解放政策”、换取变相的石油租让权、摆脱在外交上的被动局面，就成为苏联的最佳选择。

《论南罗得西亚单方面宣布“独立”的原因》一文也发表于《世界历史》，那时李春放老师从云南大学获得硕士学位，在四川省委第二党校工作。文章从“历史根源”“社会政治根源”“非洲民族主义的挑战”“英国对非洲殖民政策的变化”等方面，深入探究南罗得西亚“独立”的原因，以及罗得西亚阵线上台及宣布“独立”的过程，并涉及其他一些相关因素，如，白人移民控制当地的行政机构、警察和军队，史密斯（Ian Douglas Smith）政权低估了英国对单方面宣布“独立”可能作出的反应等。这篇论文还是李春放老师一贯的写法，摆出材料，条分缕析，最后的概括简明扼要，直接回应开头提出的疑问，结论让人信服。

（四）

李春放老师曾赴美国约翰·霍普金斯大学访学，也前往伦敦政治经济学院短期访学。美国访学的情况我没问过他，不了解细节。关于伦敦的那次访问（2010 年秋季），他写有《访英印象》一文，从中可以看出他在此期间兴致勃勃地与几位教授长谈，在图书馆查阅资料，观察伦敦社会的普通民众生活。离开英国之前他特意到海格特公墓拜谒马克思墓。

李春放老师在《访英印象》一文中介绍了伦敦政治经济学院创建的历史、该学院国际关系学的总体研究实力、国际关系英国学派的代表人物、学派的主要特点和研究方法，以及该学派引起国际同行关注的原因等等。访英期间，李老师与巴里·布赞（Barry Buzan）教授进行了两次长谈，并根据教授的建议，到布里斯托尔大学与理查德·利特尔（Richard Little）教授、张勇进教授交流。李老师常去的伦敦政治经济学院图书馆，具体有哪些特色和怎样的影响（比如号称世界上专门用于社会科学研究的最大图书馆），李老师都有介绍。他也去了伦敦大学亚非学院的图书馆。李老师善于观察，勤于观察，对英国的社会文化也有颇多感悟。例如：（1）英国人很重视历史和文化。在城市发展过程中，伦敦基本维持了原有的风貌，历史文化遗产保护得特别好。与一些新兴的现代化大都市相比，英国的首都有一种特殊的历史凝重感；（2）英国人的环保意识很强。这个国家以服务业为主要经济支柱，天蓝、地绿、空气清新，优美的环境让人陶醉。由于注重公共交通，伦敦没有一些世界大都市常见的严重塞车现象。他看到许多伦敦人选择骑自行车上下班；（3）英国是高度开放的国度，与外部世界的联系十分紧密。伦敦作为一座国际化大都市，世界各地的移民，包括大量亚非拉地区的移民源源不断地来到这里，给这座城市注入活力。

李春放老师是一位对学问充满敬意，对生活饱含热情的人，这从他撰写文章和观察社会的细致程度就能看得出来。在写这篇读后感时，我想起刘东《前期与后期》一书中所说：一名人文学者的正常“生命周期”和他的“学术成熟期”有时是错位的，“准备期”长而“成熟期”短，总是让人觉得遗憾。李春放老师恰恰是这种情况。他为理想的科研环境苦苦奋斗多年，好不容易进入世界历史所，在出成果的阶段就已临近退休。几十年的苦读和苦思，才换来满肚子的学问，但长期的伏案用功、夜不成寐的思虑，使身体各部位更容易磨损。重读李春放老师的著作和论文，既有收获，也有感慨。当然，更多的是对李春放老师锲而不舍的精神的钦佩。

奥斯曼帝国的统治术和衰亡史

编辑导语：

晚清知识分子曾以奥斯曼帝国为文明镜鉴，如康有为在《进呈突厥削弱记序》开篇即言：“横览万国，与中国至近形似，比拟同类，鉴戒最切者莫如突厥矣。”这里的“突厥”指的便是奥斯曼帝国。但时至今日，奥斯曼帝国复杂且缺乏连贯性的政治制度对于大多数人而言仍是雾里看花，在研究领域亦有诸多空白。

王三义教授新著《帝国之治：奥斯曼帝国的政治制度》（上海人民出版社，2023）探讨奥斯曼帝国的政治基础和政治变迁特征，揭示了从苏莱曼大帝当政到帝国瓦解这一历史进程中政治制度的兴衰轮替。在土耳其共和国建国一百周年即将到来之际，《上海书评》采访了王三义教授，请他从历史出发，谈谈现代土耳其所继承的奥斯曼帝国。

问：从1299年奥斯曼国家建立，到1922年帝制废除，奥斯曼帝国国祚延续600多年，它在政治制度设计上有哪些成功之处？

答：我们对奥斯曼帝国的了解，往往是先知道这个帝国的“衰”和“亡”，尤其是巴尔干危机、土耳其革命等，再深入一步，才会把攻占君士坦丁堡、苏莱曼立法这些事件联系起来，追溯到帝国早期历史。如果能看完整本的奥斯曼帝国通史，一定会惊叹这个帝国的韧性，产生和你一样的疑问。

奥斯曼帝国能在较长时期内保持相对稳定，延续数百年，分明有它的特殊性。至少，奥斯曼统治者对境内诸多民族和教派的统治和管理是有效的。其实，从历史资料看，在如何治理帝国的问题上，统治者起初并没有完整的“顶层设计”。只是，随着对外战争的胜利，领土范围越来越大，人口越来越多，民族成分变得复杂，国家结构变得松散，执政者不得不想办法，遇到什么问题解决什么问题。经验、规则都是慢慢积累起来的。

在开疆拓土过程中，获得新土地如何管理，就仿照拜占庭帝国的制度，实行分封，受封者提供骑兵，也就是“蒂玛”制。在如何管理少数民族和异教徒的问题上，奥斯曼统治者让不同教派的教徒生活于不同的“米勒特”。奥斯曼帝国的行政体制是“素丹集权”，宫廷是帝国的权力中心，政府是皇宫里的附属机构。1517 年之后素丹获得哈里发头衔，成为穆斯林世界的宗教领袖，实现了“政教合一”。帝国依赖于军队，宫廷禁卫骑兵和常备军步兵来自“德武舍迈”征募制度，相当于一种军事奴隶制。

政治制度设计上的成功之处，或者高明的地方，可以概括为四方面：第一，奥斯曼帝国的多层制度，是征服、扩张和帝国管理的需要，来自实践，切实可行。第二，“素丹—哈里发”制度决定了帝国政体的特质，行政和宗教系统的并存，保证了朝廷对地方的垂直管理；稳定的军事制度有助于战争获胜；土地制度和税收制度决定了经济的相对稳定；特殊的官僚制度下，行政长官大维齐尔协助素丹处理繁杂政务，却不能与素丹分庭抗礼；有效的民族和宗教管理制度减少了帝国维护统一的成本。第三，不同领域的制度各有侧重，管理分途，有一定的弹性，保证了帝国的运转，也使帝国得以延续。第四，奥斯曼统治者能够根据形势需要进行制度调整和改革。比如，18 世纪制度弊端暴露无遗，统治者就开启改革，想复原被破坏的制度和规则。

问：奥斯曼帝国的建立者是突厥人，他们人口占少数却征服并控制了人口占多数的阿拉伯人、希腊人、亚美尼亚人等民族，且始终维持统治地位，其中的秘密是什么？

答：这确实很明显，人口占少数的民族，统治着人口占多数的若干民族。奥斯曼帝国的统治阶层来自于以奥斯曼为首领的突厥部落。在草原国家发展为帝国的过程中，相继征服希腊地区，征服叙利亚、巴勒斯坦和埃及，大批希腊人和阿拉伯人被纳入帝国统治之下。

如果把问题分为两个层面，一是如何征服并控制的，二是如何维持对其他民族的长久统治的，这样就容易说明白。从世界历史上看，征服并短期控制并不是最困难的，欧亚大陆就有那么多迅速崛起、转瞬即逝的大小帝国甚至霸国。但草原国家发展为帝国后维持四百年以上的很少。

先说征服和短期控制。奥斯曼土耳其人的征服是顺利的，从奥斯曼酋长国到帝国，大约经历一个半世纪（1299—1453 年）。先控制整个小亚细亚，然后控制巴尔干地区，形成了最初的两个省。奥斯曼土耳其人把握“天时”，赢得“地利”。被征服的领土一是拜占庭帝国的领土，一是塞尔柱突厥和曾经的罗姆苏丹国的土地。拜占庭帝国政权苟延残喘，没有力量保护疆土，给了奥斯曼土耳其人侵略的机会。西亚地区经历过蒙古大军的征服，原来的各种政权分崩离析，没有哪一支力量能抵抗奥斯曼土耳其军队。征服阿拉伯地区是在 1516—1517 年，相对比较晚了。如果早年就南下，想控制阿勒颇和大马士革等城市并征服叙利亚，估计办不到。对被征服地区的短期控制，任用当地实力派人物治理当地，公元前 4 世纪的亚历山大大帝早就提供了经验。

真正困难的是长久的统治。奥斯曼帝国管理人口占多数的民族，独特的方式大致有三点：一是因地制宜、区别对待，二是宗教政策的宽松，三是严防出现强大的地方利益集团。

在奥斯曼帝国境内，少数民族往往也属于少数教派，如希腊人、亚美尼亚人、犹太人，但有的少数民族信仰伊斯兰教，不属于少数教派，如库尔德人；而阿拉伯人既是人口占多数的民族，也是穆斯林主体，和土耳其人有同一种信仰。奥斯曼帝国统治者的管理方式，一开始就是区别对待，因地制宜运用施政手段的。比如，安纳托利亚原有部落、村镇，直接由桑贾克贝伊管理，不久纳入行省；在巴尔干地区，鲁米利亚被划入行省，但摩尔达维亚等公国一直保留，以“属地”的形式服从帝国管辖；征服埃及后单列为独立行省，专门制定“埃及法典”。马格里布地区则委托给海盗巴巴罗萨 · 海雷丁，以阿尔及尔总督的身份代管。至于宗教政策的宽松，是奥斯曼帝国管理上独特的地方，已形成制度。当然，还有不宽容的手段，那就是严防出现对抗宫廷的利益集团。不管是穆斯林的利益集团、主体民族的利益集团，还是基督教或其他教派的利益集团，都坚决遏制，而且奥斯曼历届素丹真的做到了。

问：奥斯曼帝国幅员辽阔，鼎盛时期横跨欧亚非三大洲，您刚才提到的军事采邑制度"蒂玛"制，究竟在帝国地方治理中发挥了哪些作用？

答：把征服所得到的新土地作为"蒂玛"进行分封，这是早期奥斯曼统治者就推行的。由临时性政策演变成一种较为完善的土地制度，解决了土地分配问题，也为素丹提供了战争所需的兵源。这个制度首先服务于国家军事行动，因为跟随素丹参加战争的骑兵，包括他们的装备和薪饷等均来自"蒂玛"持有者；其次是在奥斯曼帝国的地方管理中发挥重要作用。

奥斯曼帝国的采邑有大小之分。称之为"蒂玛"的采邑，指年收益在2万阿克查以下的封地。阿克查是货币单位。朝廷规定："蒂玛"不能买卖和转让。政府掌握封建骑兵的依据是"登记簿"。"蒂玛"分配规则、"蒂玛"数额登记、"蒂玛"的授予对象等等，都记录在册。

"蒂玛"制在奥斯曼帝国的地方管理中发挥的作用，一是便于朝廷对地方的掌控，二是"蒂玛"持有者能够协助地方官管理地方事务。"蒂玛"持有者的忠诚和义务，在连接宫廷和基层单位的垂直链条上不可或缺。素丹的命令通过总督传达到桑贾克贝伊和下级单位负责人，直达“蒂玛”持有者，国家政策得以落实。“蒂玛”持有者也协助征税、维持治安和保境安民。尤其是在村社一级的管理中，“蒂玛”持有者在具体事务，如防止强盗和土匪对村庄的威胁等方面发挥作用。在地方行政管理系统中，得到“蒂玛”持有者的协助，桑贾克贝伊能随时掌握村社的情况，有利于维护新征服地区的安宁和稳定。后来奥斯曼帝国的地方管理出现松弛和混乱，就和“蒂玛”制逐渐废止有关。

问：除了“蒂玛”制，请您再谈谈奥斯曼帝国的另一特色制度——用来管理非穆斯林社区的“米勒特”。有学者把“米勒特”制的核心内容总结为文化宽容、宗教领袖负责和内部自治，这是否也是奥斯曼帝国管理国内多元民族与宗教的关键?

答：奥斯曼帝国征服过程中，把非穆斯林宗教团体或社区称为“米勒特”，意思是“奥斯曼帝国境内有特殊信仰的集团或民族”。

这一制度，是有条件的宽容政策的制度化，实质是内部自治，也等于以忠于素丹的承诺，加上缴纳一定数量的赋税，换取社区的司法独立。这个办法不是奥斯曼统治者的创造，而是采取了古典伊斯兰时期穆斯林对待“迪米人”（持有经典者）的传统方式。从根本上说，奥斯曼统治者认为基督教和犹太教徒还是容易管理的。

正因为“米勒特”构建的是一种在宗教关系基础之上的自治组织，所以，除了要遵守素丹的法令，给帝国政府纳税，其余的事务都由他们自己的宗教领袖在“米勒特”内部处理。素丹也就满足于用这种方式控制这些民族和异教徒，也不用强迫他们改变宗教信仰，或接受各级官吏的管制。因此，有的学者把“米勒特”制的核心内容总结为文化宽容、宗教领袖负责和内部自治。

即使按最低尺度衡量，奥斯曼统治者对待少数民族和异教徒，至少比同时期基督教欧洲的统治者宽容得多。而且，这种文化宽容的效果是明显的。第一，在“米勒特”制度推行之后，不但解决了帝国境内少数教派的管理问题，也吸引了不少来自欧洲的移民。第二，奥斯曼帝国前期希腊人、亚美尼亚人、犹太人等少数民族的生活是较为稳定的。第三，奥斯曼统治者对他们也基本上是信任的。第四，各地发生的以宗教为旗号的反抗活动较少。

客观上说，非穆斯林在奥斯曼帝国前期被赋予一种确定的民族关系，他们得到了一定的权利，但在政治上，非穆斯林的地位低于穆斯林。哪怕在某些穆斯林人数占少数的地区，非穆斯林仍处于伊斯兰宗教团体的支配之下。当然，难得的是这种“可以接受”的关系得到认可，并长期保持下来。

我的看法是，奥斯曼帝国离不开少数民族。少数民族在帝国的商业领域发挥不可替代的作用；他们充当欧洲商人的中介或经理人，并与欧洲商人一道控制了中东地区的对外贸易；亚美尼亚人、犹太人、希腊人主宰城市主要的经济部门，比如海关、税务、银行等部门。

问：“米勒特”本是一个文化和宗教宽容政策，后期为何会逐渐异化，甚至导致非穆斯林少数民族的不满与反抗？

答：用现代术语表达，就是制度的“保鲜期”有短有长。奥斯曼帝国的国力强盛时，宫廷能够控制边远行省，可以保障帝国境内大多数贸易路线的安全通畅。而且，统治者中那些有魄力、有远见的素丹，如苏莱曼一世，很重视发展商业，也有能力保护少数民族的利益。到后来，帝国中央权力弱化，地方分裂趋势明显，政府不能保境安民，从事经济活动的少数民族的利益受损。

希腊人是主动要求脱离奥斯曼帝国的。希腊人开始质疑“米勒特”制度并要求自治和独立，是受了欧洲大陆民族主义思潮的影响。本来希腊人经济相对富足，政治地位高于帝国境内的其他少数民族，但他们逐渐不满足于奥斯曼政府给予的“米勒特”内部自治权，而是想摆脱帝国统治，成立独立的希腊民族国家。希腊人的独立愿望，在奥斯曼统治者看来是不可容忍的。

亚美尼亚人的生活开始变化也有外部因素影响，比如来自欧美的民族主义和自由主义对亚美尼亚人的影响。亚美尼亚人的政治倾向得到了俄国支持。可是，奥斯曼统治者并不打算准许亚美尼亚人实行自治。

著名的中东史专家伯纳德·刘易斯（Bernard Lewis）认为，“非穆斯林与穆斯林的关系因为新思想和野心而破坏”。这个判断也有道理。因为，根据欧洲的自由主义原则，应该要求奥斯曼政府给予所属各民族以完全的平等权利；按照民族主义原则，被统治的民族有权利起来反抗，并建立他们自己的独立国家。

我阅读奥斯曼帝国史料时发现，帝国前期的统治者具有强者心态，自信得到了少数民族和异教徒的拥护，普通穆斯林对异教徒也较少猜疑。而从 17 世纪晚期起，处于衰弱状态的穆斯林对非穆斯林的态度发生了变化，以猜疑、仇恨取代了原来的和平相处。说句公道话，奥斯曼政府直到19世纪迅速变革的时期，在处理民族关系时还是很慎重的，并没有一味地采取以民族或宗教划线的高压政策。

问：除了《帝国之治：奥斯曼帝国的政治制度》，您还出版过专著《帝国之衰》《晚期奥斯曼帝国研究（1792—1918）》，能否大致描述一下帝国的衰落过程？主要原因可分为哪几个层面？

答：苏莱曼大帝时代的辉煌过后，奥斯曼帝国出现衰退迹象。1683年围攻维也纳失败，奥斯曼帝国转而采取守势。这个依靠武力建立起来的帝国，一旦失去通过掠夺获得财富的途径，走向衰落是不可避免的。1699年被迫签订的《卡洛维茨条约》，一般被当作帝国由盛转衰的分界点。此后几乎所有战争中都不同程度地丧失土地，被动地维护着主权，疆域不断缩小。1788—1792年与俄国的战争中，奥斯曼帝国军队几乎丧失了战斗力。在败绩面前，统治阶级终于达成共识：必须改革，必须向西方国家学习，否则要亡国。1792—1914年是奥斯曼帝国西化改革的百余年历程，最后帝国因卷入第一次世界大战而瓦解。

奥斯曼帝国衰落的简单衡量标志之一是：擅长军事的奥斯曼土耳其人不再能打仗了；另一个标志是：帝国全面衰弱了，表现为政治腐败、经济萧条、民族分离倾向严重。

其实这两个层面也相互关联。对土耳其人来说，停止了对外扩张，也就失去了优势，帝国的经济和政治制度都面临新的考验。具体情况例如：以前通过征服开辟新土地，有合理的土地制度，农业生产得以扩大；通过征服获得源源不断的财富，同时得到大量劳动力；当帝国的“事业”越来越大的时候，宗教活动和文化艺术活动随之扩大，可以提供更多的岗位；帝国的领土范围越广，服兵役、服劳役的人力补充越不成问题。1699 年之后对外征服的这条路断了，整个国家政治和经济的根基发生动摇。

还要看到，1699 年之后一个多世纪里没有打过胜仗，严重挫伤了奥斯曼土耳其人尚武的精神，浇灭了一部分人的斗志。因为后来的失败和衰弱，与帝国崛起过程中的辉煌和荣耀形成鲜明的对比。

判断奥斯曼帝国衰落与否，一是通过对帝国历史的纵向比较，二是与欧洲国家进行横向比较。刚才说的是纵向比较。横向比较的话，当欧洲国家处于上升时期时，奥斯曼帝国的统治者故步自封，整个帝国错过了发展的机遇。到 18 世纪后期，奥斯曼帝国与欧洲国家已经不在同一水平线上。

问：从马哈茂德二世改革，到坦齐马特改革，再到帝国晚期的两次君主立宪，奥斯曼帝国的统治者为挽救帝国危机做出了诸多努力，如何评价这些改革举措的得失？

答：对于奥斯曼帝国的西化改革和挽救危亡的努力，学术界已有较多的研究成果。我在二十多年前做博士论文时，就有专门章节讨论经济领域的改革。这次完成的关于奥斯曼帝国政治制度的专著，也有专章讨论帝国晚期的改革，主要着眼于行政、司法、宗教等层面。

概括起来，奥斯曼帝国的西化改革有三个特点：第一，改革本身由浅入深，从技术引进到制度变革。第二，改革具有阶段性特征，具体领域的成效不一样。第三，尽管改革的高峰之后是哈米德专制，但社会的开放程度是逐步扩大的。

具体来说，马哈茂德二世的贡献在于解除了旧军队，剥夺了威胁中央政府的地方贵族的权力，维护了素丹的权威，也按欧洲模式设立行政机构，实现了帝国历史上第一次人口普查和土地丈量，废除“蒂玛”制，为后来的改革铺平了道路。坦齐马特时期把“保障生命、荣誉、财产的安全”和“法律面前平等”写进帝国的法令，这是明显的进步。而且，改革是全面铺开的。哈米德二世虽然实行专制统治，但他并不放弃改革和西化，经济、教育、军事等领域成效最明显。

奥斯曼帝国持续百余年的改革，是近代东方和亚非拉国家救亡图存的样板，因为其他国家的改革都没有奥斯曼帝国的改革早，也没有奥斯曼帝国的改革持续时间长。改革可能激化了某些矛盾，但毕竟消除了一些阻碍国家机器运转的因素。

当然，一百多年改革，未达到最初的富国强国的目标，有几个方面的问题值得深思：比如，容易改革的领域都改了，难以改革的领域依然未改；又如，政治改革在“集权”与“限权”的困境中徘徊，无法取得实质性的突破；而且，帝国的改革带有急功近利的特点，改革者把西方的经验当作灵丹妙药，期望短期奏效，结果还是欲速不达。

问：素丹哈米德二世在历史上的形象血腥残暴：高压统治、密探和审查制度、亚美尼亚大屠杀……但您也提到，哈米德二世的许多改革举措也有明显的成效，对传统奥斯曼帝国向现代土耳其转型起到积极作用。如何看待这个人物？

答：哈米德二世被称为“血腥素丹”，在西方人对土耳其史的描述中，有一个脸谱化的残暴形象。哈米德专制、哈米德暴政，这是一个较为普遍的判断。

其实，哈米德二世当政的三十三年（1876—1909 年）内，做了许多事情，有大事有小事。说他专制也没冤枉他。比如，他终止了宪政，解散了议会，流放了改革派代表人物米德哈特帕夏；他实行集权，用免职、流放、暗杀、监禁等方式打击甚至清除反对派；他为了掌控一般民众，镇压各地的反抗，建立了一套密探制度；他对新闻报刊实行查禁，阻断人们获得外界信息，等等。

哈米德二世被指责“屠杀亚美尼亚人”。准确的表述应该是“在亚美尼亚大屠杀事件中负有不可推卸的责任”。1894—1895年间，帝国东部发生了屠杀亚美尼亚人的暴行。起初是亚美尼亚人和库尔德人之间的怨恨和仇杀，奥斯曼帝国官方和军队并未采取措施来制止大屠杀，一些军人反而参加了大屠杀。首都伊斯坦布尔的亚美尼亚民族主义者也有声援，并采取了行动，占领土耳其银行，遭到政府军队镇压。欧洲大国向素丹发出照会，要求停止暴行。在后来的土耳其革命者眼里，镇压革命运动的哈米德二世是暴君、是独裁者，所以，在土耳其革命的叙事中，哈米德二世的形象和负面评价也就确定下来了。

不过应该看到，在内政方面，哈米德二世时期没有停止西化改革，在发展经济、改善交通、兴办教育等方面做了较大努力，并取得了成效。比如，通过与德国的合作，使帝国对外贸易迅速增长；由于经济有所发展，巴格达铁路各条支线陆续开始修筑，帝国东西部的联系加强，两河流域也得到开发；从德国购买武器装备，购买船舰，增强了军事实力；帝国境内的许多城市建起了学校、孤儿院、诊所和医院。在对外关系方面，哈米德二世也没有向欧洲大国一味地妥协退让。哈米德二世刚执政时，巴尔干危机中欧洲大国插手，奥斯曼政府非常被动。但到了 19 世纪晚期，哈米德二世能够冷静面对并分析欧洲局势变化，主动选择在外交上对帝国有帮助的国家，以谋求帝国的生存。

从哈米德二世施政的结果来看，奥斯曼帝国在 1878—1909 年之间维护了主权，保持了基本的社会稳定，关键是，坦齐马特时期停留在纸上的一些改革措施在哈米德二世时期逐步落实，奥斯曼社会的开放程度超过以前任何时期。这些变化是传统奥斯曼帝国向现代土耳其转型的基础和前提。

在伊斯坦布尔的书店里，有不少名为《我们敬爱的哈米德素丹》《伟大的素丹哈米德》这样的书籍。在土耳其一些文化人的心目中，帝国晚期的哈米德二世是一位了不起的君主。

问：土耳其国父凯末尔早年加入的“青年土耳其党”是奥斯曼帝国“第二宪政时期”（1908—1918 年）的实际掌权团体，如何评价“青年土耳其党”的执政表现？

答：1908 年宪政革命成功后，“青年土耳其党”由秘密组织变成公开的政党，而且在 1909 年掌权。他们不信任素丹，又觉得没必要废黜素丹，实行的是君主立宪制。对于控制政府权力，他们也力不从心。在奥斯曼社会，年龄和经验是获得政治权威的先决条件，而青年土耳其党人大多数成员都是年轻的上尉、少校或职务较低的官员，没有多少阅历和经验。

从1909—1913年，青年土耳其党人推出社会改革的方案。政治层面，整顿并重组官僚机构，开除多余的文职官员，没收皇室的财产，严格预算宫廷开支，削减高官的收入。经济方面，推行自由主义政策，从国外筹集贷款，取消关税壁垒，发展贸易，扶持农业，改善基础设施，吸引投资。立法和教育等层面，制定新的民法，颁布新的兵役法、教育法、婚姻法，给予女子同等的受教育权等。此外，改革方案还涉及维护国家安全、实行民族平等的政策。

青年土耳其党人的各项改革措施是进步的，有一些措施收到良好效果。不过，单从政治层面看，政府职能部门的权责不清，发挥的作用有限；军人在政治生活中的作用过大；青年土耳其党与议会之间的关系不协调；党派之间和党派内部斗争不断。清洗后的政府机构中形成了一批新权贵。新权贵把持议会和内阁，少数权贵人物乾纲独断，使民众对宪政失望。

如果再考虑到国际局势和国内根深蒂固的矛盾，可以“理解”青年土耳其党的执政者的难处。1911年发生了意土战争，1912—1913年发生了两次巴尔干战争。当然，最大的失误是，掌握领导权的青年土耳其党人迷信德国的先进武器和良好军事组织，和德国缔结同盟，把帝国带到险境，1914—1918年的奥斯曼帝国是世界大战的东方战场，失去内部改革的环境，帝国最后也被肢解了。

问：当奥斯曼帝国日薄西山时，东亚的清朝同样危如累卵，它们都被西方殖民帝国视为“病夫”，如何在近代变法图强，成为两个“老大帝国”共同面对的历史难题。如康有为等晚清知识分子在政论中多次将奥斯曼帝国作为本国镜鉴，以证改良与革命之辩。他山之石可以攻玉，您在研究中也十分注意奥斯曼帝国与中国晚清的比较研究，对此有何独到心得？

答：是的，把奥斯曼帝国和中国晚清进行比较，在那个时代就开始了。不仅康有为，后来孙中山的演讲中也多次提到1908年的土耳其宪政革命。

在我自己的研究中，为了能够深入研究奥斯曼帝国政治制度，我也仔细阅读了印度莫卧儿王朝、波斯恺加王朝、日本德川幕府的书籍，试图对东方帝国做一个全面考察和对比。由于涉及内容太多，不好把握，就放弃了，在论著中只有奥斯曼帝国和中国晚清的比较。因为奥斯曼帝国存在的时间比明朝和清朝总和还长，而且明清的官僚制度有承接关系，我就把明朝也放进去了。

既然是比较，看到的是相似性和差异性。因为都是疆域辽阔、多民族、集权制的大国，由兴盛到衰亡，许多关键环节相似，可比较的因素和层面较多。通过比较，无非是要提高认识，深化对世界史上的帝国政治制度的研究。比如，帝国政治结构的相似性，以及帝国统治方式的差异、地方治理的差异、帝国意识形态的差异等等。比较和不比较，认识的深度是不一样的。因为这样的横向比较实际上是一种解析工作，等于把奥斯曼帝国的政治机器拆开了看，对照着看，里里外外地看，效果不一样。

你问到比较研究的“心得”，对我来说，比较研究的工作喜忧参半。所喜者，就是收获，我刚才说到的这些就是比较研究的收获。所忧者，就是感到研究的艰难。如果简单地看到两种研究对象的相似性和差异性，那是容易的，谁都可以做到。问题在于，通过比较之后的认识，应该达到什么程度？要得出一些理论性的或规律性的结论吗？还是挖掘不同语言的一手史料，细密毫纤均不放过，把资料优势发挥到极致？

自改革开放以来，国内学界的“中外对比研究”出了很多成果，尤其中英对比、中日对比，无论一手史料还是理论性的探索，都已达到一定的深度。可回头一看，影响不如想象的那么大。我再开辟一个奥斯曼帝国与中国晚清比较研究的阵地，意义何在呢。我随即想到，世界史研究是受限于“天花板”的。我对奥斯曼帝国的研究，包括“比较研究”的运用，是有限条件下的努力，在研究方法上，还需要进一步的思考。

图书在版编目(CIP)数据

脆弱的韧性 : 经济与文明史散论 / 王三义著. 上海 : 上海人民出版社, 2025. -- ISBN 978-7-208-19703-9

Ⅰ. K103-53

中国国家版本馆 CIP 数据核字第 20259M5U31 号

责任编辑 黄好彦

封面设计 胡崇峯

脆弱的韧性:经济与文明史散论

王三义 著

出　　版 上海人民出版社
(201101　上海市闵行区号景路 159 弄 C 座)

发　　行 上海人民出版社发行中心

印　　刷 江阴市机关印刷服务有限公司

开　　本 890×1240　1/32

印　　张 9.25

插　　页 5

字　　数 194,000

版　　次 2025 年 9 月第 1 版

印　　次 2025 年 9 月第 1 次印刷

ISBN 978-7-208-19703-9/K·3522

定　　价 78.00 元